| 증보판 |

행동하는 지성
한국의 독립운동가

| 증보판 |

행동하는 지성

한국의 독립운동가

1판 1쇄 2016년 8월 26일
3판 3쇄 2024년 3월 1일
발행인 이진숙 지은이 김상기
펴낸곳 충남대학교출판문화원 주소 대전광역시 유성구 대학로 99
전화 042-821-6045 홈페이지 http://www.cnupress.co.kr E-mail cnupress@cnu.ac.kr

ISBN 978-89-7599-018-2 03910
정가 15,000원

| 증보판 |

행동하는 지성
한국의 독립운동가

김상기 지음

충남대학교출판문화원

책을 펴내면서

한국근대사를 떠올리면서 긍지와 영예보다는 좌절과 실패로 얼룩진 역사인 것으로 생각하는 경향이 없지 않다. 좌절과 실패가 많다는 것을 뒤집어보면 많은 '도전'이 있었음을 뜻한다. '도전'이란 어려운 일에 정면으로 맞서 싸우는 것을 말한다.

우리 근대사를 살펴보면 시대의 변화 속에 능동적으로 행동한 이들이 눈에 많이 띈다. 동학농민혁명의 지도자 전봉준을 비롯하여 일찍부터 부국강병을 부르짖은 개화사상가 김옥균, 그리고 의병을 일으키고 적국인 대마도에서 순국한 최익현이 있다. 이들은 자신들이 살던 시대의 문제를 인식하고 잘못된 현실을 바로잡기 위해 행동했던 지성인이라는 공통점이 있다. 그런가 하면 천재적인 문학가로 촉망받았으나 말년에 친일로 기울면서 친일문학가라는 오명을 쓴 이광수 같은 이도 있다. 호랑이는 가죽을 남기고 사람은 이름을 남긴다는 말이 있다. 과연 21세기를 사는 우리들은 어떤 이름을 남겨야 할까?

이 책 『행동하는 지성 한국의 독립운동가』는 일제의 침략으로 얼룩진 우리 근대사 속의 영웅들의 이야기이다. 이들은 개인의 안락함보다는 공동체의 안위와 민족의 장래를 염려하고 이를 극복하기 위한 적극적인 행동을 택했다. 이들 중에는 최익현과 김복한, 이남규처럼 높은 벼슬을 지낸 이도 있다. 그러나 김구나 안창호, 윤봉길, 김원봉처럼 가진 것 없는 평민 출신들도 있다.

이들 외에도 독립운동을 한 인물은 매우 많다. 독립운동의 근거 자료가 있어 정부로부터 인정된 독립유공자만 해도 만 명이 넘는다. 의병전쟁 중에 희생된 의병이 수만 명을 헤아린다. 만주 벌판에서 이름도 없이 산화한 이들도 많다. 이들 중에서 영웅이 아닌 이가 어디 있겠는가!

이 책은 그 중에서 저자가 연구 발표했던 인물을 중심으로 그들의 활동상을 알기 쉽게 정리한 것이다. 독립운동의 전체 흐름을 이해할 수 있도록 서장에서 독립운동의 전개상과 이념을 개관하고, 1, 2부에서 각각 일제의 침략상과 시기별 독립운동을 설명하였다. 1부에는 한말 국권 회복운동을 전개한 인물들을 넣었다. 의병장으로 을미사변 직후 전국에서 가장 먼저 봉기한 문석봉과 화서학파의 유학자 유인석과 최익현을 비롯하여 김복한, 이남규, 안병찬 등이 있으며, 을사늑약에 항거하여 자결 순국한 송병선, 그리고 하얼빈의거의 안중근과 오적암살단을 조직한 기산도 같은 의열투쟁 가들이 있다. 2부에서는 경술국치에 항의하여 자결 순국한 매천 황현과 홍범식 등 50여 명의 행적을 살폈다. 그리고 임시정부에서 활동했던 안창호와 김구, 김용원, 역사학자이면서 아나키스트로 활동한 신채호, 청산리대첩의 영웅 김좌진, 상하이 의거의 윤봉길, 의열단과 조선의용대를 창설한 김원봉, 아나키스트 이회영 등 일제에 항거했던 이들의 고투(苦鬪)에 찬 삶과 극복의 과정을 알아보고자 했다.

이들 독립운동가들은 모두 비극적으로 삶을 마쳤다. 신채호와 이회영은 옥사하였으며, 최익현, 안창호, 문석봉, 김용원은 옥고의 후유증으로 순국하였다. 송병선은 자결하였으며, 안중근과 윤봉길은 총살형을 당하고 이남규는 아들, 노비와 함께 학살되었다. 김구와 김좌진은 암살당했으며, 월북하여 숙청당한 비운의 김원봉도 있다.

이 책을 쓰면서 활동 시기와 지역, 그리고 이념이 다른 인물들을 선정하고 그들의 활동상을 있는 그대로 서술한다고 하였으나 그것은 결코 쉽지 않은 일이라는 것을 실감했다. 그러나 복잡하고 언뜻 두렵게까지 느껴지는 독립운동의 역사를 독자들이 쉽게 접근하고 조금이라도 흥미를 가질 수 있으면 하는 바람으로 이 책을 기획하였음을 밝힌다. 아울러 독자들이 이 책을 읽고 이 책에서 미처 다루지 못한 수많은 독립운동가들에 대해서도 관심을 가져준다면 그 이상의 바람은 없을 것이다.

2016년 8월 15일

유성 서재에서 저자

증보판을 간행하며

이번에 『행동하는 지성 한국의 독립운동가』의 증보판을 간행하게 되었다. 이 책은 주로 필자가 연구한 독립운동가 중에서 일부 인물을 선별하여 대중들이 알기 쉽게 새로 정리한 교양서이다. 다행히 그동안 독자들의 호응을 받아 2016년 초에 제1쇄를 발간한 데 이어, 2016년 10월 2쇄를, 2018년 2월에 제2판 2쇄를 증쇄하게 되었다. 그러나 연구자와 독자로부터 좀 더 관련 인물이 추가되었으면 좋겠다는 의견이 많았다.

이러한 점을 반영하여 3 · 1운동 100주년이라는 기념비적인 2019년에 총 일곱 명의 독립운동가를 추가하여 증보판을 발간하고자 한다. 증보판에는 3 · 1운동의 대표적인 인물인 손병희와 유관순 외에 젊은 나이에 차디찬 옥중에서 스러진 저항시인 윤동주와 이육사를 포함시켰다. 이들은 모두 국민들의 선호도 조사에서도 매우 높게 나타난 이들이다.

아울러 3 · 1운동 100주년을 맞이하는 상황에서도 여전히 우리 민족이 남북통일의 과제를 남겨두고 있는 상황인 점에 비추어 주목하고 싶은 인물로 김규식과 여운형, 지청천을 더했다. 이들은 임시정부의 부주석, 건국준비위원회 위원장, 광복군 총사령관 등 서로 다른 활동을 했지만, 모두 독립운동 진영의 통합과 좌우합작운동을 전개한 인물들로서 우리가 앞으로 더욱 기려야 할 인물로 생각되기 때문이다.

이번에 추가한 일곱 명의 독립운동가에 대한 서술에는 선학들의 많은 연구성과를 참고했음을 밝힌다. 증보판 간행에 수고한 충남대학교출판문화원의 양광준 과장을 비롯한 여러분께 고마운 마음을 전한다.

2019년 3월 1일

유성서실에서 김상기

목차

행동하는 지성 한국의 독립운동가

서장

독립운동의 전개와 이념

서장

독립운동의 전개와 이념

1. 독립운동의 전개

한국 독립운동이란, 19세기 말부터 1945년 해방될 때까지 일본제국주의 침략과 식민지 지배를 극복하기 위한 한민족의 주권회복 및 국민국가 건설운동을 말한다. 19세기 말부터 일제의 침략을 받기 시작한 한국인은 1910년에 이르러서는 일제에게 국토와 주권을 완전히 빼앗기고 말았다. 주권을 상실한 한민족은 일제의 침략에 저항하는 항일투쟁을 전개하였으며, 식민지 상태를 극복하기 위해 가능한 모든 민족적 노력을 기울였다. 이러한 독립운동은 식민지 해방운동이면서 동시에 한민족의 자주권 회복운동이었다.

독립운동은 우리 영토 안에서만이 아니라 한민족이 거주하는 세계 각 지역에서, 그리고 모든 방법과 수단을 총동원하여 지속적으로 전개되었다. 한말에는 의병전쟁과 애국계몽운동을 중심으로 독립운동이 전개되었다. 일제의 식민화가 본격적으로 이루어진 1910년대에는 독립운동의 공간을 해외로 확장하는 한편, 전열을 정비하고 역량을 축적하여 거족적인 3·1운동을 일으켜 전 세계에 한민족의 자주독립을 선언하였다. 그리고 1920년대 이후 정치 · 경제 · 사회 · 문화 등에 걸쳐 독립운동이 다방면으로 전개되었다.

일제의 침략에 분노한 한국인의 독립운동은 한말 의병전쟁으로부터 시작되었다. 1894년 일본군이 경복궁을 점령한 갑오변란(甲午變亂)과 1895년 명성황후 시해사건인 을미사변(乙未事變)과 같은 연이은 치욕적 사건은 한말 의병 봉기의 도화선이 되어 유인석을 비롯한 의병들이 전국 각지에서 일본군과 치열한 전투를 벌였다. 1904년 러일전쟁 발발 이후 일제의 침략이 본격화되고 을사늑약이 강제 체결되자, 유생과 농민들은 전국에서 의병을 일으켜 항일구국투쟁을 재개하였다. 민종식은 충청도 홍주에서 의병을 일으켜 홍주성을 점령하는 등 기세를 올렸고, 최익현은 전라도 태인에서 의병을 일으켜 항쟁하였다. 그러나 민종식이 이끄는 홍주의병은 일본군의 거센 공격을 못 이기고 수백 명이 희생되는 아픔을 겪어야 했고, 태인의병도 항쟁 끝에 최익현은 체포되어 일본의 쓰시마 섬(對馬島)에 유폐되어 순국하였다. 이런 희생에도 불구하고 1907년 고종황제가 일본에 의해 강제 퇴위당하고 한국군이 강제 해산되자 의병의 항쟁은 더욱 격렬하게 전개되었다. 이 시기에 의병전쟁은 유생과 농민, 해산군인 뿐 아니라, 노동자 · 상인 · 교사와 학생 등 전 계층이 참여한 구국전쟁으로 확대되었다. 의병전쟁이 확산되자 의병부대 간의 연합전선이 모색되었다. 각지에서 분산적으로 활동하던 의병들은 13도창의대진소(13道倡義大陣所)라는 연합의병부대를 결성하여 서울탈환작전을 감행하기도 하였다.

의병의 끈질긴 항쟁이 계속되자 일제는 군경을 동원하여 전국 각지에서 활동하고 있던 의병들에 대한 대규모 학살을 자행하였다. 의병들은 지금의 소총과는 달리 총구 내에 화약과 총탄을 장전하여 불을 붙여 발사하는 화승총을 주로 사용하였으므로 근대식 연발소총으로 무장한 일본군을 상대하기에는 역부족이었다. 결국 수만 명의 의병들이 일본군에 의해 무참히 학살되었다. 일본군들은 의병들의 근거지가 될 만한 촌락과 가옥, 심지어는 오래된 사찰까지 닥치는 대로 방화함으로써 말 그대로 한반도를 완전 초토화시켰다.

특히 일제는 호남 지역 의병에 대한 대학살작전인 '남한폭도대토벌작전'을 감행하였다. 이는 민간인 대량학살〔제노사이드〕이나 다름없는 만행이었다. 이처럼 일본군이 강력한 무력을 앞세워 탄압해오자 국내에서 활약하던 의병들의 활동이 크게 위축되었다.

일제의 무자비한 탄압에서 살아남은 의병들은 깊은 산에 들어가 은거하며 다음을 기약하거나 중국 동북 지역으로 이동하여 항전의 불씨를 이어나갔다. 유인석을 비롯한 제천의병, 이진룡과 우병렬을 비롯한 평산의병이 북상하였으며, 홍범도를 중심한 산포수의병과 이남기를 중심한 경성의병이 연해주로 북상하는 등 다수의 의병은 국외로 망명하여 만주, 연해주 일대에서 독립군을 편성하여 대일항전을 준비하였다. 1910년대 초반 무단통치 하에서도 의병의 활동은 남부지역은 소백산과 지리산을 끼고, 북부지역은 황해도 일대에서 간헐적으로 전개되었다. 대표적인 의병으로는 경상도의 김상태, 전라도의 이석용, 황해도의 이진룡, 김정환, 채응언 의병들이 있었다.

개화지식인들은 또 다른 방법으로 독립운동을 전개하였다. 그들은 각종 단체를 조직하고, 신교육 및 실업의 진흥을 통해 실력을 양성하는 애국계몽운동을 펼쳤다. 또한 국채를 보상하여 국가의 산업과 재정을 확립하고자 하였으며, 신문화의 보급을 통한 근대문화의 성립을 꾀하는 등 근대국가의 건설을 지향하였다.

한편 러일전쟁의 발발과 을사늑약의 체결 등 일제의 침략에 분노한 한국인들은 각지에서 의열투쟁을 벌여 나갔다.

의정부 참찬 이상설을 비롯한 많은 관료와 유생들은 고종 황제에게 조약문에 서명하지 말 것을 촉구하는 상소를 올렸다. 민영환을 비롯하여 조병세와 송병선 등은 자결로써 일제 침략에 항거하였다. 매국세력을 직접 응징하고 민족의 힘을 국제 무대에 알리기 위한 구체적인 움직임도 있었다. 나인영은 을사늑약에 서명한 대신들을 처단하려는 '을사오적 암살단'을 조직하여 활동하였고. 고종황제의 특사로 파견되었던 이준은 네덜란드의 헤이그에서 일제의 불법적인 침략을 규탄하고 순국하였다. 또 전명운과 장인환은 미국의 샌프란시스코에서 통감부의 외교 고문인 미국인 스티븐스를 처단하였다. 1909년 10월 중국 하얼빈에서는 안중근이 이토 히로부미를 처단하는 의거가 있었다. 안중근의 의거는 한국인은 물론 중국인에게까지 큰 감동을 주어 이후 항일투쟁이 활성화되는데 지대한 영향을 미쳤다.

1910년 국망 후 국내에서는 비밀결사를 조직하여 항전하였다. 1912년 임병찬 등이 조직된 독립의군부 외에도 1914년 9월 경북지역에서 조직된 민단조합이 있다. 민단조합은 이동하 · 이은영 · 김낙문 · 최욱영 · 노병직 · 강병수 · 조용필 등 이강년 의진에 참여하였던 유생들이 중심이 되어 조직되었다. 1913년에는 채기중 등이 풍기에서 광복단을 조직하였으며, 1915년에는 조선국권회복단과 통합하여 광복회를 조직하였다. 광복회는 군자금을 조달하여 만주의 독립군 기지에서 독립군을 양성하고 독립을 쟁취하는 것을 목표로 하였다. 광복회는 지부를 조직하고 친일파를 처단하는 등 활발히 활동했지만, 1918년 박상진 등 주요 인물들이 체포됨에 조직이 붕괴되었다.

민족지도자들은 국외로 망명하여 독립운동을 전개하였다. 대표적인 곳은 중국지역의 서간도와 북간도를 포함한 만주 지역과 러시아의 연해주 지역이었다. 만주 지역에는 1860년대 이래 이주한 한인들이 한인사회를 형성하고 있어 독립운동의 중요한 기반이 되었다. 이들 지역 한인들은 경학사와 부민단, 권업회 등 한인 자치단체를 조직하였으며, 신흥무관학교를 비롯한 무관학교를 설립하여 많은 독립군을 배출하였다. 중국의 상하이(上海)와 베이징(北京) · 광저우(廣州) · 톈진(天津) 등지에는 1910년대부터 많은 애국지사들이 모여들었다. 특히 상하이는 동제사와 신한청년당 등이 조직되는 등 독립운동의 움직임이 활발하였다. 해외 동포의 독립운동 움직임은 미국과 멕시코를 비롯한 미주 지역에서도 있었다. 1902년 말부터 하와이에 노동자들이 이민을 가면서 한인사회가 형성되기 시작했고, 1905년 안창호가 공립협회를 조직하고 1909년 박용만이 미국 네브래스카 주에 한인소년병학교를 설립하면서 미주

지역에서도 독립운동이 일어났다. 이들을 토대로 대한인국민회와 동지회를 비롯한 많은 독립운동단체들이 결성되어 활동하였다.

1919년 3 · 1운동이 일어나면서 독립운동은 비약적으로 발전하였다. 3 · 1운동 전개 과정에서 민족적 대단결이 이루어지면서 독립운동의 기반이 크게 확대되었고, 그 산물의 하나로 대한민국임시정부가 수립되었다. 임시정부에서는 연통제를 실시하여 임시정부의 존재를 알렸으며, 군자금 모금운동을 펼쳤다. 지린(吉林)에서는 의열단이 조직되었으며, 만주 지역에서는 독립군들의 항일무장투쟁이 거세어졌다.

1920년 봉오동과 청산리 일대에서 독립군들은 일본군을 대파하여 항일무장투쟁의 빛나는 전과를 거두었다. 미주 지역에서는 애국금과 독립공채 등의 명목으로 군자금을 모아 임시정부를 비롯하여 중국 지역에서 전개되는 독립운동세력을 경제적으로 후원하였다. 그러나 1920년대 중반 들어 대한민국임시정부가 창조파와 개조파로 분열되는 등 제 기능을 하지 못하면서 민족독립을 위한 새로운 노력이 요구되었다. 이는 독립운동 세력의 대동단결을 목표로 하는 민족유일당운동의 계기가 되었다.

국내에서는 학생운동을 비롯하여 농민운동 · 노동운동 · 청년운동 등이 조직적으로 전개되었다. 또한 이 시기에 사회주의와 무정부주의 이념이 국내로 유입되면서 이러한 이념을 기반으로 단체들이 결성되었고, 그 영향으로 독립운동의 기반과 범위가 더욱 확대되었다. 1925년에는 조선공산당이 조직되었다. 1927년에는 좌우 세력들이 연합하여 신간회를 조직하는 성과가 있었지만, 결실을 거두지는 못하였다. 1926년 6.10만세운동 이후 학생운동이 활발히 일어났으며, 1929년의 광주학생운동은 민족의 해방과 식민지노예교육의 철폐를 직접 제기하고 일어난 국내 민족운동의 결정판이었다.

1930년대에도 독립운동 세력을 전체적으로 지도할 수 있는 조직체는 없었으나 독립운동은 질적인 변화와 발전을 거듭해 나갔다. 1931년 일제의 만주 침략을 계기로 한국독립군과 조선혁명군을 비롯한 만주 지역 독립군들은 중국군과 연합하면서 항전을 계속하였다. 윤봉길의 상하이(上海)의거로 중국 관내 지역의 독립운동도 활기를 띠었다. 한국독립당과 조선민족혁명당 등 정당들이 조직되어 활동하면서 독립운동의 이론과 방법도 정립되어 갔다.

한편 국내에서는 신간회 해체이후 독립운동의 중심이 학생운동과 농민, 노동운동으로 계승되어 갔다. 또한 일제의 민족말살정책에 대항하여 조선어학회에서 조선어사전 편찬사업에 착수하는 등 국학수호운동이 전개되었다.

1940년대에는 중일전쟁과 제2차 세계대전으로 제국주의의 균열의 징후가 드러나면서 독립운동가들은 해방에 대한 희망을 품고 더욱 활발히 투쟁하였다. 중국의 충칭(重慶)에 정착한 대한민국임시정부는 한국광복군을 창설하고 일본에 선전포고를 하였다. 좌익 진영의 조선의용대는 광복군에 참여하여 대일항전을 전개하였으며, 1942년 중국의 옌안(延安)에서 결성된 조선독립동맹과 조선의용군도 중국 공산당군과 연합하여 항전하였다. 이들 좌우 세력들은 한편으로는 상호 연락을 통해 통일전선을 도모하고, 다른 한편으로는 중국 · 미국군과의 연합작전을 추진함으로써 독립운동을 이어나가 독립을 쟁취하였다. 국내에서도 1944년 여운형 등이 조직한 조선건국동맹을 중심으로 중국의 옌안과 충칭, 베이징 등에 연락원을 파견하여 협동전선 문제를 협의하였다. 이러한 시도는 해방 후 좌우합작운동을 추진하는데 역사적 경험이 된 점에서 의미가 있다.

2. 독립운동의 목표와 이념

독립운동은 특정한 사람들만이 아니라 각 계층과 방면에서 한민족이 거주하는 전세계의 거의 모든 공간에서 이루어졌다. 이처럼 다양한 세력들이 독립운동에 참가했는데 그들의 목표는 무엇이었을까? 독립운동의 목표는 일제에게 빼앗긴 국토와 주권을 완전히 회복하여 자주적이고 독립된 국민국가를 건설하는데 있었다. 즉 한반도에 있는 일제의 모든 식민통치 권력과 기구를 완전히 파괴하여 그 세력을 축출하고, 한민족에 의한 새로운 국가를 건설하는 것이라고 할 수 있다.

그러나 국민국가를 건설하는 단계에서는 정치적 이념이나 노선에서 차이가 생겨나기도 했다. 한말의 의병전쟁과 애국계몽운동은 국권회복이라는 동일한 목표를 갖고 있었지만 그 이념이나 노선은 크게 달랐다. 유생과 농민들이 결합한 의병전쟁은 국왕과 왕실에 충성하는 근왕주의(勤王主義) 이념을 기초로 하였다. 반면 개화지식인들이 주도한 애국계몽운동은 입헌군주제는 물론 일부에서는 공화정을 지향하는 공화주의(共和主義)적 이념을 띠면서 국민국가 수립을 지향하였다. 1910년대 독립운동 세력들 사이에서 통합을 위한 노력이 이루어지기는 했지만 성과는 크지 않았다.

이러한 노선과 이념의 차이는 3·1운동을 계기로 극복되어 갔다. 당시 일부 지역에서는 고종 독살설에 자극 받아 3·1운동이 촉발되는 등 근왕주의 이념에 의해 봉기한 경우도 있었지만, 서울에서는 정의와 인도를 부르짖으며 조선의 독립을 선언한 것이 주된 흐름이었다. 3·1운동의 결과로 대한민국임시정부가 수립되면서 민주공화제를 표방하였다. 여러 갈래로 나뉘어 있던 독립운동의 목표와 이념이 3·1운동을 통해 근대민족국가 수립과 공화주의라는 하나의 목표로 수렴되었던 것이다. 1920년대 이후에는 정치 이념이 다원화되었다. 사회주의·무정부주의 등 새로운 정치 이념이 수용되기 시작하였다. 그리고 각각의 정치적 이념을 기초로 결성된 수많은 단체들이 나타나면서 독립운동의 이념도 다양해졌다. 일제로부터 독립을 쟁취한다는 데까지는 목표를 같이하였지만, 1910년대와 마찬가지로 국민국가 건설이라는 새로운 목표 앞에서는 정치 이념의 차이가 드러났다. 사회주의자들의 경우는 노동자·농민이 주도하는 프롤레타리아 정권의 수립을 지향하기도 하였다.

독립운동 전선에서는 이들 단체 및 세력을 통일하여 민족적 대단결을 이루는 것이 주요 과제로 대두되었다. 1920년대 후반 안창호는 민족평등·정치평등·경제평등·교육평등을 지향하는 대공주의(大公主義)를 주창하였다. 또 조소앙은 이를 더욱 이론화하여 정치 · 경제 · 교육의 균등을 주요 골자로 하는 삼균주의(三均主義)를 주창하여 독립운동 세력의 이념적 통일을 이루고자 하였다. 삼균주의는 민족 구성원 모두가 균등하게 살 수 있는 국민국가 건설을 지향한 정치 이론이다.

이와 같이 독립운동의 목표와 이념은 그것을 추진하는 세력들의 사상적 기반이나 정치적 이념에 따라 다르게 나타났으나 끊임없이 통합운동을 전개하면서 합의를 이루어갔다. 1910년대에 노선을 달리하였던 왕정복고를 주장하는 복벽주의(復辟主義)와 공화주의는 3 · 1운동을 통해 공화주의 노선으로 합일되었다. 1920년대에 들어와서는 자유주의 · 사회주의 · 무정부주의 등에 따라 목표와 이념이 다원화되었다. 그러나 1930년대를 거치면서 중국 관내 지역 독립운동 세력과 임시정부를 중심으로 합의를 이루어갔다. 1940년대에도 임시정부와 조선독립동맹, 조선건국동맹을 중심으로 한 국내외 독립운동 세력들 사이에서 독립운동의 목표와 이념적 합의를 위한 노력이 계속되었다.

1부

한말 국권회복운동과 독립운동가

1. 일제의 침략과 국권회복운동
2. 최초의 을미의병장 문석봉
3. 화서학파의 선비 의병장 유인석
4. 홍주의병장 김복한
5. 안병찬 집안의 독립운동
6. 이남규 부자의 순국과 의로운 노비
7. 춘추대의를 실천한 최익현
8. 을사늑약에 자결한 송병선
9. 오적암살단을 조직한 기산도
10. 안중근의 하얼빈의거와 동양평화론

제1장

일제의 침략과 국권회복운동

조선은 1876년의 개항으로 비로소 세계 자본주의 체제에 편입되었다. 그러나 일본과 체결한 강화도조약과 부속조약은 영사재판권, 일본화폐 유통권, 무관세 무역 등을 허용한 전형적인 불평등조약이었다. 이후 일본은 청일전쟁의 승세를 업고 조선을 군사적으로 침략하여 이른바 갑오정권이라는 내각을 수립하게 하여 조선의 내정을 장악하였다.

1904년 러일전쟁을 일으킨 일본은 군사적으로 한국을 점령한 상태에서 한일의정서를 체결하였다. 러일전쟁에서 승리한 일제는 1905년 을사조약을 강제 체결하여 한국의 외교권을 박탈하고 통감정치를 실시하였다. 이후 일제는 1907년 고종을 강제 퇴위시키고 군대마저 해산시킨 뒤 1910년 8월 한국을 강점하였다.

이러한 상황에서 한국이 당면한 최대의 과제는 일제에 빼앗긴 국권을 회복하는 것이었다. 한국인의 반일투쟁은 유생과 농민이 참여한 의병전쟁과 개화지식인이 주도한 애국계몽운동, 그리고 의사와 열사의 자결 순국과 의열투쟁 등 여러 면에서 전개되었다.

1. 의병전쟁의 전개와 의의

한말의 의병은 1894년 일제의 군사적 침략인 갑오변란을 시발로 하여 경술국치 후 독립군으로 전환하기까지 무장투쟁을 전개하였다. 1894,5년부터 시작된 전기의병은 단발령 공포 후 전국적으로 확대되었다. 그 중에 대표적인 의병으로는 유인석의 제천의병과 김하락의 이천의병을 비롯하여 춘천 · 강릉 · 홍주 · 진주 · 안동 · 장성의병 등이 있다. 이들의 의병전쟁은 위정자와 일제 침략군에게 큰 위협을 주었다. 1896년 10월경을 기하여 전기의병은 표면적으로는 해산되었지만 이들의 대다수는 무력에 의해 강제로 해산되기 전까지 끝까지 항전하였으며, 일부는 고종의 해산조칙을 거부하고 만주로 들어가 재기 항전을 준비하기까지 하였다. 또 일부는 영학당 또는 활빈당에 편입되어 반침략 반봉건 투쟁을 벌였다. 그리고 다수의 의병들은 을사늑약을 전후하여 민족수호를 위한 항일투쟁을 재개하였다.

한말의 의병은 러일전쟁과 한일의정서 등 일제의 침략에 항거하여 재기하였다. 이 중기의병은 1904년 5월 허위의 이름으로 발표한 격문이 전국에 발송되면서 조짐이 보이기 시작하였다. 그리고 1905년 9월 러일강화조약이 조인될 무렵부터 구체적인 투쟁상을 보여 준다. 그 중에 원주와 제천의 의병이 대표적이다. 을사조약이 강제 체결되자 의병은 남한지역의 산간지대를 중심으로 투쟁을 강화하였다. 전투능력은 전기의병에 비해 다소 향상되었으나 의병장은 여전히 유생이나 전직 관료가 대부분이었으며, 농민들이 전투력의 주축을 이루었고 광무 연간에 활동하던 포수나 활빈당 등이 합류하기도 하였다.

중기의병 중에서 가장 큰 전투와 희생을 치른 의진으로 홍주의병이 있다. 청양의 유생 안병찬 등은 을사늑약의 소식을 듣고 정산에 거주하던 전 참판 민종식을 총수에 추대하고 1906년 3월 예산에서 봉기하였다. 일본군과의 첫 전투는 청양에서 벌어졌으나 패하고 말았다. 이용규 등은 의병을 모아 민종식을 의병장으로 추대하고 홍산에서 재기하여, 5월 홍주성을 점령하고 일본

경찰과 헌병대의 공격을 격퇴하였다. 그러나 서울에서 홍주로 파견된 일본군 포병중대와 전주수비대의 공격을 받아 의병은 성을 빼앗기고 말았다. 이 전투에서 수백 명의 의병이 희생되었다.

한편 태인의병은 최익현이 임병찬 등과 주도하여 이루어졌다. 이들은 1906년 6월 태인의 무성서원에서 거의하고 태인 관아를 점령하였으나, 순창에서 진을 치고 있던 중 진위대의 공격을 받고 동족간의 살상을 피하고자 의병을 자진 해산하였다. 체포 후 최익현은 대마도에 유배생활을 하던 중 순국하여 이후의 의병 봉기에 큰 영향을 끼쳤다. 산남의병은 정환직 · 정용기 부자의 주도로 영천에서 봉기하였다. 정환직은 고종의 밀칙을 받고 아들 정용기에게 의병봉기를 지시하였다. 정용기는 1906년 3월 이한구 · 정순기 등과 영천에서 거의하여 청송 · 영천 · 영해 등지에서 활동하였다. 평민 출신의 의병장 신돌석은 영해를 비롯하여 영양 · 울진 등 경상북도와 강원도의 접경 해안지대와 태백산맥의 험준한 산악지대를 무대로 유격 전술을 펼치며 일본군에게 큰 타격을 주었다.

중기의병은 국권회복이라는 창의 목표를 달성하기 위하여 상소나 시위 형태의 활동을 지양하면서 일본군의 주둔지와 일본인 거류지 또는 통신시설을 공격하였다. 이는 각지에 형성되기 시작한 일제의 전초 기지를 무력화시키려는 반침략 투쟁이었다.

후기의병은 1907년 7월 헤이그에 특사를 파견한 일로 고종이 강제퇴위당하고 이어 정미조약으로 인해 통감부가 내정간섭권을 대폭 강화함에 분개하여 일어났다. 후기의병은 일제에 의해 한국군이 강제로 해산당하자 이에 항거한 군인들이 대거 의병진에 가세하면서 일본과의 전면전쟁의 성격을 띠는 대일항전으로 확대되었다. 해산군인의 항전은 서울의 시위대부터 시작되어 원주 · 강화 · 홍주 · 진주진위대로 확대되었다. 이들은 각기 의병에 가담하여 전력을 강화시켰다. 원주진위대는 특무정교 민긍호의 지휘 아래 병사층을 중심으로 거의하여 강원도와 충북 일대에서 본격적인 의병전쟁을 전개하였다.

후기의병 중에서 문경의 이강년 부대, 원주의 이은찬 부대, 호남의 기삼연 · 심남일 · 전해산 · 안규홍 부대, 함경도의 홍범도 · 최경희 부대 등이 이름난 의병부대이다. 그리고 중기의병기에 활동하였던 산남의병은 의병장 정용기가 입암 전투에서 전사하자 정환직이 아들의 뒤를 이어 대장이 되어 큰 전과를 거두었다.

1907년 11월에 이인영 · 이은찬 · 허위 등은 전국 연합의병의 성격을 갖는 13도창의군을 결성하였다. 이인영은 전국 각지의 의병장들에게 격문을 발송, 경기도 양주에 집결하여 서울을 탈환할 것을 호소하였다. 아울러 서울 주재 각국 영사관에 통문을 보내 의병의 합법성을 알렸다. 서울 수복을 목표로 1908년 1월 양주에 집결한 의병 수는 1만여 명에 달하였다. 지휘 편제는 창의대장 이인영, 군사장 허위, 관동의병대장 민긍호, 교남의병대장 박정신, 황해진동대장 권중희, 관서진동대장 방인관, 관북의병대장 정봉준, 호서의병대장 이강년, 호남의병대장 문태수 등으로 조직되었다. 13도창의군은 허위의 선발대가 동대문 밖 30리 지점까지 진격하는 서울탈환작전을 결행하였으나 일본군의 선제 공격으로 패산하고 말았으며, 그 후 의병들은 각자의 근거지로 돌아가 항일전을 수행하였다. 13도창의군의 서울진격전은 의병의 사기를 한층 고양시켰으며, 의병전쟁을 국제법상 전쟁의 단계로 발전시켰다는 점과 한국인의 계획적이고 대대적인 무장투쟁을 널리 알렸다는 점에서 의미를 갖는다.

일본군은 의병전쟁이 장기전으로 돌입하자 한국 병탄의 큰 장애물로 여겨진 의병을 종식시킬 목적으로 1909년 9월 '남한폭도대토벌작전'을 벌여 호남의병 대학살을 자행하였다. 이로 인해 의병장 심남일을 비롯하여 천여 명 의병이 전사하는 큰 타격을 입었다. 이와 관련해 의병의 피해상황을 살펴보면 일제의 통계만으로도 1907년부터 1911년 6월까지 총 17,779명의 의병이 희생되었다. 그러나 일제 측의 통계에는 누락된 부분이 많다. 1907년 이전인 전기, 중기의병 활동 중의 희생자와 1911년 7월부터 1915년까지의 희생자 수가 포함이 안 되었다. 여기에 일제 측의 통계에 나타나지 않는 또는 축소 보고된 숫자도 많다. 또한 체포된 포로에 대하여 재판도 없이 현장에서 총살한 경우도 많았으며, 재판 과정을 거치더라도 사형을 구형하고 집행한 경우가 많다. 이런 숫자는 모두 누락되어 있다. 이와 같이 일본군과 의병과의 전투는 언뜻 보아 전투 행위로 보이지만 일본군의 의병에 대한 대량학살이었다.[1]

후기의병은 호남의병의 종식으로 일단락되었으나 의병전쟁의 고조기에 해당된다. 후기의병은 창의이념으로 국권회복 이외에 보국안민을 표방하였다. 후기의병은 유생이나 전직 관료 이외에 해산군인을 비롯해 포수와 빈농 등 평민 출신의 의병장이 다수 등장하였다. 이로써 후기의병은 지역 주민과의 유대 강화에 힘썼으며, 방곡과 납세거부투쟁을 주도함으로써 민중의 지지를 받았다. 또한 후기의병은 호남의병이 대탄압을 당한 이후 장기 항전을 대비한 의병기지의 건설을 추진하였다. '북계책(北計策)'을 추진하여 간도나 연해주에 항전의 근거지를 확보하고자 하였으며, 지리산을 근거지로 삼아 의병을 정예의 독립군으로 훈련시키고자 하였다. 그리고 1910년을 전후한 시기 의병들은 주로 강원 · 황해 · 함경도의 산악지대를 중심으로 전투를 수행하다가 만주와 연해주로 망명하여 독립군으로 전환하였다.

이상에서 살펴본 바와 같이, 의병전쟁은 1894,5년부터 1915년까지 20여 년 동안 일제의 침략에 맞섰던 대표적인 민족운동이었다. 의병전쟁은 일제의 식민지화 정책에 실질적인 타격을 주었으며, 1910년 이후에는 연해주나 간도로 망명하여 13도의군 같은 전국의병의 통합체를 조직하고 만주지역에서의 독립군 투쟁으로 전환하여 무장독립전쟁으로 계승되었다. 또한 국내에 잠적한 의병들은 독자적으로 또는 애국계몽운동가들과 연합하여 대한독립의군부 · 민단조합 · 대한광복회 같은 비밀결사를 조직하여 1910년대 독립운동을 선도하였으며, 그 잠재력은 3 · 1운동 형성의 기반이 되었다. 따라서 의병전쟁은 비록 일제의 압도적인 군사력으로 위축되고 말았으나, 끈질긴 유격전으로 일

1 김상기, 「한말 일제의 침략과 의병 학살」, 『역사와 담론』 52, 호서사학회, 2009.

제의 식민지화를 지연시키는 데 기여하였으며, 독립운동의 형성과 발전에 선구적 역할을 다하였던 것이다.

2. 애국계몽운동의 전개와 성격

애국계몽운동은 1904,5년~1910년간 일제로부터 국권을 회복하고자 개화지식인이 중심이 되어 추진한 실력양성운동을 말한다. 애국문화운동 또는 자강운동 등으로도 불리는 이 운동은 독립협회 계열의 자강운동을 계승 · 발전시킨 민족운동으로 서울 및 지방도시의 자산가와 관료 그리고 개혁적인 유학자와 국내외에서 신교육을 받은 지식층이 주도하였다. 이들은 개화사상과 사회진화론을 그 사상적 기반으로 하여 정치단체운동, 교육 · 언론 등 문화 활동과 산업진흥을 통한 경제적 실력을 양성하여 국권을 회복하고자 한 것이다.

정치단체운동은 1904년 7월 일제의 황무지개척권 요구에 반대하여 설립된 보안회의 활동으로부터 시작되었다. 보안회의 뒤를 이어 1905년 5월에는 헌정연구회가 조직되어 입헌군주제를 주장하며 반일적인 활동을 하였으나 을사늑약의 체결 이후 강제 해산되었다. 1906년 4월 대한자강회가 설립되어 전국에 지회를 설치하고 기관지를 발행하여 교육과 실업의 발전을 도모하고 근대의식과 민족의식을 고취하였다. 대한자강회는 1907년 11월 대한협회로 재조직되었다. 그런데 이 시기 신문지법과 보안법의 공포로 일제의 한국에 대한 지배권이 강화되었으므로, 대한협회의 구국운동은 더욱 제약을 받게 되었으며 지도부가 일진회와 연합을 기도하는 등 그 성격마저 모호해졌다.

한편 지방 출신으로 서울에서 활동하던 인사들이 각 지방별로 학회를 설립하였다. 1906년 평안도와 황해도 인사들이 서우학회를, 함경도 인사들이 한북흥학회를 설립하였다가, 이 두 학회가 1908년 서북학회로 통합되어 활발한 애국계몽운동을 펼쳤다. 1907년에는 호남학회와 호서학회, 1908년에는 기호

홍학회 · 관동학회 · 교남학회 등이 설립되었으며, 또 일본 유학생들도 태극학회와 대한유학생회 · 대한학회 · 대한홍학회 등을 조직하여 기관지를 발행하고, 국내의 학회와 연계를 맺으면서 국채보상운동 등에 참여하였다.

이러한 애국계몽운동단체 중에서 비밀결사로 경술국치 이후까지 활동한 신민회가 있다. 신민회는 안창호의 주도로 설립되어 오산학교와 대성학교 등의 교육기관을 설립하여 민족교육의 선두에 섰으며, 태극서관과 자기회사 등을 설립하여 민족자본을 육성하고자 하였다. 아울러 국내에서의 국권회복운동이 불가능하다고 인식되자, 만주지역에 독립군기지를 세워 장기적인 대일항전을 도모하는 등 애국계몽운동론을 점차 독립전쟁론으로 전환시켜 갔다.

교육구국운동은 근대적인 서구학문인 신교육을 실시하여 근대의 문명의식과 애국의식을 고취한 활동을 말한다. 애국계몽운동가들은 각종 학회와 언론을 통하여 신학문의 보급에 노력하였다. 이들은 학교 교육은 물론 가정교육과 사회교육, 그리고 여성교육과 의무교육의 중요성을 계몽하였다. 이에 따라 1907년부터 1909년 4월까지의 짧은 기간에 무려 3,000여 개의 사립학교가 설립되어, 국권회복과 개명 · 부강 · 삼육 등을 교육이념으로 제시하고 민간에서 편찬된 교과서를 이용하여 민족교육을 실시하였다. 이러한 민간에서의 교육운동에 불안을 느낀 통감부는 1908년 사립학교령을 공포하여 학교의 설립요건을 강화하였으며, 교과용 도서 검정규정을 발표하여 교육내용마저 탄압하였다. 그러나 교육구국운동은 사회 일반에 교육열을 고조시켜 근대적 민족교육의 발흥에 기여하였으며, 투철한 민족의식을 지닌 민족운동 지도자의 양성에 큰 성과를 거두었다.

언론계몽운동은 『대한매일신보』 · 『황성신문』 · 『제국신문』 · 『만세보』 등의 신문과 각종 학회보를 중심으로 전개되었다. 애국계몽운동가들은 이러한 언론의 논설과 보도기사 등을 통하여 친일정권이나 일제의 침략 활동을 널리 알리면서 국권회복을 위한 국민계몽에 진력하였으며, 1907년 초부터 전개된 국채보상운동을 주도하였다. 한편 이들은 출판물 보급운동을 전개하였는데, 자연과학이나 사회과학에 관한 서적을 발행하여 근대학문을 소개하였고, 역사물을 연재하여 애국심을 고취하였다. 이러한 언론계몽운동은 민중을 각성시키고 계몽하여 신지식의 보급과 애국심의 앙양에 크게 기여하였다.

국채보상운동은 일제가 침략정책의 일환으로 빌려준 1,300만 원의 차관을 단연(斷煙) 등을 통하여 모금한 의연금으로 상환하여 재정적 자립을 이루자는 운동이다. 이 운동은 1907년 1월 대구의 광문사 사장 김광제와 서상돈 등에 의해 시작되어 곧 전국에 확대되었으며, 그 해 2월 서울에 국채보상기성회를 조직하여 전국적인 모금 운동을 주도하였다. 그리하여 약 20만 원을 모금하는 성과를 거두었으나 통감부의 방해 공작과 국권 피탈로 그 목적을 달성할 수 없었다. 그러나 이 운동은 애국심과 항일의식을 고취시킨 대표적인 민중운동으로서의 의의를 가진다.

민족종교운동은 통감부가 대한제국의 종교계를 친일화 하려는 공작에 대한 저항의 일환으로 일어났다. 일제는 동학의 조직을 이용하여 친일단체인 일진회를 조직하게 하였으며, 유교계의 친일화를 꾀하고자 대동학회 및 공자교를 설립하게 하였다. 또 불교계에 대하여도 일본 불교의 세력을 확장하는 등 종교의 일본 종속화를 시도하였다. 이에 대하여 애국계몽운동가들은 민족종교를 창건하거나 종교계를 개혁하여 이를 저지시키고자 노력하였다. 이상재 · 전덕기 등은 황성기독교청년회 · 상동청년회 등 기독교 조직을 통해 기독교의 민족운동을 전개하였으며, 손병희 등은 1905년 12월 천도교를 창건하여 일진회에 대항하였다. 한편 나철 등은 1909년 단군을 국조로 하는 단군교(1910년 대종교로 개칭)를 창건하여 민족의식을 고취함은 물론 종교운동의 일환으로 적극적인 독립운동을 전개하였다.

애국계몽운동의 또 다른 부문으로 국학운동과 신문화운동이 있다. 국학운동은 국문과 국사 등 국학을 진흥시켜 민족정신을 회복하고 민족의식을 고취하는 데 집중되었다. 갑오경장 이래 국한문이 병용되는 추세에 국어사용에 대한 사회의 관심이 높아지면서 1907년에는 학부에 국문연구소가 설치되어 국어문법을 연구하였다. 특히 주시경은 어문민족주의에 입각하여 민족의 흥망과 언어 · 문자의 성쇠는 직접적인 상관 관계를 가지고 있다고 보았으며, 민족의 독립 유지와 발전을 위한 국문 연구와 보급에 매진하였다. 국사학은 1890년대 후반 전통 역사학을 벗어나 점차 근대적인 학문으로 발전하였다. 그러나 일본의 역사왜곡에 대하여는 주목하지 못하는 문제점이 나타났다. 또한 1909년 출판법이 제정됨에 따라 모든 출판물은 사전에 검열을 받아야 했으므로 국사 관련 저술에는 국권회복이나 애국심을 고취하는 내용을 게재할 수 없게 되었다. 그러나 이러한 상황에서도 국사 교과서의 친일화를 비난하면서 민족주의에 바탕을 둔 근대사학이 성립되었다. 특히 신채호는 을지문덕 · 강감찬 · 최영 · 이순신 등 국난극복의 영웅들에 대한 전기를 써서 애국심을 고양하고 「독사신론(讀史新論)」(1908) 등의 사론을 발표하여 역사민족주의에 입각한 민족사관을 수립하였다.

애국계몽운동은 해외에서도 전개되었다. 안창호를 비롯한 애국계몽운동가들은 비밀결사인 신민회를 중심으로 국권회복을 위한 국외 독립군기지 건설운동을 전개하였다. 신민회에서는 국내에서 실력양성운동을 전개하는 한편, 국외에 독립군기지를 만들어 기회가 오면 독립전쟁을 벌여 국권을 회복하고자 하였다. 신민회의 독립군기지 건설계획은 1907년 고종의 퇴위와 군대해산 등의 망국적 사태가 벌어지고, 1909년 호남의병이 일본군에 의해 탄압되어 국내에서의 항일운동이 어려워짐에 따라 적극적으로 검토되었다. 신민회에서는 1909년 봄 국외에 독립군기지를 만들고 무관학교를 설립할 것을 협의하였으며, 1910년 3월에는 이를 확정하였다. 이에 따라 독립군기지 건설을 위한 한인이주계획을 구체적으로 수립한 결과, 1911년 이동녕 · 이회영 등은 류허현 산위안푸(三源浦)에 한인촌을 건설하고 경학사를 설립하였다. 또 사관양성기관으로 신흥강습소(후의 신흥무관학교)를 설립하여 최초로 신민회 계통의 독립군기지를 건설하였다. 이어서 1913년에는 이동휘 · 이종호 등이 길림성 왕청현에 동림무관학교, 이상설 · 이승희 등은 밀산현에 한국 민족의 부흥을 꾀하고자 한흥동을 건설하고 학교를 세워 민족교육을 실시하였다.

북간도지역에서는 용정촌을 중심으로 한인사회가 형성되었다. 이곳에서는 이상설 · 김약연 등에 의해 서전서숙 · 명동학교 등이 설립되어 문무겸비의 민족교육을 실시하였다. 미주에서도 안창호에 의해 1905년 공립협회가 조직되어 미주 한인의 경제적 발전과 국권회복을 도모하였다. 박용만은 네브래스카 주에 한인소년병학교(1909), 이근영 등은 멕시코에 숭무학교(1910)를 설립하여 독립전쟁을 준비해 갔다.

애국계몽운동가들의 국권회복 논리는 그들이 처한 현실인식에서 출발하고 있었다. 그들은 약육강식의 국제사회에서 상실된 국권의 회복은 실력양성으로 가능하다는 사회진화론에 기초한 자주적인 자강독립론을 주장하였다. 그리고 의병투쟁처럼 충분한 실력을 갖추지 않은 무장투쟁노선을 비판하고, 장기적인 노력으로 자강을 실현하여 국권을 회복해야 한다는 점진적인 자강독립론을 주장하였다. 한편 애국계몽운동가들은 근대 국민국가의 건설을 국권회복의 방법으로 이해하였다. 이들은 전통적인 군주제를 부정하고 국민의 자유와 권리를 보장하며, 국민이 국가의 책임자가 되는 국민국가 건설을 목표로 하였다. 이에 따라 애국계몽운동가들은 국민국가에 부합되는 정치체제로서 입헌군주제와 공화정체를 구상하였다. 대한자강회를 비롯한 합법적 계몽단체들은 국력을 강화시킬 수 있는 새로운 정치체제로 입헌군주제를 제기하였다. 이들은 당시 정치사회적 조건으로 공화정체가 현실적으로 불가능하다고 판단하고 전제군주정체의 대안으로 황제를 중심으로 한 국권론적인 정치체제가 필요하다고 보았던 것이다. 이에 비하여 비밀결사인 신민회는 '신민신국론(新民新國論)'을 펴고 새로운 정치체제로 공화정체를 구상하였는데, 이는 곧 근대 국민국가 건설을 의미하는 것이었다.

한편 여러 방면에 걸친 애국계몽운동은 국민의 의식과 지식을 크게 새롭게 하여 절망적인 통감정치기를 오히려 각성의 시기로 전환시켜 국민의 실력을 비약적으로 발전시키며 민족역량을 크게 증강시켰다. 또한 간부양성 · 독립군기지 건설과 같은 장기적인 독립운동의 기반을 조성하는 데 크게 기여하였고, 전통적인 문화 체제를 근대적으로 전환 · 발전시키는 계기를 마련하였다. 이러한 애국계몽운동은 1910년대 국내외에서 적극적인 독립운동을 전개할 수 있는 인적 · 사상적 기반을 제공하기도 하였다.

그러나 애국계몽운동의 일부 세력은 일제의 통감정치에 대하여 잘못된 기대를 갖거나 일제의 침략정책에 이용되어 심지어는 친일적인 태도를 보이기까지 하였다. 그리고 이러한 한계는 의병 세력과 합류하는 데 제약 요인으로 작용하였다. 그 결과 일부 애국계몽운동가들은 의병전쟁을 지지하기도 하였으나, 양자 간에는 운동의 진행과정에서 상호비방하거나 심지어는 살상하는 등 대립 · 갈등적인 면이 나타났음이 사실이다. 그럼에도 불구하고 양자는 국권회복이라는 동일한 목표를 가진 민족운동으로 근대민족의식의 형성에 크게 기여하였으며, 일제 식민지하에서도 끊임없는 대일항전을 수행할 수 있게 한 민족적 힘의 원천이 되었다는 점에서 큰 역사적 의의를 지니고 있다. 또한 의병전쟁과 애국계몽운동 간에는 국치를 전후하여 연합전선을 위한 통합의 노력이 시도되기도 하였다. 즉 항일전에서 막대한 피해를 입은 의병들은 독립전쟁을 위한 민족의 각성과 실력양성의 필요성을 중시하게 되었으며, 애국계몽운동가들은 기존의 실력양성운동의 한계를 절감하고 현실적인 독립전쟁 준비론을 실천해 나갔다. 이러한 두 세력의 노력은 독립전쟁을 위한 통합적인 이념과 방법을 창출해 낼 수 있는 새로운 모색이었다.

3. 의열 · 순국투쟁

의열투쟁이란 자신을 희생하면서, 침략정책을 앞장서 추진했던 일본인이나 친일파를 처단했던 독립운동의 한 형태를 말한다. '의열'이란 원래 의사와 열사의 과감하고도 자기희생적인 행동을 염두에 둔 말로, '의사(義士)'란 성패에 관계없이 목숨을 걸고 적에 대한 거사를 결행한 사람을 말하고, '열사(烈士)'란 강력한 항의의 뜻을 자결 또는 그에 준하는 행동으로써 자신의 굳은 의지를 내보인 사람을 의미한다.

한말 의열투쟁은 1904년의 한일의정서 체결과 1905년 을사늑약 체결에 반대하면서 시작되어 국내뿐 아니라 미국·중국·네덜란드 등 세계 각지에서 전개되었다. 1904년 2월 일제는 한일의정서라는 대러동맹조약을 체결하여 일본군의 조선 주둔을 허용하게 하였다. 이로써 주차일본군사령부가 서울에 설치되기에 이르자, 의분을 참지 못한 의사들이 외부대신서리 이지용과 외부교섭국장 구완희의 집에 폭탄을 던졌다. 8월에는 외부대신서리 윤치호와 일본공사 하야시 곤스케(林權助) 사이에 「외국인용빙협정」을 조인하여 한국의 재정·외교권이 실질적으로 일본에 종속되고 말았다. 일본공사는 고종을 위협하여 재외공사관을 철수하게 하였다. 주영공사 이한응은 귀국을 미루고 대책을 강구하였으나 외교를 통한 국권회복이 불가능하다고 생각되자 1905년 5월 비장한 유서를 남기고 런던에서 음독 자결하였다.

을사조약이 강제 체결되자 이를 반대하는 의열투쟁이 전개되었다. 조약이 발표되자 황성신문 사장 장지연은 「시일야방성대곡」이란 논설을 발표하여 항일의식을 고취시켰으며, 군중들은 이완용의 집에 불을 지르는 등 오적의 집을 습격하였다. 한편 시종무관장 민영환, 전 좌의정 조병세, 전 대사헌 송병선 등은 상소를 올려 조약의 파기와 을사오적의 처단을 주장하였으나, 건의가 관철되지 않자 자결하여 국민의 항일의식을 고취시켰다. 전 참판 홍만식과 학부주사 이상철이 그 뒤를 따라 순국하였으며, 안양의 농민 원태우는 안양역에서 이토의 처단을 기도하였다. 나철과 오기호는 오적암살단을 조직하고 을사늑약 체결에 서명한 매국대신들의 집을 불사르고 일진회를 습격하는 등 매국노를 처단하고자 하였다. 나철은 후에 대종교를 창건하여 민족종교운동을 전개하였다.

고종의 특사 이준은 헤이그에서 순국하였다. 그는 이상설·이위종과 함께

1907년 6월 헤이그에서 개최된 만국평화회의에 고종의 특사자격으로 참석하여 일본의 불법적인 국권침탈을 국제 여론에 호소하고자 하였다. 그러나 국가대표의 자격으로 회의에 참석하는 것이 성사되지 않자, 이준은 1907년 7월 분사(憤死)하여 일본의 만행을 세계에 알렸다. 이 사건을 계기로 고종이 강제 퇴위당하고 군대마저 해산당하였다. 군대해산 조칙이 내려지자 시위대 대대장 박승환은 "군인으로 나라를 지키지 못하고 신하로서 충성을 다하지 못하니 만번 죽어도 아까울 것이 없다"라는 유서를 남기고 자결하여 해산군인들의 대일항전에 불씨를 지폈다.

1908년 3월에는 미국 샌프란시스코에서 전명운·장인환이 일본에 의해 고용된 외교고문 스티븐스를 처단하였다. 1909년 10월 26일에는 중국 하얼빈에서 안중근이 이토를 처단한 의거가 있었다. 한국 침략을 주도하던 이토를 처단한 안중근의거는 중국을 비롯한 세계 피침략 국가로부터 큰 찬양을 받았으며, 침체되어 있던 항일투쟁을 활성화시키는 데 중요한 계기가 되었다. 안중근의거 직후인 12월 12일 국내에서는 을사오적을 처단하고자 한 사건이 일어났다. 즉 이재명은 명동성당 앞에서 매국노 이완용을 단검으로 찔러 중상을 입혔다. 기산도는 이근택에게 중상을 입혔으며, 김익삼·김종한 등에 의한 이용구 처단 의거가 있었다. 또 대한제국이 멸망하자 황현·김도현·이만도·홍범식·김석진·송병순 등 많은 애국지사들이 자결 순국하여 일제에 항거하였다.

의열·순국투쟁은 을사늑약 이후 본격화되어 1945년 해방 때까지 계속되었다. 이는 일제의 식민통치 기반을 흔들고 국민들에게 민족적 각성을 촉구하여 지속적인 항일투쟁을 전개하게 한 점에서 민족사적 의의가 크다.

제2장

최초의 을미의병장 문석봉

1895년 8월, 명성황후가 일본 낭인들에 의해 궁중에서 시해되는 국제적 범죄 행위가 일어났다. 조선인의 일본에 대한 분노는 활화산같이 끓어올랐다. 각지에서 일본을 쳐부수자는 의병의 조짐이 일어났다. 누군가가 의병 봉기의 횃불을 올리면 이를 신호로 전국 각지에서 의병이 일어날 태세였다. 이러한 때에 진잠 현감을 지낸 문석봉이 대전 일대의 유학자들과 평민들의 적극적인 지원과 참여로 유성에서 의병을 봉기하였다. 유성의병은 전국적으로 파급되는 을미의병의 첫 봉기가 되었다.

그동안 유성의병에 대하여 실행에 옮겨지지 못한 을미의병의 전단계로, 또는 봉기 장소가 유성이 아닌 충북의 보은으로 잘못 알려져 왔었다. 그러나 문석봉의 구체적인 항일투쟁의 사실이 실증되었으며, 봉기 장소도 보은이 아닌 대전의 유성이라는 것이 밝혀진 바 있다.[1]

이 글에서는 유성의병장 문석봉이 과연 어떤 인물이었으며, 그와 함께 의

1 김상기, 「조선말 문석봉의 유성의병」, 『역사학보』 134,135 합집, 1992.

병을 일으켰던 인물들은 누구였는지를 소개하고자 한다. 아울러 이들이 어떤 이유로 의병을 일으켰고, 구체적인 전투과정은 어떠했는지 등을 알아보고자 한다.

1. 문석봉은 누구인가?

문석봉(文錫鳳, 1851-1896)은 1851년 경북 현풍군(현, 대구광역시 달성군 현풍면 상동리)에서 부친 하규(夏奎)와 경주이씨 사이에서 장남으로 태어났다. 그의 자는 이필(而弼), 호는 의산(義山)이고 본명은 봉각(鳳珏)이다. 본관은 남평으로 시조 다성(多省)의 32세손이다. 문석봉의 11대조가 대구로 처음 이사 와 살게 되었으며 그의 후손들의 관계 진출은 미미했다. 다만 문석봉의 9대조인 영남(榮南)이 임진왜란 때 의병을 일으켜 왜적을 물리친 공으로 선략장군훈련봉사의 직을 받았고, 6대조인 재징(在徵)이 대구 감영에서 성 쌓는 일로 공을 세워 성축감이 되었다. 그러나 그 이후 문석봉의 부친에 이르기까지 벼슬과는 거리가 멀었으며, 문석봉에 와서 비로소 무과에 급제하고 현감을 역임하는 등 관직을 제수 받았다.

유성의병장 문석봉

이처럼 고려 문신의 후예인 그의 집안은 낙향하여 조선조에 관료의 길과는 거리를 두어 왔다. 따라서 그의 신분은 거의 평민이나 마찬가지였다.

문석봉은 어려서부터 무인 자질을 보여주었다. 12세 때인 1861년 죽궁을 쏘아 소뿔을 맞히면 백발백중이었다 한다. 이 소문을 들은 어사 김화영이 술사 이성구를 보내 그에게 「육도삼략」을 비롯한 병서를 수학하게 하였다. 1870년에는 이성구와 함께 '고견암'이라는 암자에 기거하면서 3년간 무술을 익히기도 하였다. 암자에서 나온 직후인 1873년부터 2년간은 두문불출하며 「주역」을 탐독하였으며, 25세 때인 1875년에는 중국의 금릉(현, 난징)으로 건너가 왕희주한테 침술을 비롯한 한의학을 3년간 수학하였다.

32세 때인 1882년 '조운리(漕運吏)'가 되어 전라도 지역의 세곡을 조운선으로 서울에까지 운반하는 일을 맡았다. 그러나 그의 첫 관리생활은 순탄하지 못하였다. 그가 세곡을 싣고 목포 - 무안 사이를 지날 때 전라도 지역의 기근 상태를 보고 곡식을 풀어 기민들에게 나누어 준 것이다. 정부에서 체포령이 내리자 그는 "나라를 속인 것은 죄이나 이 백성들은 어찌 나라사람이 아니겠는가. 쌀을 중히 여겨 백성을 버리는 일은 차마 못하겠다"라 하고 집안 일을 친구인 김수영에게 맡기고 방장산속으로 들어갔다.

41세 때(1891년) 고향의 수문동에서 친척인 문용현과 함께 영파재(映波齋)를 지어 빈민 자제 50여인에게 한학을 교육하였다. 이는 그가 무인으로 일어났으나 문인의 소양도 갖추고 있었음을 알려주는 좋은 예이다. 이때 현풍군수 윤병은 비적의 방어를 위하여 그에게 군내 순찰의 임무를 맡겼다. 이를 인연으로 윤병이 과천군수로 옮겨가자 그의 책실로 수행한 뒤 포군장이 되었다. 1893년 5월 그는 별시 무과에 병과로 급제되어 경복궁5위장에 특제되었으며, 그해 12월에는 진잠 현감에 제수되었다.

1894년 11월 양호소모사의 직에 임명되어 공주부에서 근무하였다. 이때는 동학농민군이 득세하던 시기였으며 충청지역 중에서는 현감으로 재직하였던 공주부 지역이 특히 심하였다. 문석봉의 소모진은 11월 18일 조직되었으며, 11월 29일 간부를 임명한 듯하다. 그는 소모진을 이끌고 진잠을 비롯하여 연산, 은진, 진산, 여산은 물론 청산, 보은 등지에까지 출정하여 동학군 진압에 출중한 공을 수립하였다. 그 중에서도 특히 1895년 1월 24일부터 28일까지 전개된 연산지역 염학동에서 동학군 진압 작전은 대표적인 전투였다.

이와같이 문석봉의 동학군 진압작전이 성공적으로 이루어지자 연산을 비롯한 인근 6읍의 주민들이 대전의 진잠에 '양호소모사문공석봉명찰선정비(兩湖召募使文公錫鳳明察善政碑)'를 세워 그의 공을 기리기까지 하였다. 공주부에서는 그를 신영 영장에 임명하여 공주부에 근무하게 하였다. 이 소식을 들은 진잠, 연산, 은진의 유생들은 순영과 통리아문에 문석봉 부대를 "인의의 부대"라고 칭송하면서 아직 동학의 무리가 남아있는 상태에서 부대를 철수하게 되면 동학군이 반드시 다시 일어나게 될 것이라면서 계속 머물게 할 것을 청하였다. 그러나 관찰사 박제순은 오히려 문석봉의 신영 근무를 재촉하는 명령을 내렸으며, 결국 1895년 2월초에 신영 영장으로 근무하게 되었다.

그러나 불과 얼마 안가 문석봉이 공주부에 구금되는 사건이 발생하였다. 공주의 관병에게 신식훈련을 시킨 것은 의병을 일으켜 "토왜(討倭)"하려 한다는 고발이 있었기 때문이었다. 6월 21일 석방되기는 하였으나 이는 그가 본격적인 의병투쟁을 전개하기 위한 준비단계라고 할 수 있겠다. 문석봉의 의병투쟁은 을미사변 직후 재개된다. '국수보복'의 기치를 내걸고 1895년 9월 18일 '유성'에서 의병을 일으킨 것이다.

2. 유성의병은 왜 일어났나?

문석봉이 의병을 일으킨 주요한 이유는 일본군에 의해 시해된 명성황후의 원수를 갚자는 데 있었다. 1895년 8월 20일 새벽 일본공사의 지시에 따라 일본군이 경복궁을 침입하였다. 여기에는 일본인 낭인배도 동원되었다. 시위대 연대장 홍계훈은 부대를 이끌고 광화문에서 막고자 하였으나 일본군의 총탄에 피살되고 말았다. 왕궁을 무력으로 점령한 일본군은 왕의 처소인 건청궁을 포위하고 명성황후를 찾아 내 시해하기에 이른 것이다. 이를 저지하던 궁내부대신 이경직이 피살되었으며 3-4명의 궁녀들도 피살되었다. 고종은 말할 수 없는 모욕을 당하였으며 왕태자는 일격을 맞고 기절하였다.

이러한 일본에 의한 천인공노할 사태에 관료들은 사직 상소를 올리면서 거족적인 항일운동을 일으킬 것을 주장하였으며, 각지에서 의병을 일으킬 뜻을 밝히는 움직임이 일어났다. 문석봉은 을미사변 직후에 서울에 올라가 민영환 등을 만나 의병 봉기의 뜻을 밝히고 대전으로 내려와 9월 18일 유성 장터에서 의병을 봉기하였다.

문석봉은 의병을 일으키기 직전에 친구인 엄진섭에게 자식들을 부탁하며 보낸 편지에서 그는 시해사건을 '천고에 없는 강상의 대변'이라고 통분하고 있다. 그리고 을미사변을 '국치(國恥)'로 인식하였으며 신하로써 원수를 갚는 일은 당연한 의리라고 하였다. 그는 임진의병장의 후예라는 자각이 강했다. 이는 그가 의병을 봉기한 또 다른 이유였다. 그가 1895년 2월 체포된 죄명이 '토왜죄(討倭罪)'였다. 이때 경무사 이윤용과 가진 공초에서 "태조 이래 5백년간 내려 온 조종사직을 어찌 쉽게 두손을 들어 오랑캐에게 바친단 말인가" 라고 하면서 오랑캐 일본을 물리쳐 국망을 막아야 함을 피력하였다. 그는 무과에 급제한 후 관리로 근무하면서 정부에 의한 일련의 개화정책이 일본의 조종에 의해 이루어짐을 보았다. 특히 동학농민군을 진압하는 과정에서 일본군의 위압적이고 무자비한 진압, 거기에 비해 조선 정부의 나약함을 보고 그의 척왜론은 강화되었으며, 급기야 국모가 시해되는 사태를 당하여 항일의병투쟁을 전개하기에 이르렀다.

3. 유성의병의 전개

1895년 6월 공주옥에서 석방된 문석봉은 8월에 명성황후의 시해소식을 듣게 되었다. 그는 이 사건을 "천고에 없는 강상의 대변"이라고 통분하였으며 국모의 복수를 위하여 의병을 일으켜 흉적을 토벌하고자 하였다. 그는 의병을 일으키기 전인 9월초 서울에 올라가 을미사변 직후의 분위기를 파악하였으며, 민영환 등 인사들을 만나 봉기의 뜻을 밝히고 동조세력을 확보하고자 하였다. 그의 창의에 참여한 세력은 황현이 말하고 있듯이 유생층이 중심이 되었다. 특히 대전 지역 유림의 대표자인 송근수와 신응조가 참여하였음이 주목된다. 일본의 도쿄에서 발간된 『도쿄조일신문』에서도 이들의 의병 참여 사실을 보도하고 있다.[2]

송근수는 송시열의 8대손으로 헌종 14년(1848) 증광문과에 급제하여 대사헌과 우의정을 거쳐 고종 19년(1882) 좌의정을 지낸 정치가였다. 그는 1884년 정부의 개화정책에 반대하여 사직하고 회덕에 낙향하여 '재상산림'이란 칭호를 얻었으며 단발령이 공포됨에 단식으로 항의한 척사계열 유학자였다. 1905년 순절한 송병선(宋秉璿)이 그의 친조카임을 볼 때 그의 척사사상에 기반을 둔 반일우국정신을 살필 수 있다. 신응조는 대원군의 이종사촌으로 형조 판서를 역임하고 1882년 우의정에 제수되었으나 이를 받지 않고 진잠으로 이사하여 저술을 일삼던 척사계열의 인물이었다. 문석봉은 상경하여 민씨 척족 세력의 실권자였던 민영환도 만나 의병 봉기의 뜻을 털어놓았다. 이때 민영환은 문석봉의 말을 듣고 환도 한 자루를 풀어주며 격려했던 것으로 알려진다. 을미사변시 훈련대 제2대대장으로 일본군의 만행을 방조한 우범선을 살해한 인물로 잘 알려진 고영근과도 서울에서 만난 것으로 보인다. 고영근은 문석봉이 봉기하기 직전인 9월 13일 편지를 보내어 의병 봉기를 격려하였다. 과천의 집에서 편지를 받은 문석봉은 9월 18일(양 11월 4일) 충청도 유성으로 내려와 의병의 깃발을 들었다. 죽음을 결심하고 국모시해 1개월 후에 결연히 '국수보복'을 위해 몸을 일으킨 것이다.

문석봉은 9월 18일 창의한 후 대장이 되어 선봉에 김문주, 중군에 오형덕, 군향에 송도순을 임명하였다. 김문주는 공주 출신의 유학(幼學)으로 문석봉과

2 『도쿄조일신문』 1896년 1월 3일, 「충청도적괴」

는 소모군의 참모사로 동고동락했으며 지난 2월에도 같이 거의를 공모하여 체포되었던 동지였다. 오형덕은 옥천출신의 유학으로 역시 문석봉이 양호소모사로 재직시 휘하에서 중군장으로 참여하였다. 여기에 회덕의 사족 송도순이 군향으로 참여한 것이다. 송도순(1858-1918)은 송준길의 10대손으로 고종 11년(1874) 증광문과에 급제한 후 1893년 이조참판을 역임하였으며, 1894년 봄 사헌부 대사헌과 승정원 도승지에 제수되었으나 이를 받지 않고 낙향한 인물이다. 이들 외에 문석봉의병에 참여한 인사로 진사 김종률과 영장 최은동, 김성의 등이 확인된다.

김성의(1861-1925)는 병자호란 때 척화파인 송애 김경여의 후손으로 문석봉의 제의에 의병에 참여하였던 것으로 보인다. 송병관이 찬한 「김성의묘갈명」에 의하면 문석봉과 김성의 관계를 알려주고 있다.[3] 이에 의하면 문석봉이 거의하기 전 김성의를 찾아왔던 것으로 보인다. 김성의는 그와 함께 의병을 모아 의병투쟁을 전개하고자 하였으나 정부군에 의해 부대가 해산되고 말았다는 것이다. 김성의는 피신하여 대전 상괴리에서 은거생활을 하였으며, 1924년 일제의 감시를 피해 중국으로 갔으나 심양에서 병사하였다. 그의 시신은 죽은 지 15년만인 1940년에 고향으로 모셔졌다. 김성의의 둘째인 김직원과 그의 당질인 김정철은 대전 인동시장에서의 3 · 1운동을 주도하였다.

문석봉은 지휘부를 조직한 후 통문을 각지에 발송하였다. 그는 통문에서 을미사변을 천고에 없는 대변으로 규정하고 의병을 일으켜 적을 토벌, 사직을 건져야 할 것을 호소하였다. 통문의 전문은 다음과 같다.[4]

> 통유(通諭)할 일은, 성모(聖母)께서 해를 입으신 것은 실로 천고에 없는 대변입니다. 일찍이 복수를 하지 않고 참아 이 적들과 어찌 한 하늘에서 더불어 살 수 있겠습니까. 우리는 감히 욕되게 사는 것보다 영광되게 죽

3 송병관 찬, 「궁내부주사송운김공묘갈명」(경진년), 『극재집』.

4 『의산유고』 권2 「통문」, '창의시통열읍문'.

고자 하는 마음으로 의병을 일으켜 적을 토벌하고자 합니다. 아, 우리나라 누구인들 신하가 아니며 누가 복수를 원하지 않으리오. 같이 일어나 대의로서 흉당을 멸망시키고 사직을 건지는 것이 매우 다행이겠습니다.

을미 9월 일

문석봉은 공격의 목표를 공주부 관아로 잡았다. 그는 공주관아를 선점하여 무기의 열세를 '지리의 이점'으로 메우고자 한 것이다. 문석봉은 9월 18일 유성장터에서 부대를 편성한 후 우선 무기를 획득하기 위하여 회덕현을 급습하였다. 회덕현의 무기고를 공격한 일자를 알 수는 없으나 10월 20일(양,12월 6일) 탈취한 무기로 무장한 300여명의 의병이 유성 장대리에 다시 진군하였다. 이곳에서 의병을 모은 부대는 다음 날(10월 21일) 오전에 진잠으로 들어가 군수 이세경을 만난 듯하다. 그러나 이세경은 의병의 동태를 관찰사에게 보고하는 등 협조를 거부하였다. 진잠에 입성한 지 일주일 후인 10월 28일 문석봉 의병은 공암을 거쳐 공주를 향해 진격하였다. 공주인 이단석의 『시문기 時聞記』에 의하면 의병이 10월 28일 공암을 지나 공주부로 향하였다. 공주부 관찰사 이종원은 전중군 백낙완과 이인 찰방 구완희에게 각각 100명씩 이끌고 가 대응하게 하였다. 의병부대는 이들과 공주 와야동(현재, 공주시 소학동)에서 일전을 겨루었다. 그러나 의병은 매복해 있던 관군에 패하고 말았다.

문석봉은 패산 후 중군 오형덕 등과 함께 경상도 고령, 초계 등지에서 재봉기를 준비하였다. 우선 고령현감에게 원조를 요청하고, 이어 감역 윤희순으로부터 군자금 지원의 약속을 받기도 하였다. 한편 초계군수 신태철은 "관에서 상금 만금을 그대들에게 걸고 있으니 잠시 숨어 후일을 도모하시오"라고 이들의 안위를 걱정해 주기도 하였다. 그러나 결국 고령현감 조모의 고변으로 순검 서윤묵 · 정인원 · 이효진 등에 의해 체포되어 대구부에 구금되고 말았으니 12월 24일의 일이었다. 정부에서는 이들 3명의 순검에게 갑종상으로 6원씩을 상금으로 주었다.

대구부 감옥에 갇힌 문석봉은 11월 25일 경무관 장규원한테 공초를 받았다. 이 자리에서 그는 그간의 경과와 심정을 비장하게 토해 놓았다. 3일 후인 11월 28일에는 관찰사 이중하의 공초를 받았다. 문석봉은 관찰사의 불의를 통렬히 논박하였으며 거의한 큰 뜻을 의연히 역설한 것으로 전해진다.

문석봉의 의병투쟁에 대한 의지는 열렬하였다. 옥고를 치르면서 몸이 극도로 쇠약해졌음에도 불구하고 재봉기를 시도한 것이다. 그는 1896년 봄 영장 최은동, 중군장 오형덕과 함께 파옥, 탈출하여 과천에 올라왔으나 이미 문석봉의 집은 일본병에 의해 불태워져 있었다. 그는 4월 서울에 들어와 정계의 요로들과 접촉을 시도하였다. 이어 원주로 내려가 '도지휘'가 되어 각도 의병장들에게 통문을 돌리기도 하였다. 이때를 전후하여 유인석의 제천의병과도 연락이 있었던 것으로 보인다. 그러나 불행히 문석봉은 병에 걸려 8월 12일 현풍으로 귀환하였으며, 결국 11월 19일 밤에 46세의 일기로 병사하고 말아 의병의 목표를 끝내 이루지 못하고 말았다.

4. 유성의병의 역사적 의의

유성의병은 을미사변 후 전국에서 최초로 일어난 을미의병의 효시이다. 유성의병은 임금이 치욕을 당하면 신하는 이를 갚기 위하여 목숨을 바친다는 '주욕신사(主辱臣死)'의 충의정신으로 일어난 대표적인 근왕의병이다. 유성의병은 1895년 9월 18일(음) 문석봉에 의해 '유성장터'에서 봉기한 사실이 실증되었다. 이로써 그동안 보은에서 일으켰다고 잘못 알려져 있던 것이 수정되기에 이르렀다.

유성의병은 회덕의 송근수와 송도순, 진잠의 신응조, 김성의 등 대전지역 유학자들의 적극적인 지원과 동참, 유성장터에서 합류한 일반 서민들이 참여하는 등 향촌사회의 지지기반 위에서 전개된 점에서 의의가 크다. 의병장 문석봉은 경북 현풍 출신이었지만, 고향에서 의병을 일으키지 않고 자신이 진잠 현감으로 근무했던 대전 지역에서 의병을 일으켰다. 이것은 대전이라는 향촌사회가 의병을 일으킬 수 있는 이념적 바탕이 강했으며, 따라서 지역인들의 지원과 참여가 가능할 것이라고 판단했기 때문이었다.

그동안 유성의병의 사실을 알리는 학술활동이 여러 차례 있어 왔다. 언론에서도 광복 특집으로 유성의병에 대한 다큐멘터리를 제작 방송한 바도 있다. 그러나 그동안 여러 차례 언론과 방송매체를 통하여 알려졌음에도 불구하고 이 사실을 알고 있는 이는 찾기 어렵다. 다행히 2004년 유성구청에서 유성시장의 한 켠에 - 을미의병의 효시, 유성의병 사적비 - 란 기념비를 세워 유성장터가 민족교육의 현장으로 보존되고 있다. 유성의병의 의기가 후세에 전해지기를 바라는 마음이다.

유성의병 사적비(대전광역시 유성구)

참고문헌

김상기, 『한말의병연구』, 일조각, 1995.

김상기, 「조선말 문석봉의 유성의병」, 『역사학보』 134,135 합집, 1992.

제3장

화서학파의 선비 의병장 유인석

"아! 우리 팔도의 동포들이여, 망해가는 이 나라를 내버려 두시렵니까. 할아버지나 어버지가 모두 5백년 유민(遺民)이 아닌 사람이 없거늘 내 나라 내 집을 위해 어찌 한 두 사람의 의사(義士)도 없단 말입니까. 참으로 슬픈 일입니다."

"이에 감히 먼저 의병을 일으켜 이 뜻을 세상에 포고하노니, 위로 공경대부로부터 아래로 서민에 이르기까지 어느 누가 애통하고 절박한 뜻이 없겠습니까. 진실로 위급존망한 때입니다. 각자 거적자리에서 자고 창을 베개 삼아 끓는 물속이나 불속이라도 뛰어 들어 온 누리가 안정되게 하여 해와 달이 다시 밝아지면 어찌 한 나라에 대한 공로이겠습니까. 실로 만세에 말이 있을 겁니다." (유인석의 「격고팔도열읍」).

유인석은 화서학파의 종장인 이항로와 김평묵, 유중교로부터 척사론의 요체를 전수받은 유학자이며, 일제의 침략에 존화양이론을 실천한 의병장이다. 유인석은 '처변삼사'를 제시하여 갈 길을 고민하던 이들에게 항일의 방도가 되게 하였다. 망명하여 13도의군 도총재가 되어 국내진입작전을 계획하였으며, 성명회 회장과 권업회 수총재로 추대되어 러시아 지역에 항일독립운동 근거지를 확립하는데 헌신했다.

1. 유인석은 누구인가?

유인석(1842-1915, 호 의암)은 헌종 8년(1842) 1월 춘천 가정리 우계에서 태어났다. 본관은 고흥이다. 14세 때인 1855년 2월 같은 마을에 살고 있는 유중선에게 양자를 갔다. 양모는 덕수이씨이다. 증조부 유영오(柳榮五)는 문과에 급제하고 병조참판을 지냈는데, 유중교(柳重敎)의 큰할아버지가 된다. 유영오는 유배에서 돌아와 잠강 율리(현, 가평군 설악면)에 집을 짓고 자리 잡았는데, 양근의 벽계(현, 양평군 서종면 노문리)에 있는 이항로(李恒老)를 만나보고 당대의 큰 학자임을 알고 자손들을 그에게 입문시켰다. 유인석은 1855년 이항로의 문하에 들어갔다. 이항로는 그를 보자 "인(仁)을 이루 다 사용할 수 없겠다"하고 자신을 극복하여 예를 회복한다는 '극기복례(克己復禮)'를 써 주며 이를 행할 것을 권했다.

의암 유인석

1866년 병인양요가 일어나자 스승 이항로가 척사 상소를 올리기 위해 상경함에 수행하였다. 2년 후인 27세 때인 스승을 잃고 3년 상을 마친 뒤 화양동으로 가서 만동묘에 참배하였다. 1876년 조정이 일본과 강화조약을 맺으려 하자 홍재구 등 문인들과 왜와의 화친을 반대하는 척화상소를 올렸다. 1889년 8월 스승인 유중교를 따라 제천의 장담으로 이사하였다. 춘천은 서울과 가까워 매일 일본인들이 왕래함을 보고 산천이 깊은 장담으로 이사한 것이다.

청풍의 서상렬을 비롯하여 양구의 주용규 등 많은 이가 장담으로 옮겨 옴에 장담 마을은 화서학파의 세상이 되었다.

유인석은 1894년 6월 일본군에 의한 갑오변란을 당하자 "나라의 변고에 통곡하고 통곡합니다"라고 이를 국가의 변고로 인식하였다. 나아가 "우리들은 편안히 앉아 글만 읽을 처지가 아닙니다"라고 하여 행동에 나설 것을 선언하였다. 1895년 조정에서 의복의 색깔을 흑색으로 바꾼 변복령을 발표하였다. 이에 대하여 "애통하고 가슴 아프다"라면서 4천년 내려 온 중화의 맥과 조선 5백년 제도가 단절되었다고 이를 변란으로 인식하였다. 그리고 변복령에 처하여 죽음만이 있을 뿐이라면서 목숨을 들어 반대하였다.

1895년 5월에 제천의 장담 건너편 마을인 구탄으로 이사하였다. 이곳에서 그는 문인 사우들과 윤5월 2일부터 의병 봉기 직전까지 사서삼경과 『격몽요결』, 『근사록』, 『화서아언』, 그리고 주자와 김평묵, 유중교의 글을 내용으로 한 강회를 실시하였다. 이 강회는 유인석 문인이 중심이 되어 참석자는 많을 때는 150여명에 이르기도 하였다. 한달에 2, 3회 정기적으로 모여 화서학파의 요체라 할 수 있는 '존양론(尊攘論)'과 의리정신을 토론하였다.

유인석은 이항로 이하 김평묵과 유중교를 차례로 모시면서 화서학파의 사상을 철저히 계승하였다. 그의 사상 중 핵심은 존화양이론(尊華攘夷論)이라고 할 수 있다. 그가 1913년 요동에서 작성한 『우주문답』에서 중국과 조선은 각기 삼황과 단군 그리고 기자의 정통을 이어 중화와 소중화의 맥을 계승해오다가 명이 망한 후 그 화맥이 중국에서는 없어지고 조선에만 남게 되었다는 것이다. 여기에서 '화(華)'라는 것은 주자학 중심의 '중화문화'를 의미하는 것으로 보인다.

그는 개항을 전후하여 왜양일체론(倭洋一體論)을 주장하였다. 주자학을 신봉하지 않는 '왜와 서양'은 곧바로 오랑캐로서 격퇴해야 할 대상으로 보았다.[1]

---

1 유인석, 「소중화론」, 『의암집』 권51, 「우주문답」.

1876년 불평등 조약인 강화도조약이 강제로 체결되기 직전 그는 스승 유중교 김평묵 등 화서문인 50인과 함께 상소를 올렸다. 이 50인의 병자연명유소는 이항로의 병인년 상소 이후 화서학파에 의한 최초의 집단적인 정치운동으로 개국의 부당성을 항의 상소한 것이다. 이 연명유소는 왜양일체론이 주요 내용이다. 이에 의하면 왜는 서양의 앞잡이라는 것이며 이는 이미 왜가 서양과 결합하여 양선을 타고 양포 등 양기를 사용하고 있음을 보아 알 수 있다는 것이다.

그는 을미사변과 단발령 공포 후에는 왜적토벌론(倭賊討伐論)을 주장하였다. 그는 춘추대의는 '적을 토벌하여 복수하고 중화를 높이며 오랑캐를 물리친다'는 것이라며 을미사변으로 국모를 시해하고 단발령으로 임금의 머리를 훼손한 왜적을 토벌하여 춘추대의를 밝히고자 의병을 일으켰음을 분명히 하였다.

또한 왜적은 '선왕의 제도를 더럽힌 원수'요, '임금에게 욕을 가한 원수', 그리고 '국모의 원수'라면서 "이러한 원수를 잊어버리고 시간만 보낸다면 왜적이 우리를 더욱 경시하고 모욕하여 재앙이 미치지 않는 것이 없을 것"이라고 하였다. 나아가 그는 조정의 관원들이 "백성이 짐승의 먹이로 맡겨져도 근심할 줄 모른다."면서 원수를 토벌하지 않게 되면 일본이 우리를 모욕함이 끝이 없고 종국에는 백성들이 그들의 먹이로 유린당할 것이라면서 민족의 멸망을 막기 위하여 의병을 일으켰음을 천명하였다.

그는 반개화론(反開化論), 나아가 개화망국론(開化亡國論)의 태도를 분명히 하였다. 유인석은 철저한 반개화론의 입장에서 1894년 이래 개화파에 의한 일련의 갑오경장을 친일적 반민족적 정책으로 인식하였다. 또한 개화망국론을 주장하였다. 개화란 용어는 일본으로 파견한 유학생이 귀국한 뒤 1890년대 개화파 관리들에 의해 사용되었다 그러나 그에게 '개화'는 곧 '왜화' 나아가 '망국'의 의미로 파악되었다. 그는 개화파들에 의한 외국과의 통상이 망국의 근원이 된다고 주장하였다. 그리고 의병의 목적은 남의 노예가 되는 수치를 면하고자 함에 있다고 하였다. 그는 갑오변란이 일어나자 이를 국가의 자주권이 크게 훼손된 것으로 망국의 시작이라고 인식하였다. 이는 그가 1895년 의병을 일으키고 발표한 격문에서 '마침내 갑오년 6월 20일 밤에 이르러 우리 조선 삼천리강토가 없어졌도다'라고 함에서 잘 알 수 있다.

그는 복수보형론(復讐保形論)을 펼쳤다. 이에 따라 을미사변으로 시해된 국모의 원수를 갚고 변복령과 단발령의 철회를 주장하였다. 1895년의 변복령이 발표되자 중화의 정맥과 조선의 예법이 단절되었다면서 성토하였다. 단발령에 대하여도 변복령과 같이 화이론적 가치관에 입각해 통박하였다. 그리하여 단발 강요에 대한 반감은 개화 그 자체를 증오하는 감정으로 발전하였고, 그 결과 의병을 봉기하여 이를 회복하고자 하였다.

그의 중화 중심의 척사론은 말년에 서양의 무력을 인정하는 태도로 변화를 보인다. 이를 동도서기론적인 채서론(採西論)[2], 또는 그가 점진적인 개혁을 제창하였다 하여 '자주개화론'[3]으로 이해하기도 한다. 그러나 이는 그가 채서론의 태도를 취했다기 보다는 일본과의 항쟁을 위해 부득이 했던 것으로 보인다. 이는 홍주의병장 김복한이 1919년 파리장서에 서명한 일로 화서학파의 일부로부터 비판이 있자, 이는 일제를 구축하기 위한 '변례(變例)'라면서 일제를 토벌하는 것이 더 중요하고 급했기 때문에 부득이한 결정이었다고 함과 같은 맥락으로 보인다. 즉, 김복한이 말년까지 존화양이론의 태도를 견지하였듯이, 유인석 역시 화이론에 대한 인식의 변화는 없었던 것으로 보인다.[4]

2. 제천의병장에 나서다

1895년 8월(음)에 명성왕후가 시해되었다. 조정에서는 국모를 서인으로 폐

2 김도형, 「의암 유인석의 정치사상연구」, 『한국사연구』 25, 1979, 127-129쪽.

3 박성수, 「구한말 의병전쟁과 유교적 애국사상」, 『대동문화연구』 6집, 1969, 180-181쪽.

4 김상기, 『호서유림의 사상과 민족운동』, 지식산업사, 2016, 205-212쪽.

하고 상복을 입지 못하게 하였다. 유인석은 "어찌 국모의 상복을 입지 않아 원수들에게 국모의 강등을 증명한단 말이냐"면서 상복을 입었다. 10월 24일에는 모친 덕수이씨의 상을 당했다. 그해 11월에 단발령이 내렸다. 결국 그는 문인들에게 "의병을 일으켜 적당을 쓸어버릴 것(擧義掃淸), 떠나서 옛것을 지킬 것(去之守舊), 목숨을 바쳐 뜻을 이룰 것(致命守志)"이라는 처변삼사(處變三事)를 제시하였다.[5]

이 세 가지 행동방안은 문인들의 행동 준거를 제공해 주었다. 유인석은 제2안을 취해 요동으로 망명하는 길을 취하였다. 주용규 등 문인들이 그를 따르기로 하였다. 그리고 심두환 등은 자정(自靖)을 택했다. 이때 안승우는 이필희, 이범직, 서상렬 등과 함께 제1안인 거의(擧義)의 태도를 분명히 하고 지평으로 가서 의병을 일으켰다.

제천의병은 1896년 1월 안승우와 이춘영이 일으킨 지평의진에서 비롯되었다. 안승우는 지평의 포군장 김백선을 비롯한 포수 400여명을 주병력으로 하여 원주 관아를 점령하였으며, 이어서 1월 17일 제천에 무혈 입성하였다. 이들은 이필희를 대장에 추대하고 단양 군수를 구금시키고 일본군과 관군을 장회나루전투에서 크게 물리쳤다. 그러나 관군과 일본군의 추격에 영월로 이진하였다. 이러한 사태에 접한 유인석은 요동행을 포기하고 의병을 지휘하게 되었다.

유인석은 의진을 제천으로 진격시켜 관아를 접수하고 관아 뒷산인 아사봉에 본영을 설치하고 중군장에 이춘영, 전군장에 안승우, 후군장에 신지수, 선봉장에 김백선, 소모장에 서상렬을 임명하고 각지에 격문을 띄워 전국민의 항일전 참여를 호소하였다. 동시에 홍주의 김복한, 유성의 문석봉, 장성의 기우만 등에게 통문을 보내 연합작전을 모색하기도 하였다. 제천의병은 단발을 강요한 단양군수 권숙과 청풍군수 서상기를 처형하고 2월 17일 충주성을 점

5 이정규, 「종의록」(독립운동사편찬위원회, 『독립운동사자료집』 1, 1971, 17쪽).

령, 충주관찰사 김규식을 처단하였다. 이어서 천안군수 김병숙, 평창군수 엄문환을 처형하고 선유사 신기선을 잡아 가두었다. 소모장 서상렬은 안동부 일대에서 7읍의 맹주로 추대되어 예천군수 유인형을 처단하고 안동의병과 연합 작전을 펴 일본군과의 태봉전투를 수행하였다.

제천의병은 수안보와 가흥에 주둔하고 있던 일본군의 격퇴를 주요 목표로 삼아 작전을 폈다. 그러나 2월 26일 수안보전투에서 이춘영이 전사하고 충주성 공방전에서 주용규가 전사하는 큰 손실을 입었다. 제천의병은 3월 5일 다수의 희생자를 낸 채 충주성을 포기하고 제천으로 후퇴하였다. 유인석은 안승우를 중군장으로 삼아 전열을 정비하였다. 이때 이강년이 의병을 이끌고 의진에 합류하였으며, 이외에도 영춘에서 권호선이 포수를 이끌고 왔으며 이명로의 횡성의병도 합류하였다. 그러나 3월 27일 선봉장 김백선의 처형사건 이후 병사들의 사기를 떨어졌다. 제천의병은 결국 5월 25일 제천의 남산전투에서 관군과 일본군의 집중적인 공격을 받고 패하여 서행의 길을 택하게 되었다. 고종의 해산조칙을 전해 받았으나 유인석은 구제도를 회복하지 못했음과 일본군을 물리치지 못했음을 들어 의병을 해산할 수 없음을 상소를 올려 분명히 하였다. 이후 춘천, 양구 그리고 안변, 영흥, 덕천, 운산을 거쳐 8월 24일 초산에서 압록강을 거쳐 중국의 회인현으로 들어갔다. 그러나 제천의병은 회인현재 서본우의 제지를 받고 8월 29일 무장해제를 당하였으며 유인석 등 21명을 제외한 219명은 강제 귀국 당하였다. 유인석 일행은 심양으로 들어가 심양현에 군사지원을 요청하였으나 일본과의 전쟁의 사단을 일으킬 수 없다고 거절당하였다. 유인석 일행은 중국의 원병을 기대하기 어렵다는 사실을 깨닫고 베이징으로 원세개를 만나러 가려던 길을 돌려 1896년 9월 고구려 구토인 통화현 5도구로 들어가 재기의 준비를 하였다.

3. 연해주로 망명하다

1) 13도의군 편성

1905년 을사늑약과 1907년 광무황제의 강제퇴위와 군대해산을 계기로 항일의병은 전국적으로 확대되었다. 또 한편으로는 국내에서 활동하던 민족운동가들이 대거 만주나 연해주로 망명하기 시작하였다. 유인석은 1907년 8월(음) 러시아 망명 길에 올랐다. 그는 러시아에 들어가 의병을 모집하여 일제와의 장기 항전을 대비하고자 하였다. 그러나 중풍이 심해져 망명을 중단하였다. 유인석은 신병 치료를 한 다음, 1908년 7월 다시 러시아 망명 길을 떠나 8월에 연추(煙秋)의 중별리에 도착하였다.

연해주 지역에는 1863년 한인의 집단 이주 이후 한인사회가 형성되어 있었다. 거기에 간도관리사를 지낸 이범윤이 1905년 연해주로 들어갔다. 또한 헤이그특사 이상설과 이위종을 비롯하여, 이동녕과 정순만, 그리고 안창호를 비롯하여 이갑, 조성환, 유동열, 이강 등 애국계몽운동을 주도하던 인사들이 이어서 망명하였다. 이들은 연해주 한인사회의 지도자인 최재형, 문창범, 최봉준 등과 연해주지역에서 의병을 조직하여 국권회복운동을 전개하였다.

연해주의병은 1906년 초 간도관리사 이범윤이 휘하의 충의대를 이끌고 연해주로 망명하면서 편성되기 시작하였다. 이범윤은 러일전쟁기에 함경도 일대의 산포수를 중심으로 충의대를 조직하여 러시아군과 함께 항일전을 벌였다. 전쟁이 끝난 후 그는 충의대를 이끌고 훈춘 부근에 유진하였다가 1906년 초 연추로 들어가 정착하였다. 이범윤은 최재형으로 대표되는 한인사회의 지원을 받게 되었으며, 이로써 연해주의병이 결성될 수 있었다.

연해주의병 중에는 동의회(同義會)와 창의회(彰義會)가 대표적이다. 동의회는 1908년 5월경 연추에서 결성된 것으로 보인다. 최재형이 총장, 이범윤이 부총장을 맡았다. 그 아래에 이위종이 회장, 엄인섭이 부회장을 맡았다. 창의회는 이범윤이 중심이 되어 조직되었다. 창의회의 정확한 결성 시기는 알 수 없지만, 1908년 7월 연해주의병의 국내진입작전 때 창의회가 참여한 것으로 보아 그 이전으로 보인다. 창의회 역시 연추에 중앙본부를 두었다. 동의회에는 안중근이 참여하였으며, 창의회에는 홍범도가 참여하였다.

1909년 초 이범윤과 홍범도 등이 지휘하는 연해주의병은 무기를 구입하고 두만강을 건너 진공작전을 시도하였다. 그러나 연해주의병은 단일 체제가 아닌 다양한 형태로 편성되어 있어 조직의 취약성이 나타났다.

유인석은 연해주지역에 여러 의병대가 편성되어 있는 것을 단일 의병대로 조직하기 위해 1909년 7월 향약 조직인 '관일약(貫一約)'을 시행하고 의병규칙을 제정하였다. 이에 따라 유인석이 중심이 되어 단일 의병대로의 통합을 추진하여 13도의군을 조직하였다.

13도의군은 이범윤이 이끄는 창의회가 주축이 되어 1910년 6월 재추(梓溝, 재피거우)에서 편성되었다. 유인석은 13도의군의 도총재로 추대되었다. 그는 13도의군 결성식에서 "도맥을 붙잡지 않을 수 없으며, 강역을 보존하지 않을 수 없으며, 인류를 구하지 않을 수 없으니, 이는 만고의 대의이고 천하의 대사이다"라고 도맥과 국가와 인류를 구하기 위해 거의하였음을 밝혔다. 또한 전국의 의병을 도총재(都總裁) 아래에 도총재(道總裁)와 읍총재(邑總裁)의 지휘 계통을 세워 전면적인 항일전을 대비하였다. 이어서 국내 조직으로 각 고을마다 총재, 총통, 참모, 총령, 소집, 규찰, 통신 등을 두었다. 그리고 이들을 도(道)총재가 다스리고, 도총재는 13도 도(都)총재의 지휘를 받도록 하여 전국민을 단일조직화 하였다. 도(都)총재는 유인석이 맡았다. 창의군 총재는 이범윤, 장의군 총재는 이남기가 맡았다. 우병렬이 도총소 찬모(贊謀), 이상설은 외교통신원, 김정규는 장의군 종사를 맡았다. 그리고 의병계열인 홍범도와 이진룡, 애국계몽운동 계열인 안창호, 정재관, 이종호, 정순만, 이갑 등이 의원(義員)의 직을 맡아 참여하였다. 이와같이 통합군단으로 편성된 13도의군은 최신식 무기인 러시아식 군용총을 다량 보유한 것으로 알려진다. 의병도 설립 초기에는 1,000여 명, 8월에는 이범윤이 3,000여 명, 홍범도가 1,000여 명 거느렸다고 전한다.

유인석은 13도의군 도총재의 이름으로 1910년 7월 이상설과 연명으로 광무황제에게 상소를 올렸다. 유인석은 상소에서 고종에게 내탕금으로 군자금을 지원해줄 것과 연해주로 망명하여 망명정부를 세워 독립운동을 이끌 것을 요청하였다. 이 상소문은 13도의군 참모인 전 군수 서상진을 통해 고종에게 전달하게 하였다. 그러나 13도의군이 국내진공작전을 개시하기도 전에 나라가 망하고 말았다. 일제의 항의를 받은 러시아 측이 1910년 9월 13도의군 간부 20여명을 체포하였다. 이범윤도 체포되어 이르쿠츠크로 압송되었다. 이로써 13도의군은 해체되었다.[6]

2) 성명회와 권업회의 조직과 활동

경술국치의 소식이 연해주 지역에 전달되자 한인들은 크게 분노하며 통곡하는 소리가 사방에서 들렸다. 1910년 8월 23일 블라디보스토크의 '다리요카우크라이나' 신문사에 '한일병합'을 알리는 비보가 전달되었다. 이 소식을 접한 한인 2백여 명은 즉시 신한촌 한민학교에 모였다. 회의가 진행되는 동안 참여 인원은 7백여 명으로 늘어났다. 한인 청년들은 8월 23일 결사대를 조직하여 일인 거류지를 습격하였다. 다음 날 한인들의 활동은 더욱 격앙되어 결사대의 수는 1천여 명으로 늘어났다. 또 그 다음날인 26일에는 러시아 군경의 제지로 블라디보스토크 시내에서는 모임을 갖지 못하게 되자, 시 북방 2km 지점에 있는 '친고재'에 다시 모였다. 이들은 빗속에서 조국 독립의 결의를 다짐하였다. 그리고 이범윤이 제의한 '두만강의 결빙기를 기다려 의병을 2백 명 단위로 부대를 나누어 국내진공작전을 벌여 총병력 1만여 명에 달하면 독립전쟁을 개시한다'는 안을 의결하였다.

한인들은 이상설의 제의로 '대한의 국민된 사람은 대한의 광복을 죽기를

6 윤병석, 「13도의군의 편성」, 『사학연구』 36, 1983.

맹세하고 성취'할 것을 목적으로 성명회(聲明會)를 조직하였다. 유인석은 이들의 제의로 의장에 추대하였다. 유인석은 취지문을 발표하였으며, 일본 정부에 국제공약을 배신한 것을 맹렬히 비난하는 공한을 보냈다. 각국 정부에는 '병합무효'를 선언하는 전문과 성명회 선언서를 보냈다. 선언서의 원문은 중국으로 보내는 것을 제외하고는 구미 각국에 보내는 것은 러시아어와 프랑스어로 번역 작성되었다. 외국의 신문사에도 글을 보내 선언서를 실어줄 것을 요청하였다.[7]

성명회는 이와 같이 활발히 활동했음에도 불구하고 1910년 9월 역사에서 사라지고 그 정신만 유전되었다. 일본이 강력한 항의를 제기함에 따라 러시안 정부에서는 이상설을 비롯하여 이범윤, 이규풍 등 13도의군과 성명회 주요 인물을 대거 검거하여 바이칼호가 있는 중부 시베리아의 이르쿠츠크 시로 유배를 보냈다. 유인석을 비롯하여 홍범도와 이종호 등은 몸을 피해 화를 면하였다. 이로써 13도의군과 성명회의 활동은 종료되고 말았다.

유배에서 풀려난 성명회 간부들이 블라디보스토크로 돌아와 1911년 12월 권업회를 조직하였다. 포시에트에 은거하던 유인석은 권업회의 수총재에 추대되었다. 이상설은 의장에, 이종호는 부의장에 선임되었다. 권업회는 한인 자치단체로서, 러시아 당국의 공식 승인을 받아 한인의 실업을 장려하고 직업을 알선하는 활동을 하였다. 또한 1912년 『권업신문』을 간행하여 신채호가 주필로 있으면서 민족정신을 고양시켜 나갔다.

유인석은 1913년 자신의 사상을 집약한 『우주문답』을 지어 공화제를 반대하고 중국 중심의 동양평화론을 주장하였다. 1914년에는 중국 서간도로 이동하여 5월에 가족이 있는 신빈현 평정산진 난천자에 정착하였다. 그해 8월에는 관전현 방취구로 들어갔다. 겨울에는 최후의 저서인 『도모편 道冐編』을 짓고, 다음해 1월 74세를 일기로 작고하였다. 그의 유해는 난천자 평정산 기

7 박민영, 「유인석의 국외항일투쟁 노정」, 『한국근현대사연구』 19, 2001.

釒에 안장하였다가 1935년 춘천 가정리에 모셨다. 유인석이 말년에 거주하였던 방취구에는 1994년 5월 중국 관전현 정부에서 기념비를 세웠다. 또한 평정산진에는 2003년 10월 의암기념사업회와 신빈현 평정산진 정부에서 공동으로 '의암기념원(毅菴紀念園)'을 세웠다.

관전현 방취구에 세워진 유인석 기념비

신빈현 평정산진의 의암기념원

4. 맺음말

유인석은 이항로의 문인으로 1866년 이후 위정척사운동을 전개하였다. 그는 1894년 갑오변란을 조선의 위기로 파악하고 행동에 나설 것을 선언하였다. 1895년 을미사변과 단발령 공포 이후 처변삼사를 제시한 그는 제천의병장에 추대되어 의병항전을 전개하였다.

유인석의 처변삼사의 논리에 따라 안승우, 서상렬, 이필희 등이 의병의 길을 택해 의진을 결성하였다. 제천의병은 중부지역을 점령, 통치한 연합의진이었다. 제천의병은 고종의 해산 칙유에도 서간도로 망명하면서까지 항일투쟁을 전개하였다. 제천의병은 개화파 집단과 일본제국주의 침략군에 대항하여 반개화 반침략 투쟁을 수행한 점에서 민족운동사상 차지하는 의의가 크다 할 수 있다.

유인석은 연해주 지역으로 망명하여 13도의군 도총재에 추대되어 활동하였으며 성명회 의장과 권업회 수총재에 추대되는 등 1910년대 해외 독립운동의 근거지 활동을 주도하였다. 유인석의 활동은 국내 독립운동이 국외 독립운동으로 전환되는 데 중요한 역할을 한 점에서 의의가 크다고 할 수 있다.

참고문헌

유한철, 『유인석의 사상과 의병활동』, 독립기념관 한국독립운동사연구소, 1992.

김상기, 『한말의병연구』, 일조각, 1995.

구완회, 『한말의 제천의병』, 집문당, 1995.

오영섭, 『유림의병의 선도자 유인석』, 역사공간, 2008.

윤병석, 「13도의군의 편성」, 『사학연구』 36, 1983.

이동우, 「의병장 유인석의 의병운동고」, 『성대사림』 2. 1977.

박민영, 「의암 유인석의 위정척사운동」, 『청계사학』 3, 1986.

김상기, 「1895-1896년 제천의병의 사상적 연원과 전개」, 『백산박성수교수화갑기념논총』, 1991.

박민영, 「유인석의 국외항일투쟁 노정」, 『한국근현대사연구』 19, 2001.

김상기, 「의암 유인석의 사상과 제천의병」, 『의암학보』 12, 2015.

제4장

홍주의병장 김복한

김복한은 남당학파(南塘學派)의 유학자로서 경연(經筵)에서 고종에게 주자강목을 강의했던 관료였다. 1894년 일본의 침략에 사직한 그는 1895년 을미사변과 단발령 공포에 홍주의병을 일으켰으며, 1905년 을사늑약에 오적을 처단하라는 상소를 올리고 옥고를 겪었다. 1907년에는 홍주의병의 배후로 지목되어 또 다시 옥고를 치렀으며, 1919년 호서지역 파리장서운동을 주도하는 등 평생을 항일투쟁에 헌신하였다. 이러한 그의 항일투쟁과 정신은 호서지역, 특히 내포지역에 항일 이념을 형성시키는데 크게 기여하여 김좌진은 청산리대첩의 영웅이 되었으며, 그의 뜻에 따라 조직된 유교부식회에 참가했던 윤봉길은 농촌계몽운동가에서 혁명가가 되어 상하이 임시정부를 찾아가게 되었다.

1. 가계와 학문

김복한(金福漢)은 철종 11년(1860) 7월 24일 충청도 홍주군 조휘곡(현, 충남 홍성군 갈산면 소향리 조실)에서 부친 김봉진과 모친 연안이씨 사이에서 장남으로 태어났다. 호는 지산(志山)이며, 본관은 안동이다. 문충공 김상용이 그의 12대조이며, 안동김씨 수북공파의 시조인 광현(光炫)이 그의 11대조가 된다. 김상용은 병자호란 때 우의정의 직임을 띠고 빈궁과 원손을 수행, 강화도에 피난 갔다가 강화성이 함락되자 순절하며 화의를 반대한 인물이다. 좌의정으로 척화파의 거두였던 문정공 김상헌(호: 淸陰)이 그의 친동생이니 이들의 절의정신과 척화정신은 후손인 김복한의 의병정신으로 계승되었다 할 수 있다.

김복한의 선대가 홍주에 정착한 것은 11대조 광현 때부터이다. 광현은 홍주목사를 거쳐 이조참판을 역임하고는 홍주로 내려와 거주하여 후손들이 홍주에서 세거하게 된 것이다. 이후 후손들은 그의 호를 따서 안동김씨 수북공파라 하였으니, 김복한은 수북공파의 대종손이 된다.

그러나 김복한은 개인적으로 불운한 가정에서 성장하였다. 그가 6살의 어린 나이에 부친을 여의었으며 1년도 채 안되어 모친마저 잃고 말았다. 또 다음 해에는 그를 아껴주던 조부마저 타계하고 말았다. 그러나 다행히 어린 나이에 고아가 된 그를 종조부인 김민근이 여러 해 동안 훈육해 주었으며 가산까지도 돌보아 주었다. 12살 때인 1871년부터는 예산군 덕산의 송애에 거주하던 농은 이돈필의 문하에 들어가 내종형 이설과 함께 수학하여 남당 한원진의 학통을 계승하게 된다. 이에 따라 철저한 척사론을 굳게 지켰다.

지산 김복한

31살 때인 1890년 9월 음직으로 선릉참봉에 제수되면서부터 벼슬 길에 나갔다. 곧 이어 우시직이 되었으며 그해 12월부터는 서연에 참여하여 2년여에 걸쳐 왕세자의 교육에 전력을 기울였다. 그는 경연에도 나가 국왕과 왕세자에게 왕도정치의 중요성을 강조하였다. 1894년 3월부터는 우부승지로 고종을 보필하면서 유교이념에 입각하여 왕정을 굳건히 하고 나아가 국가를 반석위에 올려놓고자 노력하였다. 그러나 일제에 의해 조정이 장악되어 가는 상황에 그의 주장과 이념이 받아들여질 여지가 없어지게 되었다. 그는 결국 갑오변란 직전에 관직을 버리고 낙향하였다. 곧이어 일본군에 의해 경복궁이 점령되고 친일정권이 들어섰다. 이 사건을 국망의 시초로 여기고 있던 그는 이듬해 8월 을미사변의 비보와 11월의 단발령 공포에 접하자 '살신성인'의 정신으로 반개화 반침략의 의병투쟁을 전개하게 되었다.

2. 홍주의병투쟁

김복한은 단발령 공포 직후 이설과 홍주부 전영장 홍건 등과 홍주향교 전교인 안병찬(安炳瓚)을 만나 의병 봉기의 뜻을 전했다. 그리고 청양군수 정인희에게도 글을 보내어 의병에 참여할 것을 요청하였다. 이들은 노론과 소론이라는 당색의 차이를 극복하고 의병투쟁에 적극 합류하였다. 이미 안병찬의 부친인 안창식 등은 1894년 여름부터 의병봉기를 준비하고 있었으며, 을미사변직후부터는 군사 모집과 무기 수집 등의 구체적인 행동을 취하고 있었다. 이들은 청양의 화성에서 향회를 실시하고 180여명의 민병을 모집하였으며, 이들이 홍주의병의 중심이 되었다.

김복한의 거병은 1895년 12월 1일에 이루어졌다. 이날 저녁에 그는 이봉학과 연락을 취해 이봉학 · 이세영 · 김정하 등이 이끄는 정산과 청양의 민병 수백 명이 나그네 또는 장사군으로 가장하고 성안에 들어오도록 하였다. 김복한은 12월 2일, 박창로가 사민 수백 명을, 이창서가 청양군수 정인희의 명령을 받아 수백 명을 인솔하고 각각 홍주부에 집결하는 것을 기다려 의병의 반대파인 홍주부 참서관 함인학과 경무사 강호선을 체포하여 이들의 목을 벨 것을 명령하였다. 의병들이 경무청을 부수고 들어가 이들을 동문 밖으로 끌어내어 구타하기에 이르렀다. 관찰사 이승우는 이들을 살려줄 것을 호소하면서도 동참할 수 없다고 하였다. 이에 김복한은 당 태종이 죄 없는 진양령(晉陽令)을 죽여 천하를 다스린 고사를 들어 힐책하자 이승우는 결국 의병에 참여하기로 승복하였다.

12월 3일, 홍주부 내에 창의소를 설치하고 김복한은 의병 총수에 추대되었다. 김복한은 '존화복수(尊華復讎)'라고 쓴 기를 세우고 홍주부 관할 22개 군과 홍주군내 27개 면에 통문을 띄워 각 고을 대표들로 하여금 집을 순회하며 노약자와 독자를 빼고 응모하기를 청하게 하였다. 김복한은 송병직과 이세영 등을 각지에 파견하여 의병을 초모하게 하는 한편 관군의 공격에 대비하여 산성을 수리하게 하였다.

그러나 창의소를 설치한 지 하루만인 12월 4일 관찰사 이승우가 배반함에 홍주의병은 실패로 끝나고 말았다. 그는 김복한의 권유와 의병들의 위협에 마지못해 참여하였으나 실패 후 미칠 화를 두려워하였다. 이때 전승지 송언중이 이승우에게 글을 보내 의병 반대의 뜻을 전했으며, 서리들이 의병 모집을 중지할 것을 건의함은 물론, 이방 최학연을 시켜 각 고을에 통문을 돌려 의병에 참여하지 말도록 방해 공작하였다. 급기야 조정에서 급파한 친위대 1개 중대가 홍주에 도착한다는 소식을 듣고 이승우는 김복한과 이설의 구류 명령을 내렸다. 이어 홍건 · 안병찬 · 이상린 · 송병직 · 임승주 등 총 23명을 구금하였다.[1]

---

1 김상기, 「1895-1896년 홍주의병의 사상적 연원과 전개」, 『윤병석교수화갑기념논총』, 1990, 203-205쪽.

홍주부는 서울에서 내려 온 친위대의 지배하에 들어갔다. 친위대는 신우균이 이끄는 1개중대로 250여명에 달했다. 김복한은 12월 7일 신우균의 취조를 받고 홍주부에 수감되었으며, 12월 30일 칼을 쓰고 결박당한 채 서울로 압송되던 중 1896년 1월 1일 신례원에서 돌아와 홍주감옥에 다시 구금되었다. 이는 이승우가 아관파천 직후에 김홍집 등이 처형되었다는 소식을 듣고 이들을 압송할 필요가 없다고 판단한 때문이었을 것이다.

김복한은 안병찬 등과 함께 1896년 1월 17일 서울로 재압송되어 경무청에 구속되었다. 이때 얻은 각기병으로 평생 보행이 어렵게 되었다. 김복한은 유배 10년형을 선고받았으나 그날 자정 고종의 특지로 석방되었다. 귀향한 그는 그 해 4월 보령의 길현(현, 충남 보령군 청라면)으로 이사하여 후학 지도에 전념하였다. 5월에는 성균관장을 제수받았으나 부임하지 않았으며, 다음해 다시 중추원 의관에 제수되었으나 역시 나가지 않았다. 1898년 이후에는 후학 지도에 힘쓰는 한편 향음례를 실시하고 향약을 베푸는 등 주자학의 교화를 위하여 노력하였다.[2]

3. 을사늑약 반대투쟁

김복한은 1904년 일제가 나가모리 도키치로(長森藤吉郎)를 내세워 이른바 황무지개척권을 요구하자 송병선을 비롯한 인근의 유림들과 이에 대한 대책을 세우고자 하였다. 그는 송병선에게 글을 보내어 "요즈음 저 원수들이 산림 천택을 저들 것으로 만들려는 것은 우리의 땅을 모두 저들의 것으로 하려는 뜻"이라고 일제의 저의를 지적하였다. 이어서 그는 이에 대하여 민종식, 이설 등과 함께 의론하고자 하니 참석하여 좌장이 되어 줄 것을 송병선에게 요청하

2 김상기, 「김복한의 학통과 사상」, 『한국사연구』 88, 1995, 82-84쪽.

였다.

그는 1905년에 부인 이씨를 잃은 슬픔을 잊기도 전에 을사조약의 늑결 소식을 들었다. 그는 이설에게 글을 띄워 어찌 한탄만 할 수 있느냐면서 선비들의 뜻을 모아 연명소를 올릴 것을 상의하였다. 이에 이설은 뜻을 모아 상소를 지을 여가가 없다면서 바로 서울로 올라가자며 오히려 재촉하였다. 김복한은 병든 몸을 이끌고 이설과 함께 상경하여 12월 2일(양, 12월 27일) 상소를 올렸다. 그는 상소에서 오적을 처벌할 것과 의병을 모집하여 일본 세력을 축출하고 왕실을 회복할 것을 요청하였다. 소장의 끝에 첨부하기를 1)소위 신조약 5조 반포와 2)각국 주차공사 소환 건이 과연 재가되어 시행되었는지 알지 못하겠다면서, 일본과 맺은 조약의 파기를 거듭 주장하였으며, 이로써 국토가 일본에 떨어져 나라가 멸망하게 되었다면서 최익현, 송병선, 전우, 곽종석과 같은 유학자를 불러 나라를 지탱할 방책을 얻을 것을 건의하였다.

그는 상소를 올린 지 2일 만인 12월 4일(양, 12월 29일) 일본 헌병과 순사들에 의해 체포되어 경무청에 구금되었다. 12월 그믐날 풀려나 홍주로 내려간 그는 안병찬 등에게 의병을 일으킬 것을 권했다. 안병찬을 비롯한 홍주지역 인사들은 민종식을 대장으로 추대하고 1906년 3월 예산의 광시장터에서 의병의 기치를 올렸다. 이들은 5월 19일 홍주성을 점령하고 기세를 떨쳤다. 그는 의병에 참여하고자 5월 28일 홍주성에 갔으나 성문이 굳게 닫혀 들어가지 못했다. 일본군의 대공격에 대비하려고 성문을 닫았기 때문이었다. 5월 30일 저녁부터 이토히루부미의 명령에 따라 일본군의 의병에 대한 포격이 있었다. 다음 날 새벽까지 이어진 전투에서 의병대는 많은 희생자를 내고 성마저 빼앗기고 말았다. 의병장 민종식은 이남규의 도움으로 재기를 꾀하다가 체포되었으며, 김복한도 이때 민종식과 함께 의병을 계획했다는 혐의로 일본군에 체포되었다. 공주감옥에 구금된 그는 11월에 다시 서울의 경무청으로 이송되어 구금되었다.

김복한은 그 해 11월말 풀려났으나, 1907년 10월 13일 보령군의 순사보조원 2인과 순검 1인에 의해 또 다시 체포되어 보령군의 관노청(官奴廳)에 구금되었다. 죄명은 민심 선동죄였다. 더욱이 이들에 의해 공주 감옥으로 이송되는 도중 조현에 이르러 보조원 2인이 의병의 소재지를 대라며 구타하고 총을 쏘며 위협하기까지 하였다. 다행히 순검 정원조가 총대를 밀쳐서 탄환이 빗나가 위기를 모면할 수 있었다. 10월 22일 풀려난 그는 12월에 홍주군 결성면 산수동으로 이사하였다.

4. 파리장서운동

1910년 8월 경술국치의 소식에 그는 통곡하며 죄인으로 자처하였다. 음식을 물리치고 모든 가사는 장자인 은동에게 맡기고 손님도 접견하지 않았다. 건강상태도 더욱 악화되었다.

1919년 고종의 죽음에 그는 천자의 예에 따라 복을 입고 애도하였다. 3월에 거족적인 3·1운동이 전국적으로 일어나자 홍주에서도 만세시위운동이 전개되었다. 구항면에서는 이설의 제자인 이길성(李吉成)이 주도한 횃불 시위가 있었다. 이길성은 자택에서 국기를 제작하고 '대한국 독립만세'라고 쓴 종이 깃발을 만들어 주민들을 인솔하고 동리의 월산에 올라가 횃불을 올리며 독립만세를 고창하였다.

김복한은 거국적인 만세시위에는 직접 참여할 수는 없었다. 그러나 미국대통령 윌슨의 민족자결주의가 발표되고 파리에서 1차 대전 승전국들이 강화회의를 개최하고 있음을 전해 듣고, 과거 의병의 동지들과 연명하여 강화회의에 글을 보내 독립을 청원하는 장서운동을 계획하였다. 김복한이 작성한 장서는 아쉽게도 현존하지 않는다. 다만 그의 문집인 『지산집』 연보에 그가 작성한 장서에는 일제가 신의를 버리고 고종과 명성황후를 시해한 일과 그 후의 일제에 의한 잔악한 침략상을 성토하면서 전 세계에 조선의 독립을 호소한 내용이 포함되어 있음을 짐작하게 한다.

김복한은 장서를 작성한 후 의병의 동지였던 안병찬 등의 서명을 받았다. 제자인 황일성은 서명은 안했으나 비용 일체를 조달하였던 것으로 알려진다. 김복한은 서명을 받은 후 제자인 황일성 · 이영규 · 전용학 등을 서울로 보내 역시 제자인 임경호와 협의하여 만국강화회의가 열리고 있는 프랑스의 파리로 장서를 보내도록 하는 장서운동을 독자적으로 전개하였다. 이때 김창숙을 비롯한 영남 지역 유생들도 곽종석을 수반으로 하여 같은 장서운동을 전개하였다. 이들은 33인에 유림 대표가 빠진 것을 부끄럽게 생각하고, 이미 손병희 등이 선언문을 발표했으니 유림들은 파리 강회회의에 대표를 파견하여 열강으로 하여금 우리의 독립을 인정하게 하자고 하였다. 이들은 전국의 유림들과 연락을 취하던 중에 임경호와 만났다. 이들은 두 지역 유림의 계획과 목적이 같음을 알게 되었으며, 이에 따라 장서운동을 통합하였다. 다만 장서의 내용을 비교 검토할 시간적 여유가 없어 영남본의 뜻이 간명하다 하여 김창숙은 영남본을 가지고 상하이로 떠났다.

장서에 서명하는 순서에서 이들은 곽종석을 첫째로 하고, 김복한은 그 다음에 하기로 합의하였다. 김복한은 서명 순서에 대하여 주위에서 물의가 있자, "어찌 서명의 선후를 다투겠는가. 비록 가장 말석에 참여한다 해도 달게 받겠다"라 하여 항일독립이라는 지상 과제 아래 영남과 호서유림간의 학파와 당색의 벽을 불식시키고자 하였다. 다만 그는 영남본의 문구 중에 서양을 '대명대화(大明大化)' '대위(大位)' 등으로 칭송함에 이의를 제기하여 이를 고치지 못한 것을 안타깝게 여긴 것으로 보아 영남유생들에 비해 중화론을 굳게 지키고자 하였음을 알 수 있다.[3]

그 후 장서는 김창숙이 중국 상하이로 가서 임시정부에서 파리에 파견된 김규식에게 보냈으며, 또한 국내의 각 향교에도 우송하였다. 그러나 이 장서

3 김상기, 「김복한의 홍주의병과 파리장서운동」, 『대동문화연구』 39, 2001.

사건은 송준필의 아들 송회근이 4월초 성주시장에서 3·1운동을 주동하여 체포됨으로써 일경에 탐지되었으며, 이어서 곽종석 등이 체포되기에 이르렀다. 김복한도 그 해 8월(음, 윤7월) 공주 감옥에 구속되어 12월 12일까지 4개월여의 옥고를 치렀다.

파리장서운동으로 옥고를 치른 직후의 김복한과 문인, 가족

석방된 후 김복한은 파리에 장서를 보낸 일로 화서학파의 일부로부터 비판을 받았다. 김복한은 이에 대하여 자신의 결정은 일제를 토벌하여 원수를 갚는 것이 더 중요하고 급하기 때문에 부득이한 결정이었다고 이해를 촉구하였다. 그는 주자강목의 예를 들면서 자신의 행위가 결코 '이적'에 항복한 것이 아니라 국난을 구하는 방략이었음을 역설하였다.

출옥 후 그는 홍성의 서부면 이호리에 인지서재(仁智書齋)를 짓고 백록동서원의 규약으로 과정을 만들어 후학을 지도하였다. 그는 이때 의리정신을 가르치기 위하여 이항로의 글을 중심한 화서학파 유생들의 의병 격문과 상소문 등을 편집하여 「주변록 主邊錄」이란 교재를 펴냈다. 그는 수학하러 오는 이에게 먼저 이 책을 보게 하면서 "초학자가 시의(時義)를 알지 못하면 쇠망해 가는 세상에 서기 어렵다"고 항일민족이념을 고취하였다.

이와 같은 김복한의 국권회복 정신은 민족의 위기에 그를 비롯한 문인들의 적극적인 민족투쟁을 가능하게 한 기반이 되었다. 그 결과 그의 문하에서 일제 통치하 김좌진과 김명동과 같은 민족지사는 물론, 그의 유명(遺命)으로 유교부식회가 설립되어 유교의 개혁과 아울러 민족의식 고취에 힘써 윤봉길과 같은 혁명운동가가 배출되기까지 하였다. 김복한은 19세기말 조선사회의 전환기를 실천적으로 극복하고자 투쟁했던 학자였으며, 일제의 침략에 위정척사운동, 의병투쟁 그리고 파리장서운동 등 다양한 방법으로 국권을 회복하고자 항일투쟁을 주도했던 민족지사였다.

김복한 사당 추양사에서의 제향장면

참고문헌

김상기,『호서유림의 사상과 민족운동』, 지식산업사, 2016.

김상기,「김복한의 학통과 사상」,『한국사연구』88, 1995.

김상기,「김복한의 홍주의병과 파리장서운동」,『대동문화연구』39, 2001.

제5장

안병찬 집안의 독립운동

홍주의병은 1895,6년과 1906년 2차에 걸쳐 일어난 항일의병이다. 같은 지역에서 같은 사람들이 죽기를 맹서한 의병을 2차례나 일으킨다는 것은 매우 흔치않은 일이다. 또한 같은 집안 출신의 인물들이 의병에 함께 참여하는 것 역시 극히 어려운 일이다.

청양 화성의 안병찬 집안이 그중에 대표적인 인물이다. 당시 홍주향교의 전교였던 안병찬은 1895,6년의 홍주의병에는 부친 안창식과 함께 의병 모집에서 부터 의병을 지휘하였으며, 1906년의 홍주의병 시에도 민종식을 대장에 추대하며 시종일관 의병을 이끌었다. 또한 그의 동생 안병림도 1906년 홍주의병에 참전하였으며, 족숙 안항식은 1906년 홍주성전투에서 체포되어 대마도에 유배되어 최익현 등과 함께 옥고를 겪었다. 이들의 행적은 국가로부터 인정되어 모두 독립유공자로 추서되었으며, 지역에서도 청대사(靑岱祠)란 사당을 건립하여 추모제를 지내고 있다.

1. 가계

안병찬(安炳瓚) 집안은 대대로 충효정신을 중히 여긴 유학자 집안이었다. 안병찬은 철종5년(1854) 충청남도 홍주군 화성면 신정리(현, 청양군 화성면)에서 창식(昌植)의 장자로 태어났다. 본관은 순흥으로 당색은 소론이었다. 그의 선대가 홍주에 정착하게 된 것은 13대조 때부터로 알려진다. 13대조 경인(景仁)은 모친이 일찍 돌아가신 것을 한스럽게 여겨 홍주에 있는 묘 앞에 여막을 짓고 정성을 다하였는데, 이때부터 후손들이 홍주에서 거주하게 되었다 한다. 그는 4명의 아들을 두었는데, 넷째 지도(志道)가 안병찬의 12대조가 된다. 그는 조선조 명종 때 사헌부 감찰로 재직 중에 윤원형을 탄핵했으며, 무장현감과 고양군수 등을 역임하고 통정대부 첨지중추부사에 올랐다. 11대조인 세민(世珉)은 선조 29년(1596) 이몽학의 난을 진압한 공으로 이조참의에 추증되었다. 세민의 아들 역시 인조2년(1624) 이괄의 난이 일어나 인조가 파천할 때 의병을 일으켜 근왕한 일로 역시 이조참의에 추증되었다. 조부인 용(溶, 호: 杏下)은 성균관 생원으로 성근묵(1784-1852)의 문인이다.

안병찬의 부친 창식(호: 艮湖)은 4세 때부터 조부한테 한학을 공부했는데, 성장하면서 기개와 절개가 있어 책을 읽다가 옛 사람이 절개를 세운 것을 보면 "장부가 입신하여 임금을 섬기는 데 마땅히 죽을지언정 죽음에 이해와 화복을 계산함은 불가하다"라고 할 정도로 충군의식이 강했던 것으로 전해진다. 안창식은 홍주의병을 앞장서서 봉기하였다. 즉 갑오변란과 개화파 정권에 의한 일련의 개혁정책에 반대하여 1895년 4월부터 박창로, 정제기 등과 함께 의병 모집과 무기 수집을 추진하였다. 또한 1895-1896년 홍주의병 때에도 채광묵과 함께 민병 180여명을 모집하여 안병찬으로 하여금 맨 먼저 홍주성에 들어가도록 하였다. 안창식은 관찰사 이승우에 의해 체포되어 옥고를 겪은 지 3년 후인 광무3년(1899) 62세의 나이로 세상을 뜨고 말았다. 그의 갑작스런 죽음은 안병찬은 물론 홍주의병 참여자들을 낙담하게 하였다. 안창식이 57세 때인 1894년도의 호구단자에 의하면, 그의 가족 13명과 노비 18명이 있었음이 확인된다.

안병찬(1854-1929)은 조부한테 한학을 수학하였는데 10여 세에 시 · 서 · 예에 뛰어났다. 그의 학통은 조부가 성근묵의 문인인 것을 보아 그 영향을 받았을 것으로 짐작된다. 그러나 특별히 그 학통을 잇는 것으로 자처한 적은 없다. 다만 조부로부터 기호 유림의 유학사상을 수학하였을 것이며, 부친의 투철한 절의정신에 영향을 받음이 큰 것으로 보인다. 그는 39세 되던 1892년 과거응시를 시도하였다. 그러나 과거시험장의 문란상 등 과거의 부패상을 목도하고 과거장을 뛰쳐나왔다. 그는 1894년부터는 홍주향교의 전교로 향약을 베풀고 강회를 열어 향리의 교화에 힘썼다. 같은 해 동학 세력이 홍주 일대에 일어나자 홍주목사 이승우를 도와 동학 세력을 물리쳐 향리에서 주자학 질서를 지키고자 했다.

안병림(安炳琳)은 안병찬의 동생이다. 어려서 조부로부터 형과 함께 한학을 수학하였다. 성품이 강직하고 활달하였으며, 불의와의 타협을 불허한 것으로 알려진다. 그는 1895년 홍주의병에 참여하였으며, 1906년의 홍주의병 시에는 돌격장이라는 중책을 지고 홍주성 전투에 참여하였다. 안항식(安恒植)은 철종 11년(1860) 청양의 화성면 기덕에서 태어났다. 1906년 5월 홍주의병의 참모사로 홍주성전투에 참전하였다. 일본군에 체포되어 대마도에 유배되었다가 1907년 1월 임병찬과 함께 풀려났다.[1]

2. 1895-1896년 홍주의병투쟁

1895년 3월 갑오정권은 흑색으로 된 두루마기를 입도록 한 '을미변복령'을

1 김상기, 「안병찬가의 민족운동」, 『한국독립운동사연구』 50, 2015.

발표하였다. 유생들은 이에 대하여 조선 고유의 의복 제도를 '왜국화(倭国化)' 하였다면서 반발하였다. 홍주의 화성(현, 청양군 화성면)에 거주하던 안창식은 개화파들의 일련의 정치개혁을 선왕의 문물이 무너진 것으로 보았으며, 의병을 일으켜 이를 성토하고자 하였다. 그는 같은 해 4월부터 박창로 등과 이를 추진하였으나 의병을 모집하는 데까지는 이르지 못했다.

안창식은 을미사변의 비보를 접하고 곧이어 단발령이 공포되자 아들 안병찬에게 "나는 늙어서 전력할 수 없으니 너는 진력하도록 하라. 나는 뒤를 따라서 대책을 세워 응하겠다"[2]라고 말하고 의병 봉기를 지시하였다. 그는 채광묵 등과 함께 1895년 11월 28일 화성에 사는 이인영 집에서 '향회'를 실시하였다. 이 향회에는 100여 명에 이르는 홍주 일대 유생들이 참석하였으며, 의병을 결의하기에 이르렀다. 이에 따라 180여 명의 민병을 모집하여 다음날 안병찬과 채광묵이 이 부대를 인솔하여 홍주성에 제일 처음 입성하였다. 안병찬은 먼저 관찰사 이승우에게 의리정신을 들어 거의에 참여할 것을 호소하였다.

안병찬 등은 12월 3일 홍주부내에 창의소를 설치하고 김복한을 총수로 추대하였다. 안병찬은 김복한과 함께 창의소에 있으면서 의병을 지휘하였다. 그러나 창의소를 설치한 후 하루만인 12월 4일 관찰사가 배반하고 말았다. 그는 안병찬을 비롯한 김복한, 이설, 홍건, 송병직, 이상린(홍주 6의사라 칭함, 필자) 등을 구금하였다. 체포 구금된 안병찬은 이날 저녁 구차하게 살아 뭇 소인들로부터 욕을 당하느니 차라리 머리를 온전히 하여 죽는 것이 낫다고 칼로 목을 찔러 자결을 기도하였다. 임승주의 극진한 간호로 다음 날 새벽에 깨어난 안병찬은 문종이를 찢어서 목에서 난 피로 혈시를 지어 이승우에게 보냈다.

안병찬은 옥중에서 임승주가 주는 미음을 먹었지만, 미음이 상처 난 구멍으로 새어나왔으며 구멍을 통하여 잔기침도 나왔다. 12월 7일 서울에서 신우

2 김복한, 「간호안공창식묘지명」, 『지산집』 권12, 묘지.

균이 군사를 이끌고 내려 왔다. 이튿날 안병찬은 사환에 업혀서 끌려가 진술을 요구받았으나, 전혀 말을 할 수 없어서 붓으로 개략을 적었다. 그의 상처는 임한주의 극진한 치료로 10여일이 지나 겨우 합창되었다.

안창식은 아들의 자결 기도소식을 듣고 애태우던 중에 12월 20일 자신도 체포되어 감옥에 수감되었다. 경무사 강호선은 안창식에게 매질을 하였다. 안창식은 매질을 당하여 다리에 부기가 생겨 걸을 수가 없었다. 사환들이 메다가 수감하였다.

12월 30일 경무청에서 수감자들을 경무소 밖에 칼을 채우고 손을 묶은 채 일렬로 앉혔다. 서울로 압송하기 위해서였다. 이때 안창식 안병찬 부자가 상면할 수 있었다. 안병찬은 핏자국이 있는 바지와 저고리를 입고 있었으며, 수건으로 목을 싸고 있었다. 아직도 뼈가 드러나고 살은 빠지고 얼굴은 누렇게 떠 있었다. 안창식은 초체한 아들을 보고 "부자가 다 극형을 받는다면 더 말할 것도 없거니와 만약에 선택 구분이 있다면 내가 죽고 네가 사는 것이 옳다"고 하였다. 그러자 안병찬이 말하기를

> 이 무슨 말씀입니까. 소자가 범한 일은 꼭 죽겠다는 뜻을 고수한 것이니 죽는 것이 당연하겠습니다. 또 윤리면과 집안 형편의 처지에서 보더라도 만약에 아버님께서 이 지경에 이르면 전 가족을 어떻게 꾸려 가겠습니까. 마음을 너그럽게 하시고 너무 걱정하지 마옵소서.[3]

하였다.

홍주의병 23명은 관찰사와 경무관이 지휘하는 순검 50여인에 의해 압송되었다. 1896년 1월 1일 길을 떠나 신례원을 향했는데 관찰사가 하인의 보고를 받더니 일행을 홍주로 되돌렸다. 관찰사는 서울에서 아관파천으로 김홍집내각이 무너지고 친러정권이 수립된 것을 보고 받았던 것이다.

---

3 안창식, 『간호일기』 12월 30일자.

안창식은 1월 5일 방면되어 귀가할 수 있었다. 그러나 안병찬을 비롯하여 김복한 등 6인은 방면되지 못했다. 1월 12일 이들을 압송하라는 법부의 훈령이 도착하였으며, 이에 따라 1월 13일 홍주를 떠나 1월 17일 서울에 도착하여 한성재판소에 이송되었다. 이 시기는 유인석 등이 제천 등지에서 의병을 일으키는 등 각 지방에서 의병활동이 활발한 때이었다. 또한 김홍집일파에 대한 재판도 종결되지 않아 이들에 대한 재판이 지연되었다. 결국 서울에 온 지 한 달이 지난 2월 23일 고등재판소 재판장 이범진이 이들을 불러 공초를 하였으며 25일 선고를 하였다. 김복한에게 유배 10년형을 내렸으며, 안병찬은 홍건 · 이상린 · 송병직 등과 함께 징역 3년형을 받았다. 그러나 이날 밤 자정 판사 김교헌은 6의사를 불러들여 임금의 특지에 따라 전원 사면 석방시킴에 귀가할 수 있었다.

3. 1906년 홍주의병투쟁

안병찬은 을사조약의 늑결 소식을 듣고 1896년 의병 때와 마찬가지로 적극적인 의병투쟁을 통한 국권회복운동을 전개할 것을 다짐하였다. 그는 1906년 초부터 의병봉기를 추진하였다. 동지들과 함께 의병을 초모하는 동시에 정산에 거주하고 있는 전 참판 민종식을 찾아가 총수의 책임을 맡아줄 것을 청하였다. 이때 그는 이설 · 김복한 등과 먼저 협의하였던 것으로 보인다. 이설은 의병의 뜻을 묻는 안병찬에게 "목의 피가 이미 빠지고 다시 뿌릴만한 피가 없어서 그러는가" 라면서 적극적으로 의병을 권하였다. 또한 민종식에게도 편지를 보내 안병찬 등이 민종식을 영수로 모시고자 하니 이를 수락하여 후회하는 일이 없도록 책임을 맡을 것을 권하였다.

민종식은 을미사변 후 관직을 버리고 정산의 천장리에서 은거 중이었다. 안병찬은 박창로와 함께 1906년 2월 28일 이세영 집에서 만났으며, 다음 날인

3월 1일(음, 2월 7일) 이들은 민종식을 찾아갔다. 안병찬 등이 3월 11일(음, 2월 17일) 다시 민종식을 찾아 갔을 때는 이미 민종식의 처남 이용규를 비롯하여 많은 인사들이 그의 집에 와 있었다. 안병찬은 이들과 합세하여 민종식을 대장직에 추대하였다. 민종식은 이를 받아들여 의병장에 올랐으며 10여 마지기를 팔아 5만 냥을 군자금으로 내놓았다.

민종식은 대장에 추대되어 의진의 근거지를 정산의 천장리로 삼고 항전에 돌입하였다. 의병에 참여한 주요 인물로는 안병찬을 비롯하여 이세영 · 채광묵 · 박창로 등과 이용규 · 홍순대 · 박윤식 · 정재호 · 이만직 · 성재한 등이 있다. 이들은 격문과 각국의 공사에게 보내는 청원문과 통문을 작성하였다. 그중에서 현재 안병찬이 작성한 통문이 전해진다. 안병찬은 통문에서 일본의 노예가 되고 고기밥이 될 것을 막기 위하여 거의하였음을 분명히 하였다. 그리고 우리의 자주적 국권을 잃지 말고 종묘사직도 구하자고 하여 국권과 왕권을 동일시하는 태도를 보이고 있다.

민종식은 의진을 편성하고 1906년 3월 15일(음, 2월 21일) 광시 장터 (현, 예산군 광시면)로 진군하였다. 이들은 이곳에서 대장단을 세우고 천제를 올렸다. 창의대장 밑에 종사관으로 홍순대, 중군사마에 박윤식, 참모관으로 박창로, 유회장에 유준근, 운량관으로 성재한을 임명하였다. 안병찬은 행군사마의 직을 맡았다.[4] 의진은 이튿날 바로 홍주로 향하여 홍주의 동문 밖 하우령(일명 하고개)에 진을 치고 홍주성을 공격하였으나 관군의 반격으로 점령에 실패하였다. 다음날 의진은 광시장터로 집결하여 병사들을 훈련시켜 공주를 공격하기로 하고 화성의 합천(현, 청양군 화성면 합천)에 진을 쳤다. 그러나 의병의 소식을 듣고 공주에서 일본 헌병대가 급파되어 홍주군 관군과 함께 오후 10시경 합천 인근에 들어와 잠복하였다. 다음날인 3월 17일(음, 2월 23일) 오전 5시 의진은 이들의 공격을 받아 해산되고 말았는데, 이때 안병찬은 박창로 등 의병 20여명

4 홍순대, 『해암사록』(송용재 편, 『홍주의병실록』, 306-307쪽).

과 함께 체포되었다. 안병찬은 공주 감옥에 갇혔으나 다행히 이남규의 주선으로 석방될 수 있었다.

의병장 민종식은 합천전투에서 간신히 탈출하여 각지를 잠행하다가 처남인 이용규가 모집한 의병을 중심으로 하여 의병을 재기하였다. 이용규는 전라도 여산에서 의진을 결성하고 부여의 지치로 와서 민종식을 대장에 재추대한 것이다. 민종식은 5월 9일 부대를 정비하고 홍산 관아를 점령한 뒤 서천으로 들어가 서천군수 이종석을 감금시키고 양총 70여정을 획득하였다. 의병은 남포에서 5일간에 걸친 치열한 전투를 치르고 남포성의 함락에 성공하여 남포군수를 감금시키고 병사들을 의병에 귀순시켰다. 의병은 결성을 지나 홍주로 들어가 5월 20일 아침에 홍주성을 점령하였다. 홍주성을 함락시키자 안항식을 비롯하여 신보균 · 신현두 · 이식 · 김상덕 · 유호근 등 각지 인사들이 차례로 집결하였다. 감옥에서 풀려 난 안병찬도 의진에 다시 합류하여 활동하였다. 민종식은 의진을 재편성하였는데, 안병찬은 안항식, 박창로, 신보균 등과 함께 참모의 직을 맡았다. 그의 동생인 안병림은 돌격장을 맡았다. 안병찬의 석방을 위해 노력했던 이남규도 선봉장의 직을 맡아 의병 항쟁에 참여하였음은 특기할 만하다.

홍주의병은 일본 경찰대의 공격을 대포를 쏘아 물리쳤다. 결국 주차군 사령관 하세가와(長谷川好道)는 통감 이토(伊藤博文)의 명령에 따라 5월 27일 보병 제60연대의 대대장 다나카(田中) 소좌 지휘 아래 보병 2개 중대를 홍주에 파견하였다. 일본군은 31일 새벽 2시 반 공격을 개시하여 3시경에 기마병 폭발반이 동문을 폭파시켰다. 이때 의병 측에서는 성루에서 대포를 쏘면서 대항하였으나 북문도 폭파되어 일본군이 쳐들어왔다. 의병은 치열한 시가전을 감행하면서 방어했으나 일본군의 화력에 밀려 수백 명의 사상자를 내고 4시경에 홍주성은 일본군에 점령당하고 말았다.

일본군은 145명의 의병을 체포하여 그 중에 군사장 김상덕 등 78명을 서울로 압송하였다. 안병찬과 안병림 형제는 다행히 탈출에 성공하였으나, 안항식은 체포되었다. 안항식은 유병장 유준근을 비롯하여 소모장 최상집, 좌익장 이상구, 돌격장 남규진, 참모 신보균과 이식, 서기 문석환 그리고 우익장 신현두 등 9명(이상, 홍주 9의사라 불림)과 함께 대마도로 유배되어 이즈하라(嚴原)에서 감금생활을 하였다. 이토는 체포된 홍주의병 중에서 4, 5명을 사형에 처하고자 하였으나, 가혹하다는 비판을 받을 것을 우려하여 종신형에 처하고 9명의 의병지도자를 대마도에 유배시키기로 하였다. 안항식은 1년형을 선고받고 8월 7일 서울에서 부산으로 이동하여 그날 저녁때 초량에 도착하였다. 이들은 잠시 휴식을 취하고 곧 바로 대마도 행의 배에 올랐다. 대마도 이즈하라 항에 도착한 것이 8월 8일(음, 6월 19일) 새벽 때였다.[5]

안항식 일행은 대마경비대의 수용소에 갇혔다. 그로부터 20일 후인 8월 28일에 최익현과 임병찬도 대마도로 끌려와 함께 있게 되었다. 최익현이 도착하자 대마도 경비대장이 검은 옷과 단발을 강요하였다. 최익현은 이에 항거하여 단식에 들어갔다. 다른 의병들도 이에 동참하여 단식투쟁을 감행하였다. 결국 경비대장은 2일 뒤 자신의 지시를 철회하였다. 그러나 최익현은 그해 11월 17일 병고를 이기지 못하고 이역 만리 유배지에서 순국하고 말았다. 최익현의 갑작스런 사망과 한국 황태자의 가례가 있어 일제는 의병들의 형기를 감형시켰다. 이에 따라 안항식은 임병찬과 함께 감형되어 1907년 2월 26일자로 석방되어 2월 28일 귀로에 올라 귀국하였다.

한편 안병찬은 공주감옥에서 풀려난 후 박창로와 함께 정산의 칠갑산 쪽으로 들어가 항쟁을 지속하였다. 이들은 1907년 12월 일본 헌병대에 체포되었는데, 이때의 일본 보고서에 의하면 의병 약 3백 명이 있었다고 한다. 1910년 경술국치 후 안병찬을 비롯한 안항식, 안병림은 향리에서 은거하였다. 그러

5 대마도에 도착했을 때 안항식이 지은 다음의 시가 전해 진다.
"한 가락 뱃노래에 해문(海門)에 당도하니
섬이 대마를 이루어 만여 가의 마을이 있네
온 산의 솔과 대는 누굴 위해 푸르렀나
우리도 저와 같이 절의를 지켜보세."(유준근, 『마도일기』)

나 거국적인 만세운동인 3 · 1운동을 일어남에 안병찬은 김복한과 함께 유림들의 독립청원서인 파리장서에 서명하고 장서투쟁에 나섰다.

4. 파리장서운동

1919년 거족적인 3 · 1운동의 선언서에 각 종교 대표들이 참여하였다. 그러나 유림의 이름은 민족 대표에 빠져 있었다. 영남 지역 유생들은 33인에 유림 대표가 빠진 것을 부끄럽게 생각하고 곽종석을 대표로 하여 장서운동을 전개하였다.

호서지역에서도 홍주의병장 김복한의 주도로 진행되었다. 김복한은 장서를 작성한 후 안병찬을 비롯한 의병의 동지들을 찾아가 서명을 받았다. 영남과 호서 유림들은 뜻과 목적이 같음에 양 지역의 장서운동은 통합되어 전개되었다. 그러나 이 운동이 일제에 탐지되어 곽종석과 김복한을 비롯한 서명자들이 체포되기에 이르렀다.

안병찬은 1919년 6월 13일 홍성경찰서에 체포되어 1919년 6월 16일 공주감옥에 갇혔다가 6월 24일 대구 감옥으로 이송되었다. 대구감옥에서 7월 29일 판결을 받았는데, 보안법위반으로 징역 6월에 집행유예 2년형을 선고받았다. 그는 7월 31일 항소권을 포기하고 그날로 석방되었다.[6] 안병찬은 풀려 난 후 세상과 두절하면서도 향리에서 교육에 힘쓰다가 1929년 6월 2일 세상을 떠났다. 『동아일보』 1929년 6월 7일자에 그의 행적을 '고해풍상 76년'이라면서 그의

6 「안병찬 재소자신분카드」(대구교도소 서무과).《매일신보》 1919년 6월 30일자.

사망 사실을 알렸다.[7] 6월 13일자에는 안병찬의 장례식이 거행되었음을 전했다. 이에 의하면, 홍주의병의 산파역을 맡아 추진했던 안병찬의 장례식이 조문객이 5백여 명에 이르렀으며, 만장이 수백여 장에 달할 정도로 성대하게 거행되었으며, 유교부식회가 중심이 되어 제례 행사를 치룬 사회장이었다. 안병찬이 죽은 후 며칠 후인 1929년 6월 15일자로 유교부식회의 기관지인 『인도(人道)』가 창간되었는데, 안병찬이 죽기 전에 보낸 「축인도창간(祝人道創刊)」이란 한시가 실려 있다.[8] 안병찬은 죽기 직전에 보낸 위 시에서 "오도(吾道)가 쇠하고 내가 병들고 늙었는데 후인들이 이를 회복시켰다"면서 기뻐하였음을 알 수 있다.

안창식 안항식 안병찬 안병림의 사당, 청대사(청양군 화성면)

---

7 『동아일보』 1929년 6월 7일자, 「전일의 의병 수령 안병찬씨 영면, 삼일운동 때에도 철창생활 고해풍상 칠십육년」.
"지난 기미년 운동으로 오랫동안 대구형무소에서 복역을 하고 만기 출옥하고 자택에서 치료를 하고 있던 청양군 화성면 신정리 안병찬 씨는 지난 2일 숙환으로 필경 서거하였는데 씨는 지난 을미년에 홍주에서 의병을 일으키어 여러 가지 일을 성공치 못하게 되매 자문을 하였으나 다행히 죽지는 아니하고 을사조약이 체결되는 것을 보고 다시 홍주에서 의병을 일으키어 그 두목으로 활동을 하다가 관헌에게 잡히어 공주 감옥에서 고생을 하는 등 변천 많은 세상을 따라 30여년 동안 남다른 파란을 겪은 사람이더라".

8 안병찬, 「축인도창간」, 『인도』 창간호, 1929년 6월 15일.

5. 맺음말

안병찬가 중에서 홍주의병에 참여한 대표적인 인물로 안창식 · 안병찬 · 안병림 3부자와 안항식이 있다. 안창식은 1895년 4월부터 박창로 등 지역의 선비들과 의병봉기를 준비하였다. 그는 1896년 명성황후 시해와 단발령의 소식을 듣고 민병을 모집하여 장자인 안병찬에게 이들을 인솔하여 홍주성으로 진입하도록 하였다. 1895~6년의 홍주의병은 관찰사의 변심으로 실패하고 주도자들이 체포되고 말았다. 안창식 · 안병찬 부자도 체포되었다. 안병찬은 수모를 당하느니 차라리 죽는다면서 옥중에서 칼로 목을 찔러 자결을 시도하였으며, 안창식은 육순의 나이에 곤장을 맞는 수모를 당하였다. 안병찬은 을사늑약에 항거하여 1906년 4월 의병을 재기하였다. 그는 민종식을 대장에 추대하고 통문을 작성하여 의병을 모집하였다. 의병대는 홍주성을 공격하였으며, 청양의 합천전투를 치렀다. 그는 합천전투에서 체포되어 공주감옥에 수감되었으나, 이남규의 구명운동으로 석방되었다. 안병찬은 석방되자 다시 민종식의 의진에 참여하여 참모의 직을 맡아 홍주성전투에 참전하였다. 이때 그의 동생인 안병림도 전투에 참전하였다. 안병찬은 안병림과 홍주성을 탈출하여 이남규의 집에서 재기를 도모하다가 체포되었다. 풀려난 후에는 박창로 등과 칠갑산 일대에서 항전하다가 체포되어 옥고를 겪었다. 그의 족숙인 안항식도 홍주성전투에 참전하여 체포되어 1년 유배형을 선고받고 일본의 대마도에 유배되었다. 그는 대마도에서 유준근 등 홍주의병을 비롯하여 최익현 등과 함께 유배생활을 하다가 1907년 2월에 풀려났다. 안병찬은 1919년 김복한과 함께 호서지역 파리장서운동에 참여한 일로 체포되어 또 다시 옥고를 치렀다. 안병찬가는 항일민족운동을 투쟁적으로 전개한 대표적인 집안이라고 할 수 있다.

참고문헌

김상기, 「1906년 홍주의병의 홍주성전투」, 『한국근현대사연구』 37, 2006.

박민영, 「한말 의병의 대마도 유폐 전말에 관한 연구」, 『한국근현대사연구』 37, 2006.

김상기, 「안병찬가의 민족운동」, 『한국독립운동사연구』 50, 2015.

제6장

이남규 부자의 순국과 의로운 노비

"아! 비통합니다. 우리의 대대의 원수인 저 일본은 기어코 우리의 강토를 차지하고 우리의 신민을 노예로 만들려고 합니다. 이것은 우리나라뿐 아니라 모든 나라가 다 같이 아는 바입니다. 나라가 작고 병력이 약하다고 끊임없이 속박하니, 이 뼛속에 사무친 원수를 어찌 잠시인들 잊을 수 있겠습니까……군신 상하가 합심하여 죽음을 각오한 한판 싸움을 벌여 성패 여부는 접어두고 오직 의리만을 따른다면, 설사 나라가 망하더라도 오히려 보존되는 것이며, 백성이 죽어도 오히려 사는 것이니, 천하 후세에 할 말이 있을 겁니다." (이남규의 「청토적소」, 1905년)

수당 이남규는 예산지역의 양반가문에서 출생한 기호남인으로 허전의 문하에서 퇴계의 학문을 전수받았다. 그는 문과에 급제한 후 성균관 교수로 신채호를 비롯한 많은 제자를 양성한 학자이며, 관직이 종이품 가선대부에 오른 양반관료유생이다. 문장가로서도 평가된다. 그의 글은 논리가 명쾌하고 특히 시문의 경우에는 구한말의 대표적인 우국문학이라 해도 손색이 없다.

이남규의 사상은 위정척사론에 기반하고 있다. 성리설에서는 영남학파의 퇴계학설을 추종하였으며 당색 등의 차이로 인해 기호지역의 인사들과의 교유는 활발하지 못하였다. 사상적으로는 존화양이론(尊華攘夷論)에 철저한 척사론자였다. 이에 따라서 그는 반동학 · 반개화의 입장에서 동학과 개화정책을 배척하였으며, 일제의 침략이 노골화되면서 '척왜' 내지는 대일결전론을 내용으로 하는 위정척사운동을 전개하였다.

을사늑약으로 국권이 상실되어가는 민족의 위기에 처하여 자신의 이념을 실천하여 홍주의병에 참여하였다. 그는 일제의 강압과 회유를 뿌리치고 순국의 길을 택한 민족지사라 할 수 있다. 그의 아들 충구은 부친을 향한 일병의 칼날을 막다가 순국하였다. 주인을 향한 일병의 칼날을 막다가 노비 김응길은 죽었으며, 가수복은 중상을 입었으니 의로운 노비라 할 것이다.

1. 이남규는 누구인가?

이남규(李南珪, 1855~1907, 호: 修堂)의 본관은 한산으로 선조 때 영의정을 지낸 이산해(李山海)의 12대손이다. 부친 호직(浩稙)과 청송 심씨 사이에 1855년 11월 서울 미동(尾洞)에서 태어났다. 어려서 부친한테 한학을 공부한 뒤 성재(性齋) 허전(許傳)의 문하에서 수학하였다. 이에 따라 그는 퇴계학파에 연원을 갖는 남인계의 성리설을 신봉하였다. 그는 허전의 문하에서 과문(科文)을 중심으로 수학하였다. 21세 때인 고종 12년(1875) 사마시에 급제하였으며 고종 19년(1882) 4월에 문과에 응시하여 병과 제2인으로 급제하였다.

개화정권의 관리로 있으면서도 위정척사론을 견지하였다. 이에 따라 반동학, 반개화의 입장을 분명히 하였다. 1893년 동학의 교조신원운동에 대한 반대의 뜻을 밝혔다. '동학의 무리들이 방자하게 대궐 앞에서 그들 괴수의 원통함을 부르짖은지 며칠이 되었는데 이를 힐문하거나 성토하는 이가 없다'라고 하면서 상소를 올린 우두머리를 엄히 조사하여 그 근거를 소탕하고 붙좇는 자를 다스릴 것을 주장하였다. 고종은 이에 대하여 "마땅히 이단(異端)을 물리

수당 이남규

치고 정도(正道)를 수호하며 백성을 교도하고 정제(整齊)하는 방책을 강구해야겠다"는 비답을 내렸으며 의정부에 동학교도들을 법에 따라 엄벌할 것을 명하였다. 1894년 동학농민군이 전국적으로 봉기하자 해당 지역의 관리에게 책임을 묻도록 하였다. 동학군 봉기의 요인이 되었던 수령과 전운사 · 안핵사 · 균전사 등에 대한 처리에서 처벌보다는 불문에 붙이거나 직을 옮겨주는 정도에 그쳤음을 비판하면서 이러한 처리는 크게 잘못된 것임을 지적하였다.

그는 개화파의 이른바 개화를 '왜화(倭化)'로 보아 반대하였다. 개화파의 정책으로 조선은 결국 일제에게 종속될 것을 경계하였다. 특히 1894년 이후 일제의 조선 침략이 노골화되면서 척사의 대상을 '왜'로 바꾸고 민족의 자주독립을 위한 대일결전론을 펼쳤다. 갑오변란 이틀 후인 6월 23일 상소를 올려 동학군 진압과 일본군의 궁궐점령후의 정부의 시책에 대해 비판하였다. 일본군에 의한 경복궁 점령사건에 대하여는 당초에 중국에 구원을 청했던 것이 현명한 계책이 아니었다면서 병기를 손질하여 일본군의 침략에 대비할 것을 주청하였다. 영홍부사로 있던 때인 1895년에 을미사변의 비보를 접하고 일본에 대한 적대 감정이 최고조에 달하였다. 관찰사에게 '토적복수(討賊復讐)'할 것을 청하였으며, 명성황후의 비보에 이어 내려온 폐후 조칙은

도저히 있을 수 없다면서 죽더라도 따를 수 없음을 밝혔다.[1]

2. 관직 생활

이남규는 문과에 급제한 뒤 승문원 부정자(副正字)를 제수 받으면서 관리의 길로 들어섰다. 이후 홍문관 교리, 성균관 교수, 사간원 정언, 공조참의, 동부승지 등을 역임하였다. 그는 성균관의 교수로 있으면서 신채호(申采浩)를 비롯하여 변영만(卞榮晩) 등에게 강학한 것으로 알려진다.

을미사변 직후 사직하고 낙향한 그에게 조정에서는 1896년 3월 안동관찰사의 직을 제수하였다. 안동의병에 의해 안동부가 점령당한 상황에서 그를 후임 관찰사로 임명한 것이다. 이남규는 조정의 명을 거역하지 못하고 임지를 향해 떠났다. 그러나 일본군에 의해 안동의 민가 1천여 호가 불태워진 것을 보고 일본군의 만행을 규탄하는 상소를 올리고 관찰사의 직을 사직하고 귀향하였다. 이후에도 조정에서는 그에게 1898년 중추원의관을, 1899년에는 종이품 가선대부로 궁내부특진관을 제수하였으며, 1900년에는 함경남북도 안렴사, 비서원승 등 여러 관직을 제수하였다. 그는 감히 명령을 거역하지는 못했지만, 직임을 맡아 자신의 뜻을 분명히 밝혔다. 그리고 뜻이 관철되지 않을 때는 과감히 사직하였다. 그는 중추원의관이 되어 만민공동회 개최를 반대하고 거기에 참석한 관리들을 탄핵하였다. 함경남북도 안렴사로 있을 때는 덕원부윤 윤치호(尹致昊)가 소요를 불러 일으킨 죄와 영흥군수 이윤재(李允在)가 재물을 긁어모아 원성을 산 죄를 조사하여 이들을 탄핵하였다. 이 상소를 올린 후 그는 비서원승에 임명되었으나 곧 사직하고 1900년 7월 예산의 집으로 낙향

---

1 김상기, 「수당 이남규의 학문과 홍주의병투쟁」, 『조선시대의 사회와 사상』, 조선사회연구회, 1998.

하였으며 이후 일체의 관직에 나가지 않았다.

3. 항일투쟁과 순국

1905년 11월 17일 을사조약이 늑결되었다. 이때 그는 병중이었으나 생애 마지막의 상소인 「청토적소(請討賊疏)」를 올렸다. 여기에서 그는 일본을 우리의 '대대의 원수'라고 분명히 규정하였다. 이어서 '의(義)'의 관점에서 국가를 이끌어 국왕으로서의 책임을 다할 것을 요청하였다.

한편 충남 서부지역의 유생들은 을사5조약의 늑결 소식을 듣고 적극적인 의병투쟁을 전개하였다. 이들은 정산에 거주하고 있는 전참판 민종식을 총수로 추대하고 1906년 3월 15일 예산군의 광시장터에서 봉기의 첫 깃발을 들었다. 이들은 이튿날 홍주의 동문 밖 하우령에 진을 치고 홍주성 공격을 감행하였으나 관군의 저항에 오히려 대장소 마저 위태롭게 되어 광시장터로 회군하였다. 그러나 관군과 일본군에 의해 청양의 합천전투에서 패하고 안병찬을 비롯한 23명이 체포되어 공주감옥에 갇혔다.

이남규는 이때부터 홍주의병에 참여하였다. 예산의 향제에서 은거하고 있던 그는 홍주의병의 핵심인물인 안병찬의 구명운동을 전개하였다. 그는 공주군의 검관(檢官)인 곽찬(郭粲)에게 공주감옥에 구금되어 있는 안병찬의 구명을 위한 간절한 서신을 보냈다. 이 편지에서 안병찬이 을미의병에 참여한 후 감옥에서 자결을 기도하기까지 했던 의리 있는 선비임을 주지시켰으며, 그를 죽게 해서는 절대로 안되며 그것은 수치라는 뜻을 다음과 같이 분명하게 전달하였다.

> 죽이고 살리는 조종(操縱)이 저 오랑캐 놈들의 손에 있다면 형도 반드시 어찌할 수 없다 하겠습니다.(중략) 만일 그렇지 않아 안사문(安斯文)에

대한 판단이 형에게 있고 저놈들에게 있지 않다면 나도 반드시 말할 필요조차 없을 겁니다. 왜 그러냐 하면 형의 마음이 곧 나의 마음이기 때문에 거기에 대한 처리는 말하기를 기다리지 않고서도 할 수 있다는 것입니다. 그러나 염려되는 것은 형은 한갖 그의 강개하고 격렬한 것이 근일에 와서 혈기에 넘치는 용맹만 있는 줄 알고, 옛날에 의리를 중히 여기고 목숨을 경하게 여겨서 곰의 발바닥은 버리고 물고기를 취하는 뜻이 가슴 속에 본래부터 정해져 있는 것을 모를까 하는 것입니다. 그래서 내가 여러 가지로 말을 하는 것이나 근일의 일은 말하지 않고 옛일만 자세히 말하는 것이니 혹 믿고 보살펴 주시겠습니까. 이 사람을 죽게 한다면 오늘날 우리 무리가 홀로 옛날 황보 장군(黃甫將軍)이 당인(黨人)에 참여하지 못했다는 수치스런 말을 면치 못할 것입니다.[2]

이남규의 노력으로 안병찬은 민종식이 홍산의 지티에서 재기하기 며칠 전인 5월 5일 석방되어 민종식 의진의 참모사로서 다시 종군할 수 있었다. 의병장 민종식은 처남인 이용규(李容珪)와 함께 1906년 5월 9일 부여군 내산면 지티리에서 의병을 다시 일으켰다. 민종식은 부대를 정비하고 홍산을 점령한 뒤 서천 · 비인 · 광천을 거쳐 결성으로 진군하여 하루를 지내고 5월 19일(음,4월 26일)홍주로 들어왔다. 홍주의병 1천여 명은 구식 화포 2문을 선두에 내세워 홍주성을 포위 공격하여 홍주성을 점령하였다. 홍주성을 함락시키자 신보균 · 신현두 · 이식 · 안항식 · 김상덕 · 유호근 등 인근의 인사들이 차례로 합세하였다. 의병진에서는 소를 잡아 천제를 지냈으며 진용을 재정비하였다. 이때 이남규는 선봉장의 직임을 맡았다. 그러나 5월 31일 새벽, 통감 이토 히로부미의 명령으로 파견된 일본군의 대공격이 있었다. 의병은 결사 항전했지만 다수의 희생자를 내고 홍주성을 빼앗기고 말았다. 이 전투에서 사망자가 300여 명, 체포된 이가 145명이며 그중에 중죄인으로 취급된 유준근(柳濬根) 등 78명이 서울로 압송되었다.

2 이남규, 「여곽찬옥」 병오, 『수당집』 권3 서.

살아남은 의병들은 이남규의 집에서 의병 재기를 준비하였다. 그의 집에 이용규를 비롯하여 곽한일·박윤식·김덕진·이석락 등이 집결하였다. 이들은 민종식을 다시 대장에 추대하기로 뜻을 모았다. 만일을 위하여 민종식을 은신시켜 놓고 이남규 집에서 예산 공격을 위한 계획을 수립하였다. 이들은 예산관아를 공격하여 활동의 근거지로 삼기로 결정하고 공격 일을 11월 20일로 정하기까지 하였다. 그러나 일진회원의 밀고로 1906년 11월 17일 새벽에 일본헌병 10여 명과 지방병 40여 명, 그리고 일진회원 수 십 명의 습격을 당하여 곽한일·박윤식 등이 체포되었다. 이남규·이충구 부자도 함께 체포

이남규 순국비, 아산시 송악면 외암리

되어 공주감옥에서 온갖 악형을 당하였다.

일제는 이와같은 의병의 재기 움직임에 불안을 느끼자 1907년 9월 26일(음, 8. 19) 일본 기마대 1백여 명을 보내 예산의 이남규 집을 급습하였다. 공주감옥에서 석방된 지 10여일도 안된 그를 다시 체포하러 온 것이다. 이남규는 사당에 들어가 조상에게 예를 올리고 가족에게도 영결을 고했다. 일본병이 그를 포박하려 하자 그는 "선비는 죽일 수는 있어도 욕보일 수는 없다"라고 굴하지 않고 가마에 올라 집을 나섰다. 그를 서울로 압송해 가던 일본군은 그에게 단발할 것과 귀순할 것을 강요하였으며, 이를 강하게 거부하는 이남규를 온양의 외암리에서 학살하는 만행을 저질렀다.[3]

4. 아들과 의로운 노비의 순국

이남규를 수행하던 장자 충구(忠求, 호: 唯齋, 1874-1907)는 일본병이 휘두른 칼을 몸으로 막고 숨졌다. 이어 두 종이 가마의 봉으로 대항하다가 그 중 김응길(金應吉)은 현장에서 숨졌다. 이남규의 후손들은 주인을 위해 순사한 그를 후장하였으며, 지금도 제사를 지내고 있다.[4] 또 다른 종인 가수복(賈壽福)은 김응길과 함께 이남규를 방어하다가 중상을 입었으나 다행히 목숨은 건졌다. 이승복의 「가장」에는 가수복이 그날 있었던 참변을 증언한 것이 다음과 같이 적혀 있다.

3 이남규가 피살된 곳은 현재의 아산시 송악면 외암리 평촌 냇가 근처이다. 충청남도에서는 1987년 4월 3일 피살된 곳에 '수당이남규선생순절비'를 세워 이남규의 충절을 기렸다.

4 이정규(李庭珪)의 김응길에 대한 제문이 있다(「제망노응길문(祭亡奴應吉文)」, 『수당집』 부록). 정부에서는 김응길의 이러한 공을 평가하여 2008년 건국훈장 애족장을 추서하였다.

병정들이 고의로 느릿느릿하게 걸어서 날이 저문 뒤에야 평촌 앞길, 인적이 없는 곳에 이르렀습니다. 통역관이 주인 어른께, "공은 평소에 일본을 원수로 대해 왔으니 앞으로 의병장이 되겠소이다. 만약 머리를 깍고 귀순한다면 살려주지만, 그렇지 않으면 죽게 될 뿐이외다"라고 지껄였습니다. 이에 공께서는 "의거(義擧)는 참으로 기다리고 있던 참인데 그럼 죽으면 죽었지 내 뜻을 굽힐 수는 없는 일이다"라면서 매도하기를 그치지 않으셨습니다. 여기에 대하여 왜적은 칼날을 함부로 휘둘렀습니다. 공의 아드님과 우리 두 소인네는 황급히 몸으로 막았지만 팔은 비틀리고, 앞으로 몇 발자국 나가서 칼로 난도질을 당했사오며 그러고는 이내 움직임이 없이 잠잠했습니다. 아드님께서 공을 대신하여 죽기를 애원하자 역시 모진 칼끝을 받으셨습니다.[5]

「가장(家狀)」에서는 이어서 "이 말은 앞뒤를 종잡을 수 없다. 또 어떤 사람은 '그 흉악한 칼끝이 조부님을 범하려고 할 때 춘부장께서 몸으로 가로막고 떨어지지 않아 먼저 화를 당하셨던 것이오'라고도 전한다"라 하여 이남규보다 아들인 충구가 먼저 화를 당하였다고도 한다.

가수복은 일본도에 12군데나 찔리는 중상을 입었으며, 그 후 상처가 심하여 몇 년 지나지 않아 사망했다고 한다. 그를 염습한 윤대성(당시 예산군 대술면 상항리 거주)은 12군데의 상처 중에 1군데는 내장이 외부에 노출된 채 있었다고 증언하였다.

이남규의 피살 소식은 전국으로 퍼져 나갔다. 당시 신문 중에서는 대표적인 항일민족지였던 『대한매일신보』에서 이 사실을 2회에 걸쳐 게재하여 민족적 분개심을 고취하였다. 그중에서 1907년 10월 8일자 「이씨피해속문」을 소개하면 다음과 같다.

전 참판 이남규씨 부자가 일병에게 피해한 사(事)는 전기 게보(揭報)어니와 갱문한 즉 씨가 일병에게 착거(捉去)를 당한 동시에 필담으로 사유

5 이승복, 「가장」, 『수당집』 부록.

를 질문하고 자기의 아모 사건이 무한 것을 저저(這這) 변명한대 일인왈 능문다지(能文多智)하니 필위의병(必爲義兵)이라하고 직(直)히 포살을 행하매 기자(其子) 2인이 대곡(大哭) 부지(扶持)한대 병즉포살(幷卽砲殺)하얏다니 대저(大抵) 필위이자지죄명(必爲二字之罪名)을 늑가(勒加)하고 포살을 행하는 것이 시하괴상지행동(是何乖常之行動)이며 황(況) 이씨는 문학과 행의(行誼)로 영예(令譽)가 소저(素著)하고 위거아경(位居亞卿)한 인이라 금내가집지단(今乃可執之端)이 별무하거늘 허실를 불문하고 삼부자를 일시 포살하얏으니 차등 행동이 한국인심으로 유익분격(愈益憤激)케 하난 사가 아닌가.[6]

이와 같은 신문의 기사는 순식간에 이남규 부자의 순국 사실을 전국에 알렸으며, 그 결과 전라도에서 은거하고 있던 황현은 그의 『매천야록』에서 위 사실을 다음과 같이 자세히 알려주고 있다.

왜인이 전참판 이남규를 살해하다. 처음에 민종식이 이남규와 함께 거의하고자 하였다. 남규는 단지 앉아서 힘써 주선하였으며 끝내 홍주성에는 들어오지는 않았으나 종식이 패함에 미쳐 그를 숨겨주었다. 군민 중에 일진회원이 남규를 제거하지 않으면 내포 지역이 편안한 날이 없을 거라고 다투어 말하였다. 왜인이 이를 믿고 남규를 포위하고 포박하고자 하자 남규가 분연히 말하기를 '나는 대부(大夫)이다. 죽을지언정 욕을 당할 수 없다. 내 처소에서 어찌 포박당할 수 있느냐'하며 드디어 가마에 올라 나갔다. 두 아들이 좇고자 하자 남규가 가로되 '너희 둘이 모두 나를 따라 죽으면 집안일은 어찌할 것이냐'라고 꾸짖어 물리쳤다. 그 작은 아들이 가되 온양의 외암촌에 이르자 왜가 서로 눈짓을 하더니 칼을 빼들고 왔다. 남규가 노하여 '너희들이 서울로 간다고 말하였으니 올라간 즉 사리가 분명해질 것이다. 어찌하여 순식간에 살해하려느냐'며 칼을 막자 오지가 모두 떨어졌다. 아들이 그를 에워싸며 왜적을 크게 욕하였다. 결국 부자를 모두 죽이기를 베고 찌르고 하여 온전한 피부가 없었다. 가마꾼 한명이 가마 기둥을 뽑아 왜놈을 박살내고자 하였으나 그 역시 죽고 말았다. 하루가 지나도 시체를 염습해 가는 이가 없었다. 외암촌

6 『대한매일신보』 1907년 10월 8일, 「이씨피해속문」.

의 이성렬(李聖烈) 집 앞이어서 성렬이 왜가 가기를 기다려 비로소 염습 하였다.[7]

임실 출신으로 일제에 항거하여 자결 순국한 염재(念齋) 조희제(趙熙濟, 1873-1939) 역시 그의 『염재야록』에서 이남규의 순국 사실을 다음과 같이 자세히 기록하기에 이르렀다.

> (전략) 이때에 이 대감과 원수가 된 자가 일본 관리에게 말하기를 남규를 제거하지 않으면 호서지역에 평안한 날이 없을 것이라고 하였다. 이에 일관(日官)이 병사를 보내어 포박하려 하자 이 대감이 질책하며 가로되 사대부는 죽을 수 있으나 욕을 당할 수는 없다. 내가 도망가려는 자가 아니다. 드디어 가마에 올라 상경하되 온양을 지나가는데 그 원수가 또 말하기를 남규는 상경하면 반드시 방면될 것이니 중로(中路)에 죽임만 못하다고 하니 일병들이 이를 믿고 칼로 찔러 죽였다. 그 아들이 부친을 보호하다가 역시 피살되었다. 모시고 가던 두 명의 노비가 봉을 들고 분하여 공격하여 일병 두 명이 머리가 깨져 즉사하였다. 노비 역시 피살되었다. 이 대감의 처와 자부는 집에서 참변 소식을 듣고 모두 자결하였으니, 신하는 임금을 위하여 죽고, 아들은 부모를 위하여 죽고, 노비는 주인을 위하여 죽고, 처는 남편을 위해 죽었으니 가히 죽을 데에 죽었다고 할 수 있다(후략).[8]

이남규는 자신을 포박하려는 일병에게 "사대부는 죽을 수 있으나 욕을 당할 수는 없다"라고 당당하게 가마를 타고 체포에 응했음을 알 수 있다. 정부에서는 이남규의 공훈을 기리어 1962년에 건국훈장 독립장을 추서하였다. 아들 이충구(李忠求, 1874-1907)는 고종 11년 서울의 낙동에서 출생하여 물헌(勿軒) 이명익(李明翊) 문하에서 한학을 수학하였다. 1906년 홍주의병장 민종식을 숨겨 주었다 하여 부친과 함께 공주 감옥에 수감되어 악형을 당하였으며, 1907

---

7 황현, 『매천야록』, 국사편찬위원회, 435-436쪽.

8 조희제, 『염재야록』, 금강서원 영인, 1990, 86-87쪽.

년 9월 부친을 막다가 일본병에 의해 피살되었다.[9]

한편 이남규의 손자인 이승복(李昇馥, 1895-1978, 호: 平洲)은 1915년 러시아로 망명하여 박은식 · 조완구 등과 함께 『청구신문』을 발행하였으며 이 일로 체포되어 6개월의 옥고를 겪었다. 1921년에는 상하이로 건너가 임시정부에 참여하였고 1923년에는 김상옥 사건 연루 혐의로 투옥되기도 하였다. 그 뒤에도 신간회의 창립을 주도하여 본부 선전부의 총무간사 등으로 활약하였다. 또한 이남규의 증손자 이장원은 해병대 장교로 6.25전쟁 중 전사하였으니 이남규 집안의 4대에 걸친 충절은 기리 전해지기에 충분하다. 증손자 이문원 교수는 독립기념관장을 역임하고 고택 옆에 건립한 수당기념관에서 애국충절 교육을 실시하면서 집안의 역사를 지키고 있다.

5. 맺음말

이남규는 '애민론'에 입각하여 임무를 훌륭히 수행한 목민관이었다. 그는 동학군의 봉기요인이기도 했던 관리들이 폐정을 들면서 정부에서 이들에 대한 처벌이 미약했음을 비판하는 등 동학군의 항거를 민의 처지에서 이해하려 한 측면이 있다. 또한 지방관으로 임지에 나가서는 민생의 향상과 어려움을 덜어주려는 노력을 아끼지 않았다.

이남규는 '의(義)' 정신에 투철하였다. 이에 따라 1906년 홍주의병에 참여하였으며, 일제의 회유를 물리치고 순국하였다. 또한 나라가 망할지라도 민족이 떳떳한 길로 들어선다면 나라가 회복될 것이라는 역사관을 가지고 있었다.

이에 따라서 그는 오직 자신이 옳다고 판단되는 대로 처신하였으며 일제의

9 이가원 찬, 「통덕랑유재이공묘갈명(通德郎唯齋李公墓碣銘)」, 1984 참조.

타협 요구를 물리치고 순국한 조선조 선비의 표상이라고 할 수 있다.

참고문헌

외솔회, 『나라사랑』 28집(이남규 특집호), 1977.

김상기, 『호서유림의 사상과 민족운동』, 지식산업사, 2016.

김상기, 「수당 이남규의 학문과 홍주의병투쟁」, 『조선시대의 사회와 사상』, 조선사회연구회, 1998.

제7장

춘추대의를 실천한 최익현

> "아, 난적의 변이 어느 시대인들 없었을까마는 그 누가 오늘날의 역적과 같았으며, 이적의 화가 어느 나라엔들 없었을까마는 그 어느 것이 오늘날의 왜놈과 같겠는가. 바로 의병을 일으켜야 할 것이요, 많은 말이 필요 없다."
>
> "모든 우리의 종실, 대신, 공경, 문무, 사농공상, 서리, 하인들까지 무기를 가다듬고 마음과 힘을 한 군데로 모아서 역당을 죽이고, 그 고기를 먹고, 그 가죽을 깔고 자며, 원수들을 모조리 죽이고, 그 씨를 없애고, 그 소굴을 두들겨 부수자. 천운은 다시 돌아오지 않는 법이 없으니, 국세를 반석 위에 올려놓고 위험한 고비를 바꾸어 편안하게 만들어서 인류를 도탄에서 건져내자. 믿는 바는 군사이니 다만 적이 힘이 센 것을 두려워하지 말라. 감히 이에 격문을 돌리니 함께 나라를 구하기에 힘쓰자."(최익현의 「창의격문」)

위 글은 최익현이 태인의 무성서원에서 창의를 선언하고 발표한 격문의 일부이다. 최익현은 화서학파의 유학자로 1906년 을사늑약에 항거하여 의병을 일으키고 적국인 쓰시마에서 순국한 우국지사이다.

한말 대표적인 유림계의 학파로는 화서학파, 노사학파, 남당학파, 정재학파, 연재학파 등이 있었다. 그 중에서 화서학파는 문인의 규모나 학문적 활동의 면에서 독립운동가를 배출한 면에서 특히 두드러진다. 그 동안 화서학파에 대하여는 이항로의 사상과 위정척사운동 유인석 등의 의병투쟁에 이르기까지 많은 연구가 축적되었다. 이 글에서는 최익현이 충남 정산으로 이주한 경위와 충남지역에서의 학문 활동, 그리고 태인의병 후 대마도에서의 유배생활에 대하여 검토하고자 한다.

1. 생애와 학문

최익현(崔益鉉, 1833-1906.11, 호: 勉菴, 본관: 경주)은 순조 33년(1833) 12월에 경기도 포천현 내북면 가채리에서 태어났다. 4세 때 단양으로 이사하였으며, 9세 때에는 김기현의 가르침을 받았다. 11세 때는 양근 후곡(현, 양평군 서종면 서후리)으로 이사하였다. 14세부터 화서 이항로를 벽계(현, 서종면 노은리)로 찾아가 가르침을 받았다. 이항로는 그에게 '낙경민직(洛敬閩直: 洛은 정자가 살던 낙양, 閩은 주자가 살던 閩中을 의미함)'이란 글을 주어 정자의 '거경궁리(居敬窮理)'와 주자의 '경이직내(敬以直內)' 가르침에 힘쓸 것을 교육하였다. 이항로는 최익현이 15세 되던 해에 면암(勉庵)이란 호를 지어주었다. 최익현은 22세 되던 1854년 포천 가채리로 돌아왔다. 그해 2월에 그는 성균관에 들어가 유숙하면서 경학을 수학하였다.

1855년 성균관 유생의 과거시험에 급제하였다. 이후 승문원 부정자에 제수되었으며 1862년에는 신창현 현감, 1864년에는 예조좌랑, 1866년에는 사헌부 지평에 임명되었다. 1868년에는 사헌부 장령에 임명되었으나 그는 사직상소를 올렸다. 상소의 내용은 1) 토목 역사를 중지할 것, 2) 취렴하는 정사를 중지할 것, 3) 당백전을 혁파할 것, 4) 사대문세를 금지할 것 등이었다. 1872년 10월 동부승지에 임명되었으나, 대원군의 사퇴를 요구하는 상소를 올리고 사직하였다. 홍순목 등 대신들이 최익현을 탄핵하는 등 들고 일어났으나 고종은 그의 상소를 받아들이고 호조참판에 임명하였다. 대원군은 그의 상소로 하야하였으나 그 역시 1873년 12월 제주도에 유배되었다.

그는 1875년 3월 유배에서 풀려났다. 1876년 1월에는 강화도에서 일본과의 수호조약이 추진된다는 소식을 듣고 도끼를 메고 광화문에 나아가 '5불가소'로 알려진 '지부복궐소(持斧伏闕疏)'를 올렸다. 그는 이 상소로 또 다시 체포되어 흑산도에 유배되었다. 1898년에는 의정부 찬정, 궁내부특진관에 임명되었으나 사직하고 시무12조를 올렸다.

그가 충청도 정산으로 이주한 것은 68세 되던 1900년 4월(음)이었다. 서울 근교를 떠나 벽지에서 은거하기 위해서였다. 정산으로 이주한 직후 5월부터 경주 등을 유람하고 8월(음)에 정산으로 돌아와 『남정록』을 썼으며 그해 10월(음)부터는 구동정사(龜洞精舍)에서 강학을 시작하였다. 다음 해인 1901년에는 호서지역 선비들을 방문하였다. 청양에서 이용원, 남포에서 윤석봉, 보령에서 김복한, 서천에서 신태진을 만나 향음례를 행했다. 1902년에는 궁내부특진관에 제수되었으나 사직하였다. 1904년에도 의정부 찬정을 제수하였으나 역시 사직하였다. 1904년 8월(음)에는 정산에서 향음례를 행하였으며 1905년에는 을사늑약이 체결되자 포고문을 발표하여 총궐기하여 항쟁할 것을 호소하였다.

최익현은 1906년 태인에서 의병을 봉기하기 전까지 정산에 거주한 6년여 간 많은 제자를 양성하여 화서학파의 맥을 호서지역에 심었다. 호서지역에서 그의 제자로 알려진 인물로는, 보령의 백관형 등 많은 인재들이 있다. 이들 중에는 곽한일과 이식 · 백관형 · 이교헌 · 곽한소 등 정산에서 직접 가르침을 받은 이도 있으며, 유준근과 같이 대마도 유배 중에 가르침을 받은 이도 있다. 또한 이식 · 곽한일 · 이교헌 · 송병직 등과 같이 홍주의병에 참여한 이도 있으며, 윤긍주 · 최은상 · 최영복처럼 태인의병에 참여한 이도 있다. 백관형 · 유준근 등은 1919년 파리장서운동에 참여하여 옥고를 겪기도

하였다.

그의 문인 중에 곽한일과 이식이 특히 두드러진 활동을 하였다. 곽한일은 원래 경기도 양주에서 태어나 최익현의 가르침을 받은 것으로 알려진다. 그가 언제 아산으로 이사를 했는지는 확실하지는 않으나 최익현이 정산에 거주할 때는 아산에서 거주하고 있었으며 스승을 옆에서 모셨던 것으로 보인다. 이식(李侙, 1873-1936)은 청양군 정산의 남천리 출신으로 정산에서 최익현의 문인이 되었다. 1905년에 김동필 등 26명과 함께 13도유약소를 설치하여 외국공사관 등에 일제의 침략상을 폭로하였으며 포고문을 전국에 발송하는 등 활동을 하다가 체포되어 서울 경무청에 구금되었다. 1906년 3월 출옥한 뒤 최익현의 명에 의해 곽한일과 함께 홍주의병에 참여하여 참모사로 활동하였으며 홍주성전투에서 피체되어 대마도에 유배되었다. 1912년에는 임병찬을 만나 독립의군부를 조직하게 하고 임병찬과 함께 주도적으로 활동하였다.

유준근 · 문석환 · 최상집 · 신보균 · 남규진 · 안항식 · 신현두 · 이상구 등 홍주성전투에서 체포되어 대마도에 유배되었던 인사들은 유배지에서 최익현의 가르침을 받았다. 유준근은 보령의 녹문리에서 태어나 1906년 홍주의병에 유병장으로 참여하였다. 그는 유배에서 풀려나 민적에 이름을 올리지 않아 고초를 겪었다. 1912년 임병찬과 함께 독립의군부를 세우고 장서투서운동을 계획하였다. 1919년에는 김복한과 함께 파리장서운동에 참여하여 옥고를 치렀다. 문석환은 어려서 윤석봉에게 수학하였으며, 대마도에서 최익현을 사사하게 되었다. 이상구는 공주의 우성 출신으로 1906년 홍주의병에 좌익장으로 참여하였다.

보령 출신의 백관형(白觀亨, 1861-1928, 호: 玉齋)은 어려서 윤석봉한테 수학하였으며 최익현의 정산 거주 이후에는 최익현으로부터 가르침을 받았다. 그는 1906년 유준근과 함께 홍주의병에 참모로 참여하였으며 1916년에는 만동묘에서 항일 연설을 하고 체포되어 3개월의 옥고를 치르기도 하였다. 1919년 3 · 1운동 때에는 파리장서에 서명하여 옥고를 치렀다. 백관형의 문인 김지정

(1889-1948)도 파리장서운동에 참여하여 옥고를 치렀다.

연기 지역 최익현의 문인으로 곽한소가 있다. 그는 연기의 발산 출신으로 최익현이 정산에 이주한 직후인 1900년 4월에 정산으로 들어가 수학하였다. 그는 스승을 수행하여 남도 여행을 하면서 「사우록」을 남겼으며, 1906년 태인의병에 참여하였다. 최익현 사후에는 문집간행소를 설치하고 문집 간행에 진력하였다. 홍산 출신의 최익현 문인으로 이교헌이 있다. 정산으로 최익현을 찾아가 수학하였으며 1906년 홍주의병에 참여한 후 향리에서 은거하며 후학을 양성하였다.[1]

2. 태인의병 봉기와 대마도 유배

1905년 11월 17일 을사조약이 강제로 체결되었다. 그는 11월 28일(음, 11월 3일) 상소를 올려 오적을 토벌할 것과 '거짓 조약'의 문서를 없애버리고 일본이 우리를 '겁박'한 죄를 각국 공사관에 알릴 것을 요청하였다.

그는 상소를 올린 후 민영환과 조병세를 비롯하여 참판 홍만식, 주사 이상철, 병정 이봉학이 자결했다는 소식을 접했다. 그는 음식을 물리치고 병이 생겼음에도 불구하고 상경하여 대궐에 나아가 상소를 올리고자 하였다. 그러나 일본군들의 감시와 저지로 정산 집을 떠날 수 없었다. 그러자 12월 17일(음, 11월 21일) '포고팔도사민'을 발표하여 1) 5적을 토벌할 것, 2) 5적이 일본의 공신이 되고자 국왕을 포로로 삼고자 할 것이니 모든 사민이 화환을 예방할 것, 3) 결세를 납부하지 말고 일본 제품을 쓰지 말 것 등을 호소하였다.[2] 1906년 초에는 전 대사헌 송병선(1836년~1906)의 자결 소식을 듣고 통곡하면서 선비들이

1 김상기, 「최익현의 정산이주와 태인의병」, 『충청문화연구』 7, 충남대 충청문화연구소, 2011.
2 최익현, 「포고팔도사민」, 『면암집』 잡저.

나라를 위해 자결하여 기강을 펼치는 것이 나라를 위한 '빛'이 되지만 살아서 잃어버린 국권을 회복해야 함을 역설하였다.

1906년 1월 19일(음, 12월 21일)에는 논산의 노성에 있는 궐리사의 초청을 받아 강회를 열었다. 그는 강의를 마치고 공자에게 축문을 올려 춘추의 법을 받들지 못했음을 한탄하였으며 일제의 침략에 대항할 방책을 제시하면서 이를 맹세하는 글을 발표하였다. 이어서 7조의 서고문(誓告文)을 발표하여 세금납부 거부투쟁을 벌일 것과 경북 진위에서 집결하여 복합상소 투쟁을 벌일 것을 주장하였다. 진위에서의 상소투쟁은 일본군의 사전 저지로 실행되지는 못하였으나 1912년 그의 제자인 임병찬에 의해 조직된 독립의군부의 활동으로 이어졌다. 또한 그가 주장한 세금납부 거부투쟁과 일본 제품 불매운동은 1910년 국망 후에 항일투쟁의 한 방법으로 시행되기도 하였다.

1906년 3월 15일(음, 2월 21일)에는 가묘에 제를 올리고 가솔들과 작별하고 호남을 향해 출발하였다. 청양과 홍성, 예산 일대에서는 민종식을 대장으로 한 홍주의병이 봉기하였으니 자신이 전라도로 내려가 의병을 일으켜 기각지세를 이루고자 한 것이다. 그는 문인 최제학을 전라도 태인의 임병찬에게 보내 편지로 의병의 뜻을 알렸다. 또 문인 이재윤에게 편지를 보내 청국에 들어가 구원을 청하게 하였다. 오재열에게는 병사와 병기를 수습하여 운봉을 지키면서 명령을 기다리게 하였다. 이때 유인석이 그 문인 이정규를 보내 편지로 방법을 묻자 그는 남북이 서로 호응하여 왜적을 토벌하자는 뜻을 글로 써서 보냈다.

드디어 6월 4일(음, 윤4월 13일) 태인의 무성서원에서 의병을 봉기하였다. 그는 무성서원에서 강회를 열고 창의할 것을 호소하였다.

> 왜적이 나라를 도둑질하고 역신이 작난을 하여 5백년 종사와 삼천리 강토가 이미 망할 지경에 이르렀다. 임금은 우공의 욕을 면치 못하시고, 생민은 모두 어육의 참화에 빠졌다. 나는 구신의 한 사람으로 정말로 차

마 볼 수가 없다. 종사와 생민의 화가 이 지경에 이르렀으니 힘을 헤아리지 않고 대의를 천하에 펴고자 하니 성패와 이해는 예견할 수 없으나 진실로 내가 전심으로 나라를 위하여 죽음을 생각하고 살 생각을 하지 않는다면 천지신명이 도와서라도 어찌 성공하지 못하겠소. 나에게 종유하는 제군은 나와 생사를 같이 할 수 있겠소?[3]

최익현의 눈물어린 호소에 80여 명의 유생들이 의병에 자원하였다. 그는 격문을 지어 널리 배포하였다. 격문에서 역당과 왜적을 죽여 위험한 국가를 건지자고 호소하였다. 또한 일본정부에 보내는 글을 발표하여 일제의 죄악 16가지를 열거하였다.

태인의병 지휘부는 정읍, 순창 일대를 돌면서 의병을 모집하였다. 고용진, 양윤숙, 채영찬, 김송현 등이 각각 수십 명의 포수를 데리고 합류하였다. 그 결과 봉기한 지 1주일 만에 포수 2, 3백 명을 포함하여 9백여 명의 의병이 집결하였다. 의병장 최익현 밑에는 임병찬을 위시하여 김기술 · 유종규 · 김재구 · 강종회 · 이동주 · 이용길 · 손종궁 · 정시해 · 임상순 · 송윤성 · 임병대 · 이도순 · 최종달 · 신인구 · 최제학 등이 있어 우익장, 선봉장, 후군장, 소모장, 좌우종사, 화포장, 수포장 그리고 서기 등을 맡았다. 이들은 군수품과 무기 확보를 위하여 각 군을 돌면서 총기와 화약, 군자금 등을 징발하였다. 군사 활동과 훈련을 위하여 내장사와 순창의 구암사 같은 사찰을 이용하기도 하였다. 태인의병은 기병한 다음 날인 6월 5일 행군하여 정읍에 들어가 내장사에서 유숙하였다. 다음 날인 6일에는 순창에 들어가 구암사에서 유숙했다. 8일에는 곡성에 도착하여 격문을 지어 각 지역에 전했다. 10일(음, 윤4월 19일)에는 순창으로 돌아와 주둔하였다. 태인의병의 활동 소식에 정부와 일제는 진위대를 파견하여 이를 진압하고자 하였다. 그날 정오쯤에 일본군이 동북쪽으로부터 공격하여 온다는 소식을 듣고 임병찬에서 2개의 기병(奇兵)을 설치

---

3 「연보」, 1906년 윤4월 13일(기묘)조, 『면암집』 부록.

하여 맞아 싸우게 하였다. 그러나 그들이 왜병이 아닌 진위대 병력임을 알게 되었다. 전주관찰사 한진창과 순창군수 이건용이 군사를 거느리고 와서 의병을 공격한 것이다. 최익현은

> 이들이 왜병이라면 마땅히 사전(死戰)으로 결판을 내야 하나 이들이 진위대 군이면 우리가 우리를 서로 공격하는 것이니 어찌 차마 그럴 수가 있겠느냐?[4]

라 하고 임병찬을 불러 싸우지 말도록 하였다. 이어서 관군에 글을 보내어

> 너희들이 왜군이라면 당연히 즉시 사전(死戰)을 하여야 할 것이나 싸우지 않는 것은 동포끼리 서로 죽이는 것을 나는 차마 할 수 없어서이니 즉시 물러가라.[5]

라고 하였다. 그러나 전주군이 포를 쏘아 탄환이 비가 오듯 하였다. 의병은 흩어졌고 정시해가 총탄에 맞아 절명하였다. 최익현은 의병의 해산을 지시하였다.[6] 진위대는 최익현을 포함한 13명을 체포하여 서울로 압송하였다. 당시 최익현을 끝까지 사수한 제자들을 '12의사'라 한다. 임병찬을 비롯하여 고석진 · 김기술 · 최제학 · 문달환 · 임현주 · 양재해 · 조우식 · 조영선 · 나기덕 · 이용길 · 유해용 등이 그들이다.

최익현과 체포된 이들은 서울로 압송되어 6월 18일(음, 윤4월 27일) 일본군 헌병사령부로 끌려가 구금되었다. 정부 관료와의 연루설 및 고종의 밀지설과 관련한 조사를 받았다. 일제는 8월 14일(음, 7월 8일) 군율위반죄를 적용하여 최익현에게 대마도 감금 3년, 임병찬에게도 대마도 감금 2년을 선고하였다. 고

4 「연보」, 1906년 4월 20일(병술)조, 『면암집』 부록.
5 「연보」, 1906년 4월 20일(병술)조, 『면암집』 부록.
6 임병찬, 『의병항쟁일기』, 206~207쪽.

서울로 압송 중인 면암 최익현, 대전역 앞

석진과 최제학은 군사령부 감금 4개월, 나머지 김기술 등에게는 태형 100대를 선고하였다.

최익현은 임병찬과 함께 8월 27일(음, 7월 8일) 대마도의 이즈하라(嚴原)에 압송되어 위수영의 경비대 안에 구금되었다. 최익현이 도착하였을 때 대마도에는 이미 홍주의병 9명이 유배와 있었다. 이들은 홍주의병 유병장 유준근을 비롯하여 홍주의병 9의사라고 불리는 이들이다. 이들 '홍주9의사'는 이미 8월 6일(음, 6월 17일) 대마도에 도착하여 구금되어 있었다. 이들이 구금된 지 20여 일이 지나 최익현이 임병찬과 함께 유배되어 홍주9의사와 함께 유배생활을 하게 된 것이다.

최익현이 도착하자 대마도 경비대장이 검은 옷을 입을 것과 단발을 강요하였다. 이에 항거하여 최익현이 단식에 들어갔으며 나머지 10명도 이에 동참하여 단식투쟁을 감행하였다. 최익현은 죽음을 예상하고 유소를 써서 임병찬에게 주어 후일 임금께 올릴 것을 지시하였다. 결국 경비대장은 2일 만에 자신의 지시를 번복하여 단발과 변복을 강요하지 않게 되었다. 최익현은 또한 자신들에게 주는 음식 값이 조선에서 오는 것이라는 말을 듣고 비로소 식사를 재개하였다. 최익현은 유배 생활 중이던 10월 21일(음, 9월 4일) 그의 장자인 최영조와 문인 오봉영, 임응철이 면회를 왔다.

3. 순국과 의의

최익현은 1906년 12월 4일 (음, 10월 19일)에는 병이 났다. 처음에는 감기였으나 점차 위중하였다. 12월 20일(음, 11월 5일)에는 문인 고제학과 최제학이 석방되어 면회를 와서 한약을 지어 치료하고자 하였으나, 1907년 1월 1일(음, 1906년 11월 17일) 이역 만리 유배지에서 순국하고 말았다.

최익현의 유해를 모셨던 슈젠지(修善寺)

다음 날 그의 유해를 입관하여 슈젠지(修善寺)에 모셨다. 20일 이즈하라 항에서 배에 운구하고 21일 초량 나루에 도착하였다. 초량의 상무사에 '면암선생호상소'가 차려지고 이날부터 발인할 때까지 원근의 사민들이 제수와 제문을 가지고 와 참배하였다. 23일에 발인하여 옥천, 공주를 거쳐 12월 7일 정산의 본댁에 도착하였다. 1907년 4월 초하루에 노성의 월오동면 지경리 무동산 아래에 장사지냈다. 후에 일제의 강제에 의해 예산군 광시면 관음리로 이장되었다.

태인의 선비 김직술과 유종규 등이 면암이 거의한 고장이라 하여 태인 고현내면 대주평에 사당을 세우고 태산사(泰山祠)라 하였다. 포천의 유생들 역시 영당을 가채리에 세웠다. 옥구의 선비 문규석 등은 1909년 봄 삼현단에 면암을 배향하였다.

최익현은 비록 관군과의 전투를 피하기 위하여 의병을 해산하고 자신은 대마도에서 순국하고 말았지만, 그의 의병 봉기는 전국적으로 의병 봉기를 고조시키는데 큰 영향을 주었다. 이는 일제가 편찬한 『전남폭도사』에서

> 최의 잔당은 끊임없이 민심을 선동 도발하고 있었는데, 동년 11월 4일 본도의 유생으로 본디 최익현을 따르는 광양군의 백낙구, 장성군의 기우만, 창평군의 고광순 이항선 등이 관제개혁으로 실직한 전군리 등과 통모하여 구례군 중대사에 모여 총원 50여명(총기 10여정)으로 다음 날 5일에 거사하여(후략)[7]

라고 한 점으로 보아도 알 수 있다.

7 전남 경무국, 『전남폭도사』, 1913, 21~22쪽.

참고문헌

박민영, 『최익현』, 역사공간, 2012.

윤병석, 「면암 최익현의 위정척사론과 호남의병」, 『수촌박영석교수화갑기념논총』, 1992.

홍영기, 「한말 태인의병의 활동과 영향」, 『전남사학』 11, 1997.

박민영, 「한말 의병의 대마수 피수 경위에 관한 연구」, 『한국근현대사연구』 37, 2006.

김상기, 「최익현의 정산이주와 태인의병」, 『충청문화연구』 7, 충남대 충청문화연구소, 2011.

제8장

을사늑약에 자결한 송병선

"도가 있으면 나타나고 도가 없으면 숨는 것은 오히려 평상시의 일이다. 지금 인류가 스러지고 우리 도가 이미 망했다. 이는 만고에 없는 일이다. 한번 죽는 것 밖에 다시 다른 도리가 없다. 내 뜻이 이미 결행하기로 정해져서 갖고 있던 약물을 이미 먹었으니 그대들은 다시는 얘기를 하지 말라."(송병선이 죽기 직전 제자들에게 남긴 말, 『연재집』 권 50, 연보)

송병선은 우암 송시열의 학통을 잇는 대표적인 위정척사계열의 유학자이다. 그는 1881년 이후 여러 차례 상소를 통하여 국정 운영에 대한 건의와 함께 척사론을 펼쳤다. 1905년 을사늑약에 고종황제를 찾아가 을사오적의 처단과 조약의 철회를 요구하였으나 받아들여지지 않자 자결 순국한 민족지사이다. 그의 영향을 받은 동생 송병순(宋秉珣)도 1912년 총독부의 은사금 지급에 항의하여 자결 순국하였다. 또한 그의 문인들 다수가 일제강점기 민족운동을 전개하여 스승의 유지를 받들었다. 그중 대표적인 인물로 스승과 같은 자결 순국의 길을 택한 박병하를 비롯하여 조희제, 안규용, 노응규 등 많은 문인들이 일제에 항거하였다.

1. 학통과 문인 양성

송병선(宋秉璿, 1836-1905)의 호는 연재(淵齋)로 은진이 본관이다. 헌종 2년(1836) 8월에 회덕현 석남리(현, 대전광역시 성남동)에서 태어났다. 그의 집안은 쌍청당(雙淸堂) 유(愉, 1398-1446) 때부터 번성하기 시작하였다. 그는 벼슬에 나아가지 않고, 회덕의 배달촌에 살았다. 이후 배달촌은 은진송씨 자손들이 번창하여 '송씨 마을'이라는 의미로 '송촌'이라 불리게 되었다. 서인의 영수였던 송시열(1607-1698)이 유의 8대손이다. 송시열 이후 은진 송씨는 조선시대 대표적인 사족으로 자리 잡았다.

송병선은 송시열의 9대손으로 송시열 이후 권상하, 한원진으로 내려오는 기호학통의 정맥을 계승하였다. 그는 9살부터 백부인 송달수한테 수학하였다. 23살부터는 숙부인 송근수의 가르침을 받으면서 가학으로 내려 온 춘추의리 정신과 '직(直)'사상을 전수받았다.

30세 때인 1865년 만동묘가 훼철되자 이를 춘추의리 정신의 파괴로 보고 다음 해인 1866년 옥천으로 이사하였다가 1874년 만동묘가 복향되자 회덕으로 돌아왔다. 1877년 경연관과 서연관, 1880년에는 사헌부 지평, 이조참의, 성균관좨주 등에 제수되었으나 관직을 사양하면서 10여 차례의 상소로 내수외양책을 펼쳤다. 1881년 황준헌의 『조선책략』이 유포되자 「신사봉사」를 발표하여 신사척사운동에 참여하였다. 1882년에 공조참판, 사헌부 대사헌, 특진관, 1883

연재 송병선

년에는 대사헌을 제수 받았으나 일체 관직에 나가지 않았다. 1884년 갑신변복령이 내려지자, 이는 조선 고유의 의복제도를 변개하는 것이라 하여 반대하는 척사운동을 전개하였다. 아무런 비답이 없자 가족과 함께 영동에 먼저 정착한 송병순의 집으로 이주하였다.

이후 동생인 송병순과 함께 문인 양성에 치중하였다. 강학 이외에도 서천과 성주 등지에서 향음례를 실시하여 위정척사론의 확산에 노력하였다. 이후 1905년까지 충청도는 물론 전라와 경상지역 등 각지에서 강학을 함으로써 위정척사론의 보급에 힘썼다.『계산연원록(溪山淵源錄)』에 의하면 문인이 1,100여 명에 달한다. 이들은 주로 충청도와 전라도 지역에 분포되어 있으며 경상도 인물도 다수 포함되어 있다.

2. 사상

송병선은 동생 송병순과 함께 문인들을 규합하면서 연재학파를 형성하여 위정척사사상을 심화시켜 갔다. 1866년 옥천의 오산으로 이거하여「벽사설」(1870)과『근사속록』(1874)을 저술하여 불교와 천주교 등의 허실을 지적하고 이를 이단으로 배척하였으며 주자학이 수호해야 할 이념 체계임을 밝혔다.

1881년 10월에 올린「사소명겸진소회소(辭召命兼陳所懷疏)」에서는 뜻하지 않게 외국의 선박이 출입하는 지경에 이르렀고 급기야는 통상을 체결하기에 이르는 위급한 지경이 되었다고 하면서 국가의 보전과 자강을 위하여 군대를 갖추어 훈련시킬 것을 주장하였다. 이어서「응소(擬疏)」(1881년 12월)에서는 구체적으로 3가지의 대책을 개진하고 있다. 첫째는 궁궐 수비를 엄하게 하여 간신배들의 출입을 끊을 것, 둘째 무위영(武衛營)을 없애고 진무(鎭撫)를 설치하여 변방을 수비할 것, 셋째 묘원(廟院)을 복원하여 사림을 위로할 것을 주장하고 있다. 그가 주장하는 궁궐 내부의 단속과 묘원의 복원은 유림의 기반을 확보하기 위함이었고, 진무의 설치는 국방력을 강화하기 위함이었다. 전자는 성리학적 정통성을 회복하기 위한 위정(衛正)의 표현이었으며, 후자는 외침에 대응하기 위한 척사(斥邪)의 방략이었다.

또한 송시열이 올렸던 예에 따라 8조목의 '신사봉사'를 올렸다. 제1조와 제8조에서 위정척사의 대의를 분명히 밝히고 있다. 제1조에서는 임금의 마음이 바르지 않으면 천하의 일이 되지 않고, 이러한 이치 때문에 임금은 성학에 힘써 마음을 바로잡아야 한다고 하였다. 서양과 왜의 침투에 대처하기 위한 방책으로 가장 중요한 것으로 주자학을 기본으로 해야 함을 강조한 것이다. 여기에서 그의 세계관은 주자학 질서를 유지해야 하는 것을 가장 큰 덕목으로 여겼음을 알 수 있다. 제8조에서는 일본과의 화친을 배척하고 사교인 천주교를 끊어야 함을 밝혔다. 즉, 일본은 오랑캐에 불과하며 일본과 우호 조약을 맺게 되면 결국 나라가 망할 것이라며 일본과의 화친을 반대하였다. 그는 제2조부터 7조까지 내수책을 밝혔는데 내수책의 특징은 국가의 재정 확보와 백성의 생활 안정 그리고 언로의 개방을 요구한 점을 들 수 있다.

1884년 갑신변복령이 반포되자 그 부당함을 주장하고 조선 고유의 의복제도를 변개하는 것이라 하여 이를 철폐할 것을 주청하였다. 또한 조정에서 바꾸려는 의복 제도가 하필 일본 제도라면서 이를 비판하였다. 1886년 5월에는 사교 금지를 주장하는 상소를 올려 천주교의 교세가 확장되는 것을 우려하고 이를 물리칠 것을 주장하였다. 여기에서 그는 서양인들의 방자한 행위가 심해지고 사교가 나라를 금수의 지경에 빠뜨릴 것을 경고하면서 주자학 질서를 회복하여 이들을 물리치고 국가를 안정시킬 것을 호소하였다.

그는 나라가 없어지면 도(道)도 망한다는 신념을 가지고 있었다. 이에 따라 나라를 구하기 위하여 화이와 인수의 구별이 필요하다고 보았다. 화이와 인수의 구분이 도에 있다고 보았다. 또한 이 도가 없어지면 인간이 인간다울 수 없고 나라가 될 수 없다고 보았다. 그는 우암 송시열의 성리설을 계승하여 이기이원론적 입장을 취하였다. 그러나 선학들이 주리, 주기로 분열하여 있는

것을 큰 병폐라고 하면서 이기심성에 대한 사변적인 논쟁에 대하여는 비판적이었다.[1]

3. 을사늑약 반대투쟁

1905년 11월 17일 일제가 무력으로 위협하여 을사조약을 늑결하였다. 송병선은 며칠 후 청천벽력 같은 이 소식을 들었다. 그는 "나라의 변괴가 이에 이르렀는데 신하된 자가 어찌 살아 있을 수 있겠는가"라며 식음을 전폐하였다. 그리고 12월 2일 흉적을 목 벨 것을 청하는 「청토흉역소(請討凶逆疏)」를 올렸다. 12월 16일 "나라는 망할지언정 의는 망해서는 안되는 것인 즉 신이 역적을 목 베기를 청하는 것은 한갓 신의 말일 뿐 아니라 온 나라 공공의 논의입니다"라는 상소를 다시 올렸다.

고종은 송병선의 두 차례에 걸친 상소를 받고 비답을 내렸다. 고종은 비답에서 "목하 위급한 형세가 엎어지려는 그릇이나 물이 새는 배에 비할 바가 아니니 경의 숙덕과 충애로 보아서 어찌 이토록 강경하지 않겠는가"라면서 한 번 만나고 싶다는 뜻을 표하였다.

송병선은 1906년 1월 7일(음, 12월 12일) 가묘에 배례하고 가마를 타고 서울을 향했다. 문인들은 스승이 상경하여 상소를 올리는 길에 동행하였다. 1월 13일 서울에 도착하여 동대문 밖에 숙소를 정했다. 1월 18일 독대를 청하는 「청대소(請對疏)」를 올렸다. 다음 날(1월 19일, 음12월 25일) 중화전에서 고종을 알현하였다. 그는 정부의 실정을 언급하였다. 조정이 치안과 관리 등용, 위정에 책임을 다하지 못했으며 종사를 염려하지 못했으며 생령을 구휼하지 못하여 오백년 종사와 삼천리 강토를 외국에 주었다고 하였다. 이어서 오적의 처단과 늑

1 김상기, 『호서유림의 사상과 민족운동』, 지식산업사, 2016, 261-267쪽.

약의 폐기를 청하였다. 고종은 이에 자신은 협박을 받아 자유가 없으며 사세가 여의치 않아 한심하다고 대답하였다. 그러자 송병선은 모두 진언하지 못한다면서 자신의 의견을 기록한 차자(箚子)를 올렸다. 오적을 목 베어 왕법을 바로 잡을 것, 동맹의 의리에 의거하여 각국 공관과 정당하게 교섭할 것 등 10조목의 '10조봉사(十條封事)'가 그것이다.

그는 다음 날에도 고종과의 독대를 청했다. 그러나 고종은 '짐이 몸이 불편하니 집으로 돌아가라'라고 하였다. 이에 송병선은 '그렇다면 임금 계신 뜰 아래 엎디어 죽음을 걸고 청을 드리겠습니다'라고 수옥헌을 찾아 나섰다. 그러자 경무사 윤철규가 '임금님이 계신 수옥헌은 조금 멀어 노인 근력으로 걷기가 어려우니 교자를 타고 가시지요'라고 권하는 것을 거절하였다. 윤철규는 다시 '이곳에서 나가면 불측한 화를 당할 수 있다'면서 강제로 교자에 태워 남대문 밖 어느 집으로 끌고 갔다. 잠시 후 일본 순사가 칙령이라면서 송병선이 차고 있던 칼을 뺏고 옷을 뒤져 약물도 압수해 갔다. 다음 날 일본인 순사에 의해 강제로 오후 3시 30분 발 기차에 태워져 대전 석촌의 집에 돌아왔다.

송병선은 1906년 1월 24일(음, 12월 30일) 자결하였다. 자결하기 전날 임금께 올리는 '유소(遺疏)'를 작성하고 북향 재배하였다. 그리고 지니고 있던 약물을 먹은 후 문인들을 불러 들어오게 하였다. 문인들이 '선생께서 처의(處義)를 반드시 이렇게 하셔야만 올바르게 됩니까. 산으로 들어가 도를 지키는 것이 좋지 않겠습니까'라고 자결을 만류하였다. 이에 대하여 도가 망한 상황에서 죽는 길 밖에 없음을 말하였다. 정석채 등 문인들은 스승이 남긴 유소를 임금께 올렸다. 죽음을 결심하고 올린 유소에서 오적의 처단과 조약의 폐지를 다시 주청하였다. 그가 죽은 후 시중을 들던 노비 공임(恭任)은 모친과 남편에게 '내가 저승으로 따라가서 시중 드려야 한다'면서 자결하였다.

이와 같이 그는 관리의 길을 마다하고 학문에 전심하였음을 알 수 있다. 비록 그가 이른바 소중화론에 치우친 면이 있기는 하나, 철저한 존화양이론을 견지한 척사론자라 할 수 있다.[2] 고종은 송병선의 자결 소식을 듣고, "어두운 거리에 등불이 꺼졌으니 어찌 애통한 마음을 이길 수 있겠는가"라면서 특별히 '2등의 예장(禮葬)'을 하사하고 '대광의정(大匡議政)'에 추증하였으며, 문충(文忠)이란 시호를 내렸다.

4. 자결 순국의 영향

송병선의 순국은 문인들에게 영향을 주어 일제의 항거하여 투쟁한 민족지사가 적지 않다. 동생인 송병순은 1910년 경술국치를 당하여는 자결을 기도하였으나 제자의 제지로 뜻을 이루지 못하다가, 1912년 '은사금'을 거부하며 자결 순국하였다. 박병하는 스승과 같은 자결 순국의 길을 택했다. 노응규는 의병투쟁을 전개하고 체포되어 옥중에서 순국하였으며, 정기연과 이병운은 을사늑약 폐기운동에 참여하고 향리에 은둔하였다. 안규용은 호남의병장 안규홍의 의병 일지인 「순의사실」과 부장들의 활동사실을 기록한 『담산실기』를 편찬하여 안규홍의병의 활동상을 전하였으며 문인들에게 항일사상을 고취한 일로 체포되어 옥고를 치루기도 하였다. 장기홍은 임병찬과 함께 최익현 의병에 참여하였으며, 조용승은 광복회 운동에 참여하였다. 금산에서 동학군과 항전한 의회장 고제학도 송병선의 문인이다. 조희제는 민족지사의 행적을 수집, 정리하여 『염재야록』을 작성하고 자결 순국하였다. 조재학과 김용호 · 송주헌 · 이내수 등은 1919년 파리장서운동에 참여하였다. 이외에도 조종덕 등 많은 문인들은 일제강점기 은둔하여 일제에 항거하였다.

2 김상기, 『호서유림의 사상과 민족운동』, 지식산업사, 2016, 465-471쪽.

참고문헌

김상기, 『호서유림의 사상과 민족운동』, 지식산업사, 2016.

박경목, 「연재 송병선의 학맥과 민족운동」, 『대동문화연구』39, 2001.

제9장

오적암살단을 조직한 기산도

1905년 을사조약이 강제로 체결되자 『황성신문』과 『대한매일신보』 등 민족지들은 즉각적으로 이 사실을 알렸다. 민영환과 송병선을 비롯한 우국지사들은 자결 순국하여 민족의 각성을 촉구하였으며 기산도와 이재명 등은 을사오적을 처단하고자 하였다.

전남 장성에서 항일의병의 집안에서 성장한 기산도는 을사조약이 늑결되자 오적암살단을 조직하고 군부대신 이근택을 처단하고자 하였다. 이근택은 을사늑약에 서명한 을사오적의 한명이었다. 그의 형 이근호와 동생 이근상 역시 친일 행각을 벌여 3형제가 모두 총독부로부터 자작의 작위와 소위 은사금을 받았다. 그의 집안은 대표적인 친일 집안이라 할 수 있다. 기산도는 이근택을 자격하기 전에 그의 부친 이민승의 처단을 시도하기도 하였다. 이는 이들에게 경각심을 심어주고자 한 때문이었다.

1. 오적암살단 조직과 활동

기산도(奇山度, 1878-1928, 호: 毅齋)는 1878년 전남 장성군 황룡면 아곡리에서 기재(奇宰)의 맏아들로 태어났다. 유학자인 부친은 4종형인 기우만이 1896년 장성에서 의병을 일으켰을 때 참모로 참전했던 것으로 알려진다. 기산도는 호남창의회맹소 대장 기삼연의 종손으로 어려서부터 많이 따랐다고 한다. 그는 16세 때인 1893년 창평의병장 고광순의 외동딸과 혼인하였다. 고광순은 고경명의 후손으로 1907년 구례의 연곡사에서 일본군과 항전하다가 산화한 대표적인 호남 의병장이었다.[1]

의재 기산도

어려서 한학을 수학하였으나 독립협회가 조직되자 서울을 오가며 젊은 지식인들과 교류를 확대해 갔으며 그 과정에서 개화사상을 수용하게 되었다. 황현이 그에 대해 '사관생도'로 단발하였다고 기록하고 있으며 일제가 기록한 그의 판결문에서 그를 '기독교도'라고 적고 있는 것을 볼 수 있다. 그가 사관생도라는 증빙은 아직 없으나, 이근택의 집에 침입했을 때 양복을 입고 있었던 것으로 보아 단발했던 것은 사실인 듯하다. 그가 언제 기독교도가 되었는지는 확실하지 않다. 다만 을사늑약 직후 상동교회에서 열린 청년지도자들의 회합에 참여하고 있는 것 등으로 보아 그 가능성은 크다.

1 김상기, 「기산도의 항일의열투쟁」, 『백범과 민족운동 연구』 4, 백범학술원, 2006.

그 동안 기산도는 을사오적 암살투쟁을 한 의열투쟁가로만 알려졌다. 그러나 그가 상동교회의 대표자 모임에 참석한 일과 옥고를 치르고 난후 블라디보스토크로 망명하는 등의 행적으로 보아 그가 상동청년회 또는 신민회 등 비밀단체에 참여해 활동했을 가능성이 크다. 그는 재판을 받는 자리에서 자신이 "정순만과 이동녕의 지휘를 받아 이하영 등의 암살을 추진했다"라고 하여 위 단체의 주요 임원인 정순만 · 이동녕의 지시를 받아 활동했음을 밝히고 있다.

기산도는 이들과의 연계 아래에서 상동교회에서 개최된 모임에 참석하였다. 이 모임은 전덕기 목사를 비롯하여 각지의 청년회 대표들이 을사늑약에 대한 대책을 마련하기 위해 집결한 비밀 집회였다. 김구의 증언으로 보아 김구를 비롯하여 전덕기 목사와 기산도 등 22명이 상동교회에서 모인 것은 을사조약의 늑결에 구국의 길을 강구하기 위함으로 보인다. 이들은 회의를 통해 상소를 올리기로 하고 이준이 상소문을 작성했다. 상소의 대표는 최재학이 하기로 하고 이시영 등 4명의 이름을 추가하여 서명하였다. 1차로 5명만 서명하고 이들이 처벌을 받으면 다른 사람들이 계속 투쟁을 할 계획이었다. 이들은 1905년 11월 27일 정순만의 인도로 교회에서 맹세의 기도를 하고 모두 대한문으로 나가 상소를 올리고 투쟁을 전개했다. 최재학 등은 이날 오후 3시에 대한문 앞에서 '대소위신조약변명서(對所謂新條約卞明書)' 라는 상소를 올리고 엎드려 통곡하였다. 일제 헌병과 순사가 와서 결박하려 하자, 자신들을 군도로 난타하는 일제 헌병들을 상대로 주먹으로 대항하였다. 김구와 기산도 등은 5명의 서명자들을 호위하면서 "왜놈이 국권을 강탈하고 조약을 강제로 체결했는데 우리 인민은 원수의 노예가 되어 죽을 것인가 살 것인가"라며 연설을 했다. 그러나 결국 최재학 등은 헌병의 칼날로 얼굴 등에 상처를 입고 모두 포박되고 말았다. 이들은 체포되어 가면서까지 독립을 사수할 것을 군중들에게 권고하다. 이를 참관하던 4, 5백 명의 군중들은 대한독립만세를 연호했다.

기산도의 의열투쟁은 을사조약이 강제로 체결되기 전부터 추진되었다. 그는 이근택과 이지용 · 이하영 · 박용화를 '4간(奸)'이라 하여 이들을 암살하기로 작정하였다. 그는 이때부터 정순만 · 이동녕과 접촉하고 있었다. 그는 이들로부터 1905년 10월 8일경(음력 9월 10일경)에 국민교육회에서 주최하는 연회 석상에 이근택 등이 참석한다는 정보를 입수하고 이들을 주살하고자 연회에 참석하였다. 그러나 그 자리에는 이지용과 이근택이 없고 이하영 만이 앉아 있자 이하영 만을 죽이는 것이 좋지 않다고 판단하고 그대로 돌아왔다.

1905년 11월 17일 이근택 등 을사오적은 결국 조약문에 서명하였다. 기산도가 염려했던 바가 현실화되고 만 것이다. 기산도는 매국적을 처단할 것을 계획하던 중 을사늑약 직후에 이종대의 집에서 김석항을 만났다. 김석항은 1905년 8월(음력)에 유약소(儒約所)를 설치하고 정부와 외국 공관에 장서를 보냈으며, 을사조약이 늑결됨에 오적의 처단을 계획한 지사였다. 기산도는 김석항의 지원을 받아 단도 3자루와 육혈포 1정을 매입하고 니동(泥洞)의 한광국 집에서 숙식하면서 김석항과 함께 오적암살단을 조직하였다.

이들은 오적을 죽이는 것 보다 그 부형을 죽이는 것이 그들의 예기를 꺾을 수 있다고 하여 먼저 이근택의 부친 이민승을 죽이기로 하였다. 기산도는 11월 23일(음, 10월 27일) 밤에 김성초 등 7인과 함께 칼과 총, 쇠망치를 들고 이민승의 집에 잠입하였다. 김성초가 먼저 집안으로 들어갔고 나머지 사람들은 밖에 서 있다가 어떤 사람이 급히 달려 나감에 일이 발각된 줄 알고 돌아와 뜻을 이루지 못하였다. 그로부터 4일후인 11월 27일 상동교회의 모임에 참석하여 상소투쟁에도 나섰다. 그러나 큰 성과 없이 서명한 이들이 구속되자, 다시 오적 처단을 추진하였다.

기산도는 손성원 등에게 오적의 출입을 감시하게 하고 우선적으로 이근택을 처단하기로 하였다. 이근택은 충북 충주의 무인집안 출신이다. 그는 1882년 임오군란 때 명성황후가 향리인 충주로 피난오자 매일 신선한 생선을 바친 공으로 명성황후가 환궁한 뒤 1883년에 남행선전관이 되었으며 1884년에 무과에 급제하였다. 이후 고종의 환심을 사서 승진을 거듭하여 한성부 판윤,

경무사, 법부대신 등을 역임하고 1905년 군부대신에 오른 인물이다.

기산도는 1906년 2월 16일 밤 12시경에 이근철, 이범석과 함께 이근택을 습격하였다. 이근택은 오후 7시경에 후실의 집으로 퇴궐한 후 8시경에 손님 6명의 방문을 받고 이들과 대화를 나눈 후 11시경에 침실로 들어갔다. 그의 후실은 옆에서 『국문잡기』를 읽고 있었다. 이때 기산도 등 3인이 들어가 한명은 이근택의 팔을 손으로 잡고 다른 한명이 칼로 찔렀다. 이근택이 이때 황급히 방의 촛불을 끄자 기산도 등은 칼로 그의 머리에서부터 어깨 등 10여 곳을 난자했으나 치명상을 입히지는 못했다. 이근택과 그의 후실이 울부짖는 소리를 듣고 하인이 달려오자 기산도 등은 역시 칼로 하인의 배와 얼굴, 다리 등 4곳을 찔렀다. 이어서 집안에서 경호를 하던 병정 6명과 순검 4명이 달려왔다. 일본 헌병과 순사도 이근택의 집에 설치한 설렁줄 소리를 듣고 달려왔다. 그러나 기산도 등은 이미 남쪽의 담에 설치해 놓은 밧줄을 타고 탈출한 뒤였다.

이근택 자격(刺擊) 사건은 친일 정부를 경악하게 하였다. 참정대신 박제순과 내부대신 이지용은 다음 날 일찍 고종황제를 알현하고 이근택이 어제 밤에 피습을 당한 일과 경무사를 엄중하게 징계할 것을 주청하였다.

한편 이 사건은 곧바로 신문에 대서특필되었다. 『대한매일신보』에서는 「이씨봉자(李氏逢刺)」란 제목 하에 다음과 같이 이 사건을 보도하였다.

> 군부대신 이근택씨가 재작일 하오 12시경 그의 별실과 함께 막 옷을 벗고 취침하려 할 즘에 갑자기 양복을 입은 누구인지 모르는 3명이 칼을 들고 돌입하여 가슴과 등 여러 곳을 亂刺하여 중상을 입고 땅에 혼절한 바, 그의 집 청직이 김가가 내실에 시끄러운 소리를 듣고 괴이히 여겨 탐문하고자 하니 갑자기 양복 입은 3명이 안에서 급히 나와 놀라 누구냐 하고 물은 즉 이들이 역시 칼로 김가를 타격하여 귀와 어깨에 부상을 입히고 곧바로 도망갔다. 이 군부대신은 한성병원에서 치료중이나 부상이 극중하여 위험이 팔구분이라더라.[2]

2 『대한매일신보』, 1906년 2월 18일, 잡보, 「이씨봉자(李氏逢刺)」.

이근택이 양복을 입은 3명에 의해 가슴과 등을 비롯한 여러 곳을 칼로 난자 당했다는 것이다. 이근택은 중상을 입은 채 호송되어 새벽 2시경에 한성병원 특별실에서 치료를 받았다. 1개월 여 치료를 받고 목숨을 부지하게 되었으며 하인 역시 자신의 집에서 치료를 받았다.

기산도는 『대한매일신보』 1906년 2월 22일자에 이미 체포된 기사가 나오는 것으로 보아 결행 직후에 체포된 듯하다. 이때 그는 이근택의 집을 출입한 바가 있었기 때문에 얼굴이 발각될 것을 염려하여 인조 수염으로 위장했었다. 결행과정에서 인조 수염 하나가 대청에 떨어졌고 상점 주인의 증언에 의해 이근철이 인조 수염을 구입한 것으로 밝혀지게 됨에 따라 그도 체포되었다. 이근철은 이때 체포되어 구완희의 사주에 의해서 수염을 걸치고 그 장소에 갔으나 칼로 찌르지는 않았으며 단지 관망했다고만 진술하고 있으나 자신이 현장에 있었음은 부정하지 않았다.

기산도와 함께 거사한 이범석은 원세성 등과 함께 보안회에 참여하여 일제의 이른바 황무지개척권요구 반대투쟁을 전개한 인물이다. 그는 전덕원 · 이식 · 이상린 등과 함께 유약소에도 가담하여 정부에 상소하고 각국 공사관에 장서를 보내는 투쟁을 하다가 체포되어 일본군 사령부에 구금되었으며 황주에서 유배생활을 하기도 하였다. 유약소는 바로 김석항이 조직한 단체였다. 김석항은 1909년 안중근 의거가 있을 즈음에 기산도를 비롯하여 이상설과 정순만 이위종 등과 함께 블라디보스토크로 건너가 활동하였으며 안중근과도 서로 왕래한 것으로 알려진다. 또한 그는 1911년에는 블라디보스토크에서 조직된 권업회의 부장으로 활동하였으며 이후 신한촌에서 활동한 것으로 보인다.

경무청에서는 이근택의 피습사건을 수사함에 관련자 수십 명을 체포했다. 기산도는 체포된 후 공초에서 자신과 뜻을 함께 하여 오적을 주살하기로 한 이가 8백여 인이라고 주장했다. 일제는 공범자를 체포한다고 심상훈을 비롯하여 많은 사람들을 체포하였다. 이에 『대한매일신보』는 「대의옥 양성(大疑獄

釀成)」이란 논설을 통하여 이근택의 사건을 빌미로 일대 의옥(疑獄) 사건을 조작하여 아무런 죄도 없는 "국가사상이 강개한 사람들을 일망타진하려 한다"고 통감부의 탄압정책을 비판하였다.

이 거사와 직접적으로 관련되어 재판을 받은 이는 1906년 5월 13일 판결을 받은 기산도와 김석항 등 11명과 1907년 9월 13일 1년 6개월 징역형을 받은 이근철 등 12명이 있다. 이때 기산도는 2년 6개월 징역형을 선고받고 옥고를 치렀다.

기산도의 이근택 습격 사건은 당시 조야를 뒤흔든 큰 사건이었다. 이완용 등 '을사오적'들은 밤을 낮처럼 불을 켜 놓고 잠을 이루지 못하고 불안에 떨었다. 그중 어떤 자는 일본군에게 진수성찬으로 대접하면서 경호를 청하기도 하였다. 기산도 등 결사대는 이근택을 공격하면서 그 형제들에 대한 공격을 동시에 계획했던 것으로 보인다. 이근택을 공격한 같은 날에 이근택의 동생인 이근상 집에 기와장이 투석되었으며, 형인 이근호에게는 입궐하라는 명령이 전달되었다. 이근호가 이를 의심하여 입궐하지 않아 화를 면했다.

기산도는 옥고를 치르고 곧바로 광주로 달려갔다. 종조부인 기삼연 의병장의 순국 소식을 들었기 때문이었다. 기삼연 의병장은 장성, 영광 등 전라도 일대에서 일본군에게 큰 타격을 입히는 활약을 하였으나 1908년 2월 3일 체포되어 광주수비대에 의해 광주의 백사장에서 총살당하였다. 기산도는 평소 따르던 종조부를 28세 때인 1905년 찾아간 바 있었다. 그때 기삼연은 기산도에게 "저 일진회 놈들과 오적신을 죽이려므나"라고 목표를 정해주었다 한다. 기산도는 이근택을 죽이려다가 옥고를 치르고 풀려나니 종조부가 일본군에게 총살형을 당하였다는 것이다. 그는 광주경찰서로 찾아가 기삼연의 유해를 반장할 뜻을 밝히고 유해를 광주의 서탑동에 장사지냈다. 일본인 광주경찰서장은 2월 19일자로 기산도가 "기삼연의 발자취를 계승할 일을 계획 준비 중에 있다"면서 그의 행동을 정찰 중에 있다고 내부 경무국장에게 보고하였다.

기산도는 기삼연의 장례를 치르고 블라디보스토크로 망명하였다. 그가 언제 망명하였는지 확실한 일자는 알 수 없다. 그러나 안중근 의거 직후인 1909년 11월 2일 여순에 파견된 일본 헌병 중위가 보낸 보고서에 의하면, 기산도를 안중근과 왕래하고 있으며 공모한 혐의가 있는 인물의 한명으로 들고 있다. 기산도 외에도 그와 행동을 함께 했을 가능성이 있는 정순만과 이범석, 이상설 등의 이름도 거명하고 있어 기산도가 1908,9년에 연해주 일대에서 그들과 함께 활동했음을 알 수 있게 한다.

2. 임시정부 군자금 모금활동

기산도는 블라디보스토크에서 돌아와 고흥군 도화면 당곤리에서 친족 기하요의 고용인이 되어 낮에는 농사일을 돕고 밤에는 서당에서 후진을 양성하면서 항일의식을 고취하였다. 1919년 고종이 독살되었다는 소문이 퍼졌다. 그는 고종의 국장에 참여하기 위하여 상경하였는데 이때부터 그의 항일투쟁은 재개되었다. 그는 그해 서울에서 임시정부의 특파원으로 군자금을 모금하고 있던 김철을 재동의 심재설 집에서 만났다. 김철의 본명은 김연상으로 경기도 장단군 장남면 원당리 출신으로 '경성부 운니동'에 주소를 두고 있었다. 기산도는 그곳에서 김철로부터 상하이에 임시정부가 조직된 사실과 함께 임시정부에서 파리강화회의에 대표자를 파견하려 한다는 소식을 들었다. 김철은 자신은 임시정부의 명을 띄고 조선 각지에 독립사상을 선전하고 또한 '의무금'을 모집하러 왔다면서 기산도에게 동참할 것을 요구하였다. 기산도는 김철의 취지에 찬동하고 김철로부터 '전라남북도 의무금요구 특파위원'에 임명되어 사령장을 받았다. 1919년 5월 21일(음, 4월 22일) 김철을 전남 장성군 황룡면 관동리에 있는 집으로 데리고 와서 그곳을 근거로 하여 인근의 동지를 물색하였다. 5월 24일(음, 4월 25일)경에는 김철과 함께 영광군 백수면 장산리의 김종택을 방문하여 임시정부의 조직을 위한 국민대회취지서와 선포문 등의 문서를 보여주면서 동참을 권유하였다. 김종택은 자신이 참여함은 물론, 6월 12일(음, 5월 15일)에는 이인행을 기산도에게 데리고 와 동참하게 하였다. 기산도 또한 6월 상순경 장성군 황룡면 장산리의 박균상집에서 박은용을 만나 독립자금의 모집 활동에 참가할 것을 권유하여 약속을 받았다. 박은용은 1907년 기삼연 의병진에 종군한 의병 출신으로 1919년 파리장서에 서명하기도 한 인물이었다. 또한 1907년 광양에서 의병투쟁을 한 황병학도 참여시켰다. 이들은 전라도 일대에서 군자금 모금활동에 들어갔다. 우선 6월 23일 장성군 황룡면 월평리의 김요선 집을 방문하여 180원을 교부받았다. 김요선은 재판과정에서 이중에 120원은 자신이 소를 팔아 제공한 돈이나, 나머지 60원은 그의 일가인 김요중과 김시중이 낸 것이라고 증언하였다. 김철은 자신이 100원을 지참하고 나머지는 기산도에게 주고 6월 26일 김요선의 집을 나섰는데 그 후 상하이로 들어가 체포를 면했다.

김철이 떠난 후에 전라도 지역의 책임을 맡아 김종택 등 4인과 함께 군자금 모금 활동을 계속하였다. 이에 따라 같은 해 7월 하순경(음)까지 순천군에서 조면식, 곡성군에서 김창규 등, 구례군에서는 김형석, 보성군에서 최재학, 임실군에서 김학수, 남원군에서 윤용섭, 고창군에서 강대식 등을 만나 '국민대회취지서', '선포문', '고유문' 등을 보여주면서 군자금을 제공할 것을 요구하였다.

기산도는 김철과 연락이 끊기고 위험이 노출됨에 8월 초순경 단원들을 해산시켰다. 모금액 중에 자신은 100원을 갖고, 황병학에게는 3백원, 박은용에게는 260원, 이인행과 김종탁에게는 20원씩을 분배하고 해산하였다. 그러나 1919년 10월에 김종택이 동료들과 서울의 부호 홍종욱의 집에서 370원의 적금통장을 강탈한 일이 있었는데, 그 관련자를 체포하고 조사하는 과정에서 기산도의 행적이 밝혀지기에 이르렀다. 이로 인해 기산도와 이인행은 장성군 황룡면 관지리에서, 김종택은 영광군 백수면에서 10월 21일 전라남도 경찰에 의해 체포되고 말았다.

기산도는 1920년 5월 5일 광주지방법원에서 예심종결결정을 받고, 7월 19

일에 판결을 받았는데, 기산도는 황병학 박은용과 함께 징역 3년형을, 이인행은 징역 1년형을 선고받았다. 김종택은 예심종결결정을 받고 공판에 회부되었으나 병보석으로 출감하여 자택에서 요양하던 중 고문의 후유증으로 순국하였다. 체포되지 않은 김철과 황병학에게는 궐석재판에서 각각 징역 5년형과 3년형을 선고했다.

기산도 추모비 (전남 고흥군 도화면 당오리)

기산도는 3년형을 선고받고 혹심한 고문을 당해 왼쪽다리가 절단되고 말았다. 그는 출옥한 후 불구의 몸으로 전전하다가 장흥읍내에 거처하게 되었으나 얼마안가 '정처 없이 떠돌아 다니며 빌어먹은 선비 기산도'라는 뜻의 '유리개걸지사 기산도지묘(流離丐乞之士奇山度之墓)'라는 목비를 세워달라는 유언을 남기고 1928년 51세를 일기로 병사하였다.

기산도의 항일의열투쟁은 을사늑약 직후 우국 청년들이 보여준 대표적인 항쟁의 모습이었다. 그의 의거는 국가를 팔아먹은 매국노에 대한 당연한 응징이었다. 그의 치열한 투쟁은 청년들에게 항일의식을 고취하여 민족해방운동의 전선에 적극 참여하게 하였다.

참고문헌

김상기, 「기산도의 항일의열투쟁」, 『백범과 민족운동 연구』 4, 백범학술원, 2006.

제10장

안중근의 하얼빈의거와 동양평화론

"내게 무슨 죄가 있느냐, 내가 무슨 죄를 범했느냐. 하고 천번 만번 생각하다가 문득 깨달은 뒤에 손뼉을 치며 크게 웃고 말하되, 나는 과연 큰 죄인이다. 다른 죄가 아니라, 내가 어질고 약한 한국 인민된 죄로다" 하고 생각하자 마침내 의심이 풀려 안심이 되었다."(「안응칠 역사」)

안중근은 사형 선고를 받고 감옥으로 돌아와 자신이 무슨 죄를 범했는지 생각하였다. 그러다가 문득 깨달은 것이 있다면서 "나는 과연 죄인이다. 다른 죄가 아니라, 내가 어질고 약한 한국 인민된 죄로다"라고 하였다. 안중근은 일제의 침략으로 한국인으로 태어난 것 자체가 큰 죄인인 그런 잘못된 세상을 바꾸고자 이토를 처단했던 것이다.

안중근은 사형을 선고받은 후 항소도 포기한 채 담담히 죽음을 기다렸다. 사형 선고를 받은 날로부터 40일 뒤인 1910년 3월 26일 안중근은 어머니 조마리아 여사가 보내 준 하얀 한복을 입고 형장에서 숨을 거두었다.

안중근은 개인적 원한으로 저지른 실수라고 말한다면 사형만은 면해주겠다는 일본의 회유를 거부했다. 일본측은 지금도 안중근을 암살자라고 주장한다. 그러나 안중근은 '대한국 의병참모중장'으로서 자신의 행위가 테러가 아닌 민족 거사임을 분명히 밝혔다.

1. 어린 시절

안중근은 1879년 9월 2일(음력 7월 16일) 황해도 해주부 수양산 아래 황석동에서 순흥 안씨 안태훈 진사와 배천(白川) 조씨 사이에서 3남 1녀 가운데 장남으로 태어났다. 태어날 때 배와 가슴에 북두칠성 모양의 7개의 흑점이 있어 북두칠성의 기운을 받고 태어났다고 해서 아명을 응칠이라 하였다. 안중근이 태어나던 무렵 그의 집안은 수백 석을 하던 해주의 대지주였다. 할아버지 안인수는 명예직으로 진해현감을 했으며 해주부에서 평판이 높았던 선비였다. 슬하에 6남 3녀를 두었는데, 3남 태훈이 안중근의 아버지이다.

안태훈은 서울로 올라가 진사시에 합격하였다. 그러나 그는 전통적 유학에만 머물지 않고 신학문 수용에도 앞장섰다. 김옥균과 박영효 등 개화파들이 인재 양성을 위하여 일본에 유학생을 파견하였는데 안태훈도 선발되었다. 그러나 1884년 갑신정변의 실패로 개화파들이 일본으로 망명하자 안태훈은 고향으로 돌아왔다. 그는 조정의 화를 피하기 위하여 다음 해인 1885년 일가 70~80명을 거느리고 해주를 떠나 깊은 산골이 신천군 두라면의 천봉산 밑 청계동으로 이사하였다.

안중근은 청계동에서 어린 시절을 보냈다. 할아버지한테 유교 경전과 조선 역사에 관한 공부를 하였다. 그가 옥중에서 남긴 동양평화론과 2백여 점의 친필 유묵에는 그의 유교적 소양이 잘 남아 있다. 그러나 글공부보다는 활쏘기와 말타기 그리고 사냥을 하면서 호연지기를 길렀다. 사냥에 열중하다보니 글 공부를 소홀히 한다고 꾸중을 듣기도 하였다. 그러나 학문으로 세상에 이름을 알리기보다는 중국의 초패왕 항우와 같이 장부다운 기개로써 이름을 떨치고자 하였다.

1894년 16살 때 동학농민전쟁이 일어났다. 안태훈은 유회군을 조직하여 농민군 진압에 나섰다. 안중근도 아버지를 도와 선봉으로 활약하였다. 동학군을 진압 한 뒤인 다음해 2월 소년 동학접주 김구가 그의 집 사랑방에 들어왔다. 안태훈이 동학군 접주였던 김구를 가상히 여겨 연락을 취해 숨겨주고자 했던 것이다. 김구는 이곳에 가족까지 모시고 와서 거주했다. 후일 안중근이 사냥을 잘하고 사격술이 훌륭했다고 『백범일지』에서 다음과 같이 적었다.

> 진사는 아들이 셋 있었는데 맏아들은 중근으로 당년 열여섯에 상투를 틀었고, 자색 명주 수건으로 머리를 동이고서 돔방총을 메고 노인당과 신상동으로 날마다 사냥을 다녔다. 중근은 영기(英氣)가 넘치고 여러 군인들 중에도 사격술이 제일로 나는 새 달리는 짐승을 백발백중으로 맞추는 재주가 있었다.[1]

2. 천주교 입교

말 타고 사냥하는 것을 즐기던 안중근은 19살 때인 1897년 1월 중순 프랑스 외방전도회 선교사 요셉 빌렘 신부(한국 이름: 홍석구)로부터 세례를 받았다. 안중근 집안 사람들이 천주교 신자가 된 것은 안태훈의 권유에 의해서였다. 안태훈은 황해도 마렴성당에서 베드로란 영세명으로 신자가 되었다. 그가 천주교에 입교하게 된 것은 동학농민군으로부터 노획한 5백석 가량의 양곡 상환 문제를 프랑스인 신부가 해결해 준 것이 계기가 되었다. 양곡을 상환하라는 조정의 압박을 받고 신변의 위협을 느낀 안태훈은 황해도 은천군에 있는 마렴성당에 피신하여 도움을 요청했다. 주임신부인 빌렘 신부가 이 양곡 문제

---

1 김구, 『백범일지』(도진순 주해), 돌베개, 1997, 57-58쪽.

를 해결해 주었다. 안태훈은 마렴성당에 머물면서 강론을 듣고 성서를 읽으면서 천주교 신자가 되었다. 1896년 10월경 청계동 집으로 돌아와 가족과 주민들을 천주교에 입교시킨 것이다. 또한 천주교 전파에 힘쓰면서 청계동 산골에 황해도 두 번째 본당을 설치하여 1898년 4월에는 마렴에 있는 홍 신부를 모셔왔다.

안중근은 19세 때인 1897년 홍 신부로부터 영세를 받았다. 영세명은 토마스(한국명: 도마)였다. 20세 무렵부터는 홍신부를 수행하며 황해도 각지를 돌면서 대중 연설을 하는 등 전도활동까지 하였다. 이때 일반인들의 학식이 부족함을 절실히 알게 된 그는 진남포로 이주한 뒤 교육 사업에 적극적으로 참여하게 되었다.

3. 국권회복운동 참가

1905년 러일전쟁과 을사늑약을 보고나서 중국 산둥성 일대와 상하이 지역에 항일터전을 잡을 계획으로 출국하였다. 중국의 상하이와 칭타오 등지를 다니면서 한인들을 만나 국권을 회복할 방책을 구해보고자 하였으나 별 소득이 없던 중 그해 12월 부친이 돌아가시자 귀국하였다.

1906년 3월에 진남포로 이사해 삼흥학교를 설립하여 교육사업에 참여하였다. 프랑스 신부가 경영하던 천주교 계통의 돈의학교를 인수하여 직접 아이들을 가르치며 교육에 힘쓰기도 하였다. 이 무렵 서우학회에 가입하는 등 애국계몽운동에도 적극 나섰다. 1907년에는 국채보상운동에도 참여하여 국채보상기성회 관서지부를 설치하였다. 먼저 아내와 여동생들의 장신구를 헌납하게 했다. 그리고 뜻있는 선비들을 평양의 명륜당에 모아 취지를 설명하고 의연금을 거두었다. 삼흥학교의 교사와 학생들도 의연금을 냈다.

이즈음 교육 사업을 위한 자금 확보를 위해 삼합의(三合義)라는 채탄회사를 세웠다. 대동강 상류의 탄광지대에서 석탄을 채굴하여 이를 매각하는 회사였다. 그러나 일본인의 방해로 수천원의 손해를 보았다. 이에 대하여 안중근이 망명 자금을 마련하기 위하여 회사를 급히 처분하였으며 그 과정에서 손해를 보았다는 주장도 있다.

을사늑약 이후 일제의 침략이 더욱 노골화하고 1907년 고종황제가 강제로 퇴위되는 사태에 국내에서의 애국계몽운동을 중단하고 노령 블라디보스토크로의 망명을 단행하였다. 처음에 청진을 거쳐 배편으로 갈 계획을 세웠다. 그러나 청진에서 밀항 사실이 발각되어 육로를 택하여 함북 회령을 경유하여 두만강을 건넜다. 8월 16일 북간도 용정에 도착하였으며, 10월 20일에 연추를 지나 블라디보스토크에 들어갔다.

4. 망명과 연해주 의병투쟁

블라디보스토크에 도착한 안중근은 이범윤 등 연해주 지역의 유력자들에게 의병부대 창설을 주장하고 이들을 설득하였다. 재정과 무기의 부족을 이유로 반대하는 이범윤 등에게 그는

> 조국의 흥망이 조석에 달려 있는데 다만 팔장을 끼고 앉아서 기다리기만 한다면 돈과 무기가 어디 하늘에서 떨어져 내려올 것입니까. 하늘에 순응하고 사람의 뜻을 따르기만 하면 무슨 어려움이 있을 겁니까. 이제 각하께서 의거를 일으키기로 결심만 하신다면 제가 비록 재주가 없을망정 만분의 하나라도 힘이 되겠습니다.

라고 거듭 설득하여 이범윤의 동의를 받은 그는 연해주의 한인촌을 순회하면서 다음과 같은 연설을 하면서 의병을 모집하였다.

> 뿌리 없는 나무에 의지하여 살 수가 없으며, 나라 없는 백성이 무엇에 의지하여 편안할 수 있겠는가. ..... 이런 때를 당하여 조국의 땅을 이미 외적에 잃고 외국인 역시 한결 같이 배척하여 받아주지 않는다면 늙은이를 업고 어린이를 이끌며 어디로 가서 마음 놓고 살 수 있겠는가......아무리 생각해도 한번 의거하여 적을 치는 것 이외에는 달리 방법이 없다... 오늘로부터 의병을 계속 일으켜 큰 기회를 놓치지 않으면서 스스로의 힘을 길러 스스로 국권을 되찾고 독립을 굳건히 해야 할 것이다.[2]

그가 진심어린 마음으로 호소한 결과 상당수의 의병이 모였다. 이를 바탕으로 동의회가 조직되었다. 총독에 유인석으로 알려진 김두성이 추대되었으며 안중근은 참모중장의 임무를 맡았다.

1908년 7월 안중근 등 의병장이 부대별로 두만강을 건너 함경북도 경흥군 상리에 주둔하고 있는 일본군 수비대를 급습하여 진지를 점령하고 일본군 여러 명을 사살하는 전과를 세웠다. 이어서 안중근은 엄인섭, 김기룡 등과 부대를 인솔하고 두만강을 건너 경흥과 신아산 부근에서 여러 차례 일본군과 전투를 치렀다. 이 과정에서 생포된 일본군을 부대원들의 반대에도 불구하고 석방해 주었다. 안중근은 국제공법에 의거하여 생포한 적병은 죽이는 법이 없으며 또 돌려보내주게 되었다고 설명하였다. 그러나 부대원 중에는 일본군이 의병을 잡으면 즉각 총살한다면서 안중근의 처사에 불만을 품었다. 엄인섭도 부대를 나누어 떠났다. 그러던 중 안중근 부대는 일본군의 기습 공격을 받았다. 석방해준 포로들이 오히려 군대를 이끌고 와 안중근 부대를 공격했던 것이다. 안중근 부대는 크게 패하여 모두 흩어졌다. 안중근은 출진한 지 한 달 반 만에 구사일생으로 연추로 돌아와 의병 재기를 부르짖었다. 그러나 일본군 포로를 석방해 주고 패전한 그의 호소는 호응을 받기 어려웠다.

---

2 윤병석 편역, 『안중근문집』, 「국역 안응칠 역사」, 독립기념관 한국독립운동사연구소, 2011, 494-496쪽.

5. 단지동맹

의병의 재기에 실패한 안중근은 연추로 돌아와 1909년 1월 장기적인 계획 아래 11명의 동지들과 혈맹을 맺었다. 동지들과 함께 왼손 약지를 끊고 태극기 앞면에 '대한독립'이란 글자를 혈서하였다. 단지동맹이 이루어진 것이다. 안중근은 체포된 후 조사관에게 단지한 목적은 대한국의 독립을 꾀하기 위함이라고 하면서 독립할 때까지 어떠한 방법과 수단을 가리지 않고 감행할 계획이었다고 밝혔다. 단지동맹에 참가한 사람들은 안중근과 함께 국내진입작전을 수행했던 김기룡 등으로 알려진다. 이에 대하여 그의 자서전에서는 다음과 같이 기록하고 있다.

> 이듬해 기유(己酉, 1909년) 연추 방면으로 돌아와 동지 12인과 같이 상의하되 "우리들이 전후에 전혀 아무 일도 이루지 못했으니 남의 비웃음을 면하기 어려울 것이요. 뿐만 아니라 만일 특별한 단체가 없으면 어떤 일이고 간에 목적을 달성하기 어려울 거인 즉 오늘 우리들은 손가락을 끊어 맹서를 같이 지어 증거를 보인 다음에 마음과 몸을 하나로 묶어 나라를 위해 몸을 바쳐 기어이 목적을 달성하도록 하는 것이 어떻소"하자 모두 다 그대로 따르겠다하여 마침내 열두 사람이 각각 왼편 손 약지를 끊어 그 피로써 태극기 앞면에 글자 넉자를 쓰니 대한독립(大韓獨立)이었다. 쓰기를 마치고 대한독립만세를 일제히 세 번 부른 다음 하늘과 땅에 맹세하고 흩어졌다.[3]

안중근은 단지한 동지들과 동의단지회(同義斷指會)를 결성했다. 안중근이 회장을 맡았다. 동지들은 각지로 흩어져 의병 재기를 도모했다.

3 윤병석, 위 책, 506쪽.

안중근의 단지혈서 기념엽서

6. 하얼빈의거

안중근은 단지동맹을 한 뒤에 주로 연추 지방에서 대동공보사의 지국을 열고 신문 보급에 종사하면서 의병을 다시 일으킬 기회를 기다렸다. 그러던 중 1909년 9월 블라디보스토크의 대동공보사에 갔다가 이토 히로부미(伊藤博文)가 만주를 시찰하러 온다는 소식을 들었다. 그래서 여러 신문을 사 보았더니 조만간 하얼빈에 도착한다는 것이 사실이었다. 안중근에게 이토의 만주 시찰은 더없이 좋은 기회였다. 그는 자서전에서 다음과 같이 그 기쁨을 회고하였다.

> 나는 스스로 남몰래 기뻐하되, "여러 해 소원하던 목적을 이제야 이루게 되다니! 늙은 도둑이 내 손에서 끝나는구나!"

그는 지체 없이 이토 히로부미 처단 계획을 세웠다. 이 계획은 대동공보사에서 추진되었다. 안중근이 실행의 책임을 맡을 것을 자원하였다. 대동공보사의 사장 유진율은 안중근에게 자금과 권총 3정을 주었다. 대동공보사 회계원 우덕순도 자원하였다.

안중근은 우덕순과 함께 1909년 10월 21일 블라디보스토크 역을 출발하였다. 안중근은 대동공보자 논설기자인 이강이 대동공보의 하얼빈 지국을 맡고 있는 김형재에게 써 준 소개장을 지참하였다. 도중에 뽀그라니치아에 내려 유동하를 찾아가 의거의 뜻을 말하고 러시아 말 통역을 부탁하여 동행하였다. 하얼빈에 도착하여 김형재를 찾아가 이강의 편지를 건네주었고 김형재의 소개로 조도선이 합류하였다. 안중근 일행은 김성백의 집에 묶으면서 거사를 계획하였다. 처음에는 장춘 등지로 가서 거사하려 하였으나 도착지인 하얼빈과 채가구의 두 곳으로 정하였다. 기차가 정차하는 채가구에는 우덕순과 조도선을 배치하고 하얼빈은 자신이 맡기로 하였다. 유동하는 통역과 연락을 담당하게 하였다.

거사 전날 밤, 안중근은 홀로 여관 방 등불 밑에서 장차 행할 일을 생각하며 강개한 마음을 이길 수 없어 시 한수를 읊었다. '장부가'로 알려진 이 시는 한문과 국문 2종으로 작성되었다.

> 장부가 세상에 처함이여 그 뜻이 크도다.
> 때가 영웅을 지음이여 영웅이 때를 지으리도다.
> 천하를 웅시함이여 어느 날에 업을 이룰고.
> 동풍이 점점 참이여 장사의 의기가 뜨겁도다.
> 분개(忿慨)히 한번 감이여 반드시 목적을 이루리로다.
> 쥐 도적 이등이여 어찌 즐겨 목숨을 비길고.
> 어찌 여기에 이를 줄을 헤아렸으리오. 사세가 고연(固然)하도다

동포 동포여 속히 대업을 이룰지어다.
만세 만세여 대한독립이로다.
만세 만만세여 대한 동포로다.[4]

10월 26일(음력 9월 13일), 아침 일찍 일어나 수수한 양복을 입고 단총을 가지고 정거장으로 나갔다. 아침 7시경이었다. 이미 러시아 장교와 군인들이 와서 이토를 맞이할 준비를 하고 있었다. 안중근은 찻집에 앉아서 차를 두서너 잔 마시며 기다렸다. 9시쯤 이토가 탄 기차가 도착하였다. 사람들로 붐벼 인산인해였다. 안중근이 "언제 저격하는 것이 좋을까"하고 생각하고 있을 때 이토가 러시아 재무대신 코코프초프의 안내를 받으며 차에서 내려왔다. 군대가 경례하고 군악소리가 귀를 때렸다. 이어서 마중 나온 각국 인사들과 인사를 하고 러시아 의장대를 사열하였다. 사열을 마친 뒤 이토는 다시 귀빈 열차 쪽으로 향하였다. 이때 안중근은 러시아 의장대의 뒤쪽에 있었다. 안중근은 분한 생각이 머릿속에서 치솟아 올랐다.

어째서 세상 일이 이같이 공평하지 못한가. 슬프다. 이웃 나라를 강제로 빼앗고 사람의 목숨을 참혹하게 해치는 자는 이같이 날뛰고 조금도 거리낌이 없는 대신, 죄 없이 어질고 약한 인종은 이처럼 곤경에 빠져야 하는가.

안중근은 의장대 앞으로 나갔다. 맨 앞에 누런 얼굴에 흰 수염의 조그마한 늙은이가 걸어오고 있었다. 권총을 꺼내 이토의 어깨 부분을 조준하여 4발을 발사하였다. 그중에 3발이 명중하였고 이토는 곧바로 쓰러졌다. 안중근은 발사한 대상이 이토가 아닐 수도 있다는 생각에 뒤쪽에 가장 의젓해 보이는 자들을 조준하여 3발을 쐈다. 이들은 이토를 수행하던 가와카미 도시히코(川上

4 윤병석, 위 책, 509-510쪽.

俊彦) 하얼빈 총영사와 비서관 모리 타이지로(森泰二郎), 그리고 다나카 세이타로(田中清太郎) 남만주철도 주식회사 이사였다. 이들은 중상을 입었으나 생명에는 지장이 없었다. 이 때가 9시 반쯤이다.

안중근은 곧바로 러시아 헌병에 의해 붙잡혔다. 안중근은 하늘을 향하여 큰 소리로 '코레아 우라!'〔대한만세〕를 3창하고 하얼빈 역 앞의 헌병분파소에 붙잡혀 들어갔다. 이토는 러시아 장교와 일본인 수행 의사에 의해 열차 안으로 옮겨져 응급처치를 받았으나 약 30분 뒤 절명하였다. 이렇게 하여 한국 침략의 원흉 이토 히로부미는 안중근의 엄중한 단죄를 받고 최후를 맞이하였다.

7. 옥중투쟁과 순국

안중근은 그날 오후 일본영사관에 넘겨졌다. 4,5일 뒤 여순법원 검찰관 미조부치 다카오(溝淵孝雄)가 와서 심문하였다. 미조부치가 이토를 살해한 이유를 묻자 안중근은 다음의 15가지를 제시하였다.[5]

1. 한국 민 황후를 시해한 죄
2. 한국 황제를 폐위시킨 죄
3. 5조약과 7조약을 강제로 맺은 죄
4. 무고한 한국인들을 학살한 죄
5. 정권을 강제로 빼앗은 죄
6. 철도, 광산, 산림, 천택을 강제로 빼앗은 죄
7. 제일은행권 지폐를 강제로 사용한 죄
8. 군대를 해산시킨 죄
9. 교육을 방해한 죄
10. 한국인들의 외국 유학을 금지시킨 죄
11. 교과서를 압수하여 불태워 버린 죄

5 윤병석, 위 책, 513-514쪽.

12. 한국인이 일본인의 보호를 받고자 한다고 세계에 거짓말을 퍼뜨린 죄
13. 현재 한국과 일본 사이에 경쟁이 쉬지 않고 살육이 끊이지 않는데 태평 무사한 것처럼 위로 천황을 속인 죄
14. 동양 평화를 깨뜨린 죄
15. 일본 천황 폐하의 아버지 태황제를 죽인 죄

안중근은 그해 11월 6일 여순감옥에서 이보다 더 자세한 「이등박문 죄악」과 함께 그의 의거의 뜻을 밝힌 「한국인 안응칠소회」를 연필로 써 신문관에게 제출하였다. 특히 「이등박문 죄악」에서는 끝부분에 다음과 같은 문장을 첨부하였다.

> 허다한 죄상 일일이 매거할 수 없다. 또한 전후의 소행이 이와 같이 간활(奸猾)하고 밖으로는 열강에게 실신(失信)하고 안으로는 이웃나라와 교의(交誼)를 끊어 먼저 일본을 망하게 한 후 동양 전폭을 멸망시키고자 한다. 어찌 통분하지 않으리오. 동양의 유지 청년 제공은 심찰할지어다.

이토의 죄상은 결국에 일본을 멸망시키고 나아가 동양 여러 나라를 망하게 할 것임을 밝혀 동양의 청년들에게 경각심을 심어주고자 한 것이다.

안중근은 11월 3일경 여순 감옥에 갇혔다. 그 뒤에 미조부치 검찰관이 통역관 소노키 스에요시(圓木末喜)와 함께 와서 10여 차례 심문하였다. 미조부치를 비롯하여 전옥(典獄) 구리하라 사다기치(栗原貞吉) 등의 안중근에 대한 대우는 처음에는 매우 호의적이었다. 담배와 서양 차를 주고 과일과 우유까지 넣어 주었다. 안중근도 자신에 대한 호의를 일일이 기록할 수 없다고 하였다. 그러나 12월에 들어서 검찰관의 말과 행동이 전과 딴판이었다. 혹은 압제도 하고 능욕하고 모욕을 주기도 하였다. 이는 일본 외무대신 코무라 주타로(小村壽太郎)가 1909년 12월 2일자로 보낸 "응분의 정신에 의거 극형에 처형함이 타당할 것"이라는 전문을 수령한 때문으로 보인다.

빌렘 신부, 동생들과 면회하는 안중근

1910년 2월 7일 오전 10시, 여순 관동도독부 고등법원 제1호 법정에서 제1회 공판이 열렸으나 일본 정부의 지시에 따른 형식적인 재판이었다. 대동공보사에서는 변호를 위하여 러시아인 미하일로프와 영국인 더글러스 변호사를 고용하여 여순에 파견하였다. 연해주 지방의 한인들도 의연금을 모아 변호를 지원하였다. 국내에서도 안병찬(安秉瓚)과 고병은(高秉殷)이 변호를 위하여 여순에 왔다. 그러나 일제측은 민선 변호인단을 일체 인정하지 않았으며, 일본인 관선 변호인을 정해 재판을 진행하였다.

재판은 6회에 걸쳐 진행되었다. 2월 9일 오전 9시 50분 개최된 제3회 공판에서는 '이등박문죄악' 15개조를 설명하다가 재판장에 의하여 중지당했다. 2월 12일 오전 9시 30분, 제 5회 공판이 개정되었다. 안중근은 최후 진술에서 이토 처단은 조선 침략의 원흉 및 동양 평화의 파괴자에 대한 정의의 응징이라고 밝혔다. 일본인 관선 변호인들이 안중근의 이토 포살은 오해로 말미암은 범죄이니 감형을 바란다고 변론하였다. 이에 대하여 안중근은 다음과 같이 반박하였다.

> 이등의 죄상은 천지신명과 사람이 모두 다 아는 일인데 무슨 오해란 말인가. 더구나 나는 개인으로 남을 죽인 범죄인이 아니다. 나는 대한국 의병 참모중장의 의무로 소임을 띠고 하얼빈에 이르러 전쟁을 일으켜 습격한 뒤에 포로가 되어 이곳에 온 것이다. 여순구 지방 재판소와는 전연 관계가 없는 일인 즉 만국공법과 국제공법으로써 판결함이 옳다.[6]

즉, 안중근은 자신이 대한국의 의병 참모중장의 자격으로 이토를 포살하였으며, 이는 독립전쟁을 수행하는 과정에서 적장을 공격한 것이라고 하였다. 따라서 자신을 단순한 암살자로 취급하지 말고 국제법적으로 전쟁 중에 잡힌 포로로 대우할 것을 요구하였다. 그러나 1910년 2월 14일 오전 10시 열린 마지막 법정에서 재판장 마나베(眞鍋)는 일본 형법을 적용시켜 안중근에게 사형을 선고하였다. 우덕순은 3년, 조도선과 유동하는 각각 1년 6월의 징역형을 선고받았다.

안중근은 사형 선고를 받고 감옥으로 돌아와 자신이 무슨 죄를 범했는지 생각하였다. 그러다가 문득 깨달은 것이 있다면서 "나는 과연 죄인이다. 다른 죄가 아니라, 내가 어질고 약한 한국 인민된 죄로다"라고 하였다. 안중근은 일제의 침략으로 한국인으로 태어난 것 자체가 큰 죄인인 그런 잘못된 세상을 미리 막고자 이토를 처단했던 것이다.

안중근은 부당한 재판이 진행되는 동안 조금도 굴하지 않고 당당하게 임했다. 선고를 받은 다음 날 그는 가족과 친지들에게 유서를 썼다. 어머니께는 막심한 불효의 죄를 용서해 달라고 하였다. 어머니 조씨 부인은 동생 정근을 통하여 사형선고가 있기 하루 전에 "앞으로 판결 선고가 사형이 되거든 당당하

6 윤병석, 위 책, 520쪽.

게 죽음을 택해서 가문의 명예를 더럽히지 말고 속히 하느님 앞으로 가라"라고 하였다. 사형 선고를 앞 둔 아들에게 죽음을 택하라는 뜻을 전함으로써 안중근의 마지막 결심에 흔들림이 없도록 한 것이다. 그야말로 그 어머니에 그 아들이라고 할 수 있다.[7]

순국 직전의 안중근

안중근은 옥중에서 많은 유묵을 남겼다. 법원과 감옥소의 관리들이 안중근의 휘호를 기념으로 받고자 어떤 이는 비단을 어떤 이는 종이 수백 장을 넣어 글씨를 청하는 진풍경이 벌어졌다. 안중근은 하루에 몇 시간씩 글씨를 썼다. 이때 쓴 유묵 중에 '국가안위노심초사(國家安危勞心焦思)', '위국헌신군인본분(爲國獻身軍人本分)' '지사인인살신성인(志士仁人殺身成仁)', '일일불독서구중생형극(一日不讀書口中生荊棘), '독립(獨立)' 등 26폭이 보물로 지정되어 있다. 이들 유묵들은 조국의 독립과 동양 평화를 기원하며 살신성인한 안중근의 뜻을 잘 나타내고 있다.

---

7 『대한매일신보』, 1910년 2월 30일자, 「是母是子」.

안중근 유묵 '獨立'

1910년 3월 26일 오전 10시, 안중근은 여순감옥에서 교수형이 집행되어 순국하였다. 안중근의 시신은 송판으로 만든 침관에 안치된 후 여순감옥 묘지에 안장하였다고 한다. 유해를 유족에게 인도해야 함에도 불구하고 이를 무시하고 여순감옥 묘지에 매장하였다. 그러나 안의사의 유해는 현재까지도 정확하게 소재를 파악하지 못하고 있다. 안의사가 순국 직전에 동생들에게 "내가 죽은 뒤에 나의 뼈를 하얼빈공원 곁에 묻어두었다가 우리 국권이 회복되거든 고국으로 반장해다오. 나는 천국에 가서도 또한 마땅히 우리나라 국권을 회복하기 위해 힘쓸 것이다"라고 한 유언을 지키지 못하고 있는 실정이다.

8. 동양평화론

안중근의 대표적인 사상은 동양평화론이다. 그는 사형을 선고 받고 '동양평화론'을 쓰기 시작하였다. 동양평화론은 1)서, 2)전감(前鑑), 3)현상, 4)복선(伏線), 5)문답의 체제로 구성되었다. 그러나 서와 전감만이 전해지고 전감마저도 미완성이다. 본론격인 현상 이후의 글을 집필하기 전에 형을 집행한 때문이다. 원래 안중근은 사형 판결을 받고 고등법원장 히라이시 우지히토(平石氏人)를 만나 항소를 포기하는 대신에 『동양평화론』의 저술을 위해 집행을 한 달 남짓 늦추어달라고 하였다. 이에 대하여 히라이시는 "어찌 한달 뿐이겠는가. 설사 몇 달이 걸리더라도 특별히 허가하겠으니 걱정하지 말라"라고 말하였다. 그러나 안중근은 예정일에 사형이 집행되고 말았으니 히라이시는 이를 공소 포기용으로만 이용했던 것이다.

안중근은 서양의 침략에 동양이 단결하여 방어해야 한다고 하였다. 그리고 러일전쟁에서 일본이 승리한 것은 일본이 강했기 때문이 아니라, 한국과 청국 양국 국민이 일본의 선전 명분을 믿고 일본군을 지원했기 때문이라고 하였다.

그러나 일본은 러일전쟁에서 승리하자, 바로 '동양평화' 유지와 '한국독립' 공고화의 약속을 깨고 도리어 한국의 국권을 빼앗아 한국 국민과 원수가 되었다. 이에 한국인들은 일본에게 속은 것을 깨닫고 의병을 일으켜 일본과 '독립전쟁'을 하였다. 일본이 한국의 국권을 박탈하고 만주와 청국에 야욕을 가졌기 때문에 동양평화가 깨지게 되었다. 일본이 한국의 국권을 되돌려 주고 만주와 청국에 대한 침략야욕을 버리는 것이 동양평화를 실현하고 일본이 자존하는 길이라고 하였다. 그러한 후에 동양 3국이 협력해서 서양세력과 더불어 평화를 위해 진력하면 동양평화가 실현될 것이라 하였다. 그는

> 오늘날 서양 세력이 동양으로 점차 밀려오는 환난을 동양 인종이 일치 단결하여 극력으로 방어해야 하는 것이 제일 상책임은 어린 아이일지라도 익히 아는 일인데, 무슨 까닭으로 일본은 이러한 순리의 형세를 돌아보지 않고 같은 인종인 이웃나라를 약탈하고 우의를 끊어 스스로 도요새가 조개를 쪼으려다 부리를 물리는 형세를 만들어 둘다 잡히게 어부를 기다리는 듯하는가.

라고 일본을 비판하였다.

안중근은 동양평화를 위한 구체적인 방안으로 다음을 제시하였다.

1) 여순 항을 중국에 돌려주고 일본, 청국, 한국 3국의 공동 관리하는 군항을 만들고,
2) 3국에서 대표를 파견하여 동양평화회의를 조직하고, 회원을 모집하여 회원 한명 당 1원씩 모금한다.
3) 여순에 3국의 공동은행을 만들고 공용 화폐를 발행한다.
4) 3국의 청년들로 군단을 편성하고 이들에게 2개국 이상의 어학을 배우게 하여 우방 또는 형제의 관념이 높아지도록 한다.[8]

안중근의 동양평화론은 한 · 중 · 일 3국이 각각 독립을 유지하면서 서로 상호 부조하여 서구 열강의 식민주의에 대응하는 사상체계라 할 수 있다. 이미 1세기 이상이 흘렀지만 동양 3국의 국제적 환경은 큰 차이가 없다. 한중일 3국의 민중들은 동양 평화를 지향하고 있다. 안중근의 동양평화론은 21세기에 들어 더욱 경쟁으로 치닫고 있는 한중일 3국에게 여전히 유효한 사상이다.

안중근은 백년 이상 시대를 앞서간 선각자이면서 동시에 애국계몽운동에서부터 의병과 의열투쟁에 이르기까지 가능한 모든 방법으로 국권을 회복하고자 노력했던 실천가였다.

8 윤병석 편역, 『안중근문집』, 「국역 청취서」, 독립기념관 한국독립운동사연구소, 2011, 557-560쪽.
안중근 구술, 「동양평화론 본문」(圓木末喜 기록, 동아일보, 1989년 10월 26일).

참고문헌

윤병석 편역, 『안중근문집』, 독립기념관 한국독립운동사연구소, 2011.

장석흥, 『안중근의 생애와 구국운동』, 독립기념관 한국독립운동사연구소, 1992.

윤병석, 『안중근연구』, 국학자료원, 2011.

신용하, 「안중근의 사상과 국권회복운동」, 『한국사학』 2, 한국정신문화연구원, 사학연구실, 1980.

조광, 「안중근 연구의 현황과 과제」, 『한국근현대사연구』 12, 2000.

윤병석, 「안중근의 연해주 의병운동과 동의단지회」, 『한국독립운동사연구』 14, 2000.

2부

일제의 강점과 독립운동가

1. 일제의 강점과 식민정책
2. 경술국치에 자결로 저항한 이들
3. 신채호의 독립운동과 학문
4. 3 · 1운동의 민족대표 손병희
5. 3 · 1운동의 횃불 유관순
6. 만주벌의 영웅 김좌진
7. 임시정부 경무국장 김용원
8. 대한의 혁명가 윤봉길
9. 노블레스 오블리주(Noblesse Oblige)를 실천한 이회영
10. 대동단결을 위해 헌신한 안창호
11. 민족문학가 이육사
12. 저항 시인 윤동주
13. 광복군 총사령 지청천
14. 임시정부의 주석 김구
15. 좌우합작운동의 김규식
16. 건국준비위원장 여운형
17. 좌우합작을 위해 분투한 김원봉

제1장

일제의 강점과 식민정책

1. 1910년대 무단통치

일제의 조선점령 정책은 매우 치밀하게 입안, 추진되었다. 일제는 마치 임진왜란 때 이루지 못한 동양제패라는 야욕을 이루고야 말겠다는 듯이 우선적으로 청 세력을 한반도에서 축출시켰다. 러일전쟁의 승리로 한반도에서의 우위권을 장악한 일제는 한국을 본격적으로 보호국화하기 위하여 이토 히로부미(伊藤博文)를 서울로 파견하였다. 1905년 11월, 이토 히로부미는 무장한 일본군을 이끌고 서울의 왕궁을 포위하였다. 그리고 무장한 일본군의 포위 속에 한국의 대신들을 위협하여 소위 '을사늑약'을 체결하였다. 그 결과로 일제는 통감부를 설치하였으며, 통감은 실질적으로 한국을 통치하기 시작하였다. 이로써 대한제국은 자주 독립국가로서의 국권을 상실하고 식민지나 다름없는 상태가 되었다. 그러나 이 조약은 일제의 무력적 위협에 의해 강제로 맺어졌으며, 대한제국 황제의 비준이 없다는 사실만으로도 국제법상 무효임에 틀림없다. 뿐만 아니라 일본은 러일전쟁 중에 독도를 불법적으로 자국의 영토에 편입시켰는데, 이는 한국의 영토를 강점한 것이며 국제법적으로 명백히 불법적인 영토 침탈 행위이다. 일제는 1910년 '한일합병에 관한 조약'을 강제하였으며, 제1조에서 언급하고 있듯이 '완전히 그리고 영구히' 조선을 지배하고자 하였다. 이로써 '대한'이란 국호는 없어졌으며, '조선'이란 지명만이 남게 되었다. 이후 한민족은 1945년 해방될 때까지 일제의 식민지배를 받게 되었다.

일제의 조선지배 정책은 직접통치 방식이었다. 조선총독부는 식민지배의 최고 권력기관이었다. 조선총독은 조선의 정치와 군사를 비롯한 모든 권한을 가지고 무단적인 식민통치를 강행하였다. 중앙과 지방 제도를 크게 바꾸어 식민지 민중의 억압과 수탈을 수행하는 폭력 기구로서의 기능을 담당하게 하였다. 또한 일본 정규군인 제20사단을 용산에 주둔시켰으며, 제19사단을 나남에 주둔시켜 북부지역과 만주지역의 한인을 장악하였다. 진해와 영흥에는 해군사령부를 설치하여 해군을 주둔시켰다. 치안 유지는 헌병이 맡도록 하는 헌병 경찰에 의한 철저한 무단통치를 강행하였다. 이처럼 일제는 한국을 병영국가로 만들어 한국인을 감시, 탄압하였다.

일제는 한국인의 모든 정치 활동을 금지시켰다. 1910년 8월 25일 '집회 취체에 관한 건'을 발표하여 『대한매일신보』, 『황성신문』, 『만세보』, 『제국신문』, 『서북학회월보』, 『기호흥학회월보』 등 일체의 신문과 잡지를 폐간시켰다. 또한 105인 사건을 조작하여 반일민족세력을 뿌리 뽑으려 하였다.

일제는 한국의 산업과 경제를 철저히 식민지 경제체제로 개편하는 정책을 폈다. 이에 따라 민족 산업의 발전은 차단되었으며 한국의 자본과 기술, 노동 등 모든 경제 단위와 운영체제는 일본 경제에 예속되고 말았다. 1910년 일제는 총독부 안에 토지조사국을 설치하여 전국적인 토지 조사에 착수하였으며, 1912년 토지조사령, 부동산등기령, 부동산증명령 등 법령을 공포하여 토지의 근대적 소유체제의 확립이라는 미명 아래 토지를 수탈하였다. 일제는 토지소유자에게 일정한 기간 안에 소유 토지를 신고하게 하는 약탈적인 방법을 실시하였는데, 종래의 공전이던 역둔토, 궁장토 또는 문중의 토지, 그리고 수속

절차를 거치지 않은 미신고 토지 등 총 경작 면적의 20분의 1에 이르는 토지가 국유지로 편입되어 총독부의 관할 하에 들어갔다. 이로써 총독부는 조선 최대의 지주가 되었으며, 이 국유지를 일본인에게 불하하여 일본인의 토지 소유를 합법화하였다. 1910년 12월 회사령을 공포하여 조선인의 기업 활동을 저지시켰으며, 그 결과 조선의 자본 성장이 억제되었고 상품시장화가 가속화되는 결과를 초래하였다.

일제는 1911년 8월 제1차 조선교육령을 공포하였다. 여기에서 조선인 교육의 목적을 '충량한 국민의 육성'(제2조)과 '일본어의 보급'(제5조)으로 삼고 있음을 알 수 있다. 이와 같이 총독부는 조선인을 일본인화 한다는 이른바 동화교육을 기본으로 한 식민지교육 정책을 강행하였다. 이에 따라 동화교육 정책을 획책하였으며, 일본인 교사를 배치하고 일본어 교육을 강화하여 애국계몽기의 민족주의 교육이념을 단절시켰다. 또한 사립학교령에 의해 학교 설립의 인가와 신청을 제한하는 동시에 한국인에 대한 고등 교육을 억제하였다.

일제는 한국에 대한 무단통치를 실시하면서 한편으로는 한국인에 대한 회유정책을 병행하였다. 한국병합에 공이 있는 친일고관들에게 작위를 준 것이 그것이다. 『조선총독부관보』 1910년 10월 12일자에 의하면, 후작 6명, 백작 3명, 자작 21명, 후작 45명으로 후작은 15만원, 백작은 10만원, 자작은 5만원, 남작은 3만원의 은사공채를 받았다. 이들 중 유길준 · 한규설 · 민영달 · 조경호 · 홍순형 · 조정구 · 윤용구 · 김석진 등은 작위 수여를 즉각적으로 거부하였으며, 그 중에서 김석진은 자결로써 항의하기도 하였다. 그러나 대부분은 수작하고 이른바 조선귀족회(회장: 박영효, 부회장: 이완용)를 만들기도 하였으며 중추원이나 경학원의 임원을 맡는 등 일제의 식민정책에 협조하였다.

일제는 향교의 재산을 몰수하여 공립보통학교의 유지비에 충당함으로써 지방 유림의 경제적 기반을 몰락시킴은 물론 공립학교를 통한 동화교육을 실시하였다. 또 한편으로는 지방의 유생을 회유하고자 은사금을 주었으며 성균관을 경학원이라 개칭하고 지방의 향교와 더불어 문묘종사의 기관으로 존속시켰다. 이에 지방 유생들은 자결 등의 방법으로 일제의 은사금을 거부하는 민족적인 행동을 보여주었다.

2. 1920년대 민족분열정책

1919년 3 · 1운동 후 일제는 무단통치의 한계를 느끼고 이른바 문화통치를 내세웠다. 1919년 9월 부임한 사이토 마코토(齋藤實) 총독은 일본의 법과 제도, 문화 등 모든 부문을 한국인에게도 동일하게 적용한다는 이른바 내지연장주의를 내세웠다. 이에 따라 총독부는 식민지 통치 질서와 공안을 방해하지 않는 한도 내에서 언론, 집회, 출판의 자유를 허용하였다. 이때 발간된 신문 잡지로는 『동아일보』, 『조선일보』, 『개벽』, 『신생활』, 『조선지광』 등이 있었다. 그러나 이를 위반할 경우에는 언제나 정간 또는 폐간되었다. 일제는 이러한 제한된 자유를 허용함으로써 한국인들의 동향을 감시하고, 민심이 악화되는 것을 막고자 하였다. 일제는 한국인의 민족운동을 말살하기 위하여 제령 제7호(1919년)과 치안유지법(1925년)을 제정하여 한국인에 대한 감시와 통제를 더욱 강화하였다.

일제는 지방제도를 개편하고 지방통치 기관의 자문기구로 도와 부, 면에 협의회를 두어 한국인에게 참정권을 주는 것으로 선전하였다. 그러나 이 정책은 3 · 1운동 이후 고양된 한국인의 정치적 욕구를 해소시키고, 한국인 지주와 자본가를 식민지 권력층으로 끌어들임으로써 민족 분열을 꾀하고 항일 민족운동을 희석시키고자 함에 목적이 있었다. 그 결과 민원식 같은 일부 한국인들이 일제의 의도를 파악하지 못한 채 이른바 자치론을 내세우며 여기에 참여하였다. 이에 따라 한국인 내부에 상호불신 풍조가 조장되고 민족 분열이 가속화되었다.

1920년대 식민지 경제정책의 일환으로 산미증식계획을 실시하였다. 이는 일본의 ‘쌀소동’ 문제를 해결하기 위해 입안된 것으로 한국을 식량공급기지로 이용하고자 한 산업정책이었다. 이 사업을 위해 수리시설이 확충되고 품종 개량과 비료 사용이 증가된 면이 있다. 그러나 토지개량을 위한 싼 이자의 자금 융통(融通)과 수리조합 설립 등이 대지주 중심으로 이루어져 대다수 한국 농민들은 소작인으로 전락하거나 오히려 생활 수준이 나빠졌다. 또한 이 계획에 따라 쌀의 생산량이 증가된 면이 있으나, 일본으로의 반출량은 295만석에서 725만석으로 430만석이 늘어났다. 이와같이 쌀 증산량이 일본으로의 반출량에 미치지 못함에 따라 한국인의 쌀 소비량은 절대적으로 감소함에 따라 한국인의 생활은 더욱 빈궁해졌다.

3. 만주사변 이후 민족말살정책

일제는 1931년 9월 18일 심양에서 만주사변을 일으키고 중국의 동북지역을 점령하였다. 일제의 팽창정책은 여기에 머물지 않고 1937년 7월 7일 중일전쟁을 일으켰다. 베이징 교외에 있는 노구교에서 시작된 중일전쟁은 중국 전역으로 확대되었다.

만주사변이 일어난 뒤 일제의 한국에 대한 탄압이 더욱 심해졌다. 일제는 보안법, 치안유지법(1934 개정), 사상범보호관찰령(1936년) 등 각종 법령으로 한국인의 행동과 사상을 통제하였다. 경제적으로도 수탈이 강화되었다. 일제는 전쟁에 필요한 군수품을 생산하기 위해 한국에 금속, 기계, 중화학 공장을 설치하였다. 그러나 이는 일본의 미츠이(三井), 미츠비시(三菱), 노구치(野口), 이토(伊藤忠), 닛산(日産) 등 일본의 독점 자본이 한국 경제의 침탈을 가속화시키는 결과가 되었다. 그 결과 일본 자본은 한국 공업화의 주체로 등장하고 민족 기업은 오히려 몰락하였다.

일제는 1937년 중일전쟁을 일으킨 뒤 ‘국가총동원법’을 통과시키면서 전시

동원체제를 성립시켰다. 이에 따라 한국에서의 인적 물적 자원 약탈을 가속화하였다. 지하자원을 대규모로 약탈하였으며, 군량을 확보하기 위해 강제로 쌀을 수매해갔다. 심지어는 놋그릇과 농기구 같은 생활 용품은 물론 절에서 사용하는 동종까지 빼앗아갔다. 1939년에는 '국민징용령'을 공포하여 수백만 명의 한인이 강제로 끌려가 노역을 당했다. 그 과정에서 학살된 인원도 많았다. 농촌은 마을 단위로 '부락연맹' 또는 '애국반' 등으로 전시동원체제에 동원되었다.

일제는 1941년 12월 7일 하와이 진주만을 기습 공격하여 태평양전쟁을 일으키고 많은 한인 청년들을 전쟁터로 끌고 갔다. 1938년 육군특별지원병제도를 통하여 한인들을 전쟁터로 내 몬 일제는 1944년 징병제와 학도병특별지원병제도를 공포하여 한인 청년들을 강제로 징집하였다. 이들은 중국과 남양군도 등의 전선에 배치되어 일본을 위한 전쟁에 희생되었다. 또 많은 한국인들이 군수물자 생산과 군사시설 건설에 강제로 동원되었다. 이들은 중국, 동남아시아, 일본, 사할린 등 각지로 끌려가 노예처럼 혹사당하고 전쟁이 끝난 뒤 학살당하기까지 하였다. 이들 중에 탈출하여 광복군에 입대하거나, 징병을 피하여 일본군과 유격전을 감행한 이들도 있다.

일제는 근로보국대란 이름으로 어린 학생들을 군사시설과 토목 공사장 등에 보내 강제로 일을 시켰다. 심지어는 '여자정신대근무령'을 공포하여 만주사변 이후부터 자행되고 있던 젊은 여성을 강제로 동원하는 법적 조치를 단행하였다. 강제 연행된 여성들은 군수공장에서 노역을 한 경우도 있었지만, 일본군이 설치한 '위안소'에서 일본군의 '성노예'로 비참한 삶을 살아야 했다.

일제는 이러한 식민정책을 추진하기 위해 '내선일체론'을 내세우면서 황국신민화 정책을 강화해 갔다. 1937년 '황국신민의 서사'를 제정하였으며, 1938년 제3차 조선교육령과 1943년 제4차 조선교육령을 통하여 교육과정에서 한국의 언어와 역사를 가르치지 못하게 했다. 심지어 1940년에는 창씨개명을 강제로 시행하여 한국인의 정체성을 말살하고자 하였다. 또한 『동아일보』와

『조선일보』를 폐간시킴으로써 사상과 정보를 통제하였다.

일제의 황민화정책은 한민족을 하급 일본인으로 편입시켜 나가는 작업이었다. 또한 한국의 민족문화와 전통을 파괴하고 단절시킴으로써 민족성을 말살하고자 하였다. 이러한 일제의 민족 말살정책은 1930년대 중반 이후 심리적 좌절감과 패배의식을 느낀 일부 한국인들이 친일로 전향하고 독립운동 전선에서 이탈하는데 작용하였다.

일제의 식민지 통치는 세계에서도 유례를 찾아볼 수 없을 정도로 폭압적이고 가혹하였다. 일제의 강압적 통치는 한민족에게 엄청난 시련과 고통을 안겨주었으니 한민족 전체가 일본의 노예나 다름없는 처지였다. 이러한 상황에 일부 반민족적 행위를 한 이들이 있지만, 대다수의 한국인들은 가능한 모든 방법을 동원하여 이에 저항하고 민족독립운동을 전개하여 마침내 광복을 맞이할 수 있었다.

참고문헌

강동진, 『일제의 한국침략정책사』, 한길사, 1980.

최유리, 『일제 말기 식민지 지배정책 연구』, 국학자료원, 1997.

한국근현대사학회, 『한국독립운동사강의』, 한울, 2007.

제2장

경술국치에 자결로 저항한 이들

19세기 말, 20세기 초에 걸쳐서 한국인은 일제의 무력 침략으로부터 국권을 수호하기 위한 투쟁을 민중 세력을 중심으로 여러 부문에서 전개하였다. 그러나 서구제국주의 세력의 지지를 획득한 일제의 군사력에 의해 결국 국권을 박탈당하고 말았다.

지금까지 1905년 을사늑약에 자결한 민영환 등에 대해서는 잘 알고 있지만, 1910년 나라가 망했을 때 이에 저항하여 자결한 순국지사들에 대해서는 잘 알려지지 않았다. 그러나 일제의 강제 병합에 유생을 비롯한 많은 민족 지사들은 최후의 방법으로 자신의 목숨을 희생하면서까지 독립의 기초가 되게 하고자 순절투쟁을 전개하였다.

1. 경술국치와 자결 순국 투쟁

한일강제병합의 소식이 전해지자 한국인의 통한은 분노를 넘어 심리적인 공황 상태가 되었다. 유생들은 의병투쟁을 지속하였으며, 만주와 연해주로 망명하여 독립의 기틀을 준비하기도 하였다. 국내에 남은 일부 유생들은 국망 직후에 자결로써 즉각적인 항의의 뜻을 표시하였다.

매천 황현

『매천야록』을 남긴 황현은 나라가 망했다는 '합방령'이 전달되자 선비로서 할 수 있는 일이 없음을 자책하고 음독 자결하였다. 그는 전남 광양에서 태어나 생원시에 합격하였으나 세상이 어지러운 것을 보고 구례 화엄사 아래 마을에 은거 중이었다. 그는 죽기로 마음먹고 "난리 속에 살다보니 백발이 성성하구나. 몇 번이나 목숨을 끊으려 했으나 뜻을 이루지 못했다. 이제는 더 이상 어찌할 수 없게 되었구나"로 시작하는 절명시를 지었다. 이어서 망국에 이르러 일본과 싸우지 못하고 죽는 자괴감을 다음과 같이 읊었다.[1]

> 새 짐승 슬피 울고, 바다와 바위도 찡그리니 / 鳥獸哀鳴海岳嚬(조수애명해악빈)
> 무궁화 세계 이젠 망하고 말았네 / 槿花世界已沈淪(근화세계이침륜)
> 가을 밤 등불 아래 책 덮고 지난 역사 생각해보니 / 秋燈掩卷懷千古(추등엄권회천고)
> 인간 세상 지식인 되기가 참으로 어렵구나 / 難作人間識字人(난작인간식자인)
>
> 일찍이 나라 위한 공적 조금도 없으니 / 曾無支厦半椽功(증무지하반연공)
> 다만 살신성인할 뿐이니 이를 충이라 할 수 있는가 / 只是成仁不是忠(지시성인불시충)

1 황현, 『매천야록』, 국사편찬위원회, 1955, 546쪽.

겨우 송나라 윤곡 처럼 자결할 뿐이니 / 止竟僅能追尹穀(지경근능추윤곡)
진동처럼 의병을 일으키지 못함이 부끄럽구나 / 當時愧不躡陳東(당시괴불섭진동)

그의 동생 황원(黃瑗)도 1944년 2월 일제가 창씨개명을 강요하자 역시 절명시를 남기고 자결했다. 형제가 선비의 정신을 지키기 위해 자결한 것이니, 지식인의 귀감이 될 만하다.

홍명희의 부친으로 널리 알려진 홍범식은 금산군수로 재직 중에 국망의 소식을 듣고 금산의 조종산에 올라가 목매 죽었다. 그는 일본 유학 중도에 돌아온 홍명희에게 "조선 사람으로서 의리를 다하여 잃어버린 나라를 반드시 찾아야 한다. 죽을지언정 친일을 하지말라"라는 유언을 남기기도 하였다. 일제는 그가 일제의 침략에 분개하여 순국한 것이 아니라, 본래 있던 광증(狂症)이 발동하여 자살한 것으로 폄하하였다. 그러나 그의 자결 소식은 순식간에 국

금산군수 홍범식(앞줄 중앙)

내외로 전해지며 엄청난 반향을 일으켰다. 애국지사들이 그를 따라 자결로써 일제에 항거하거나, 그를 본보기로 삼아 독립투쟁에 나섰다. 금산군 재판소 서기로 홍범식한테 밀봉한 유서를 받아 후손에게 전달한 김지섭은 그 대표적 인물이다. 홍범식의 자결에 충격을 받은 그는 중국으로 망명하여 의열단에 가입, 1924년 일본 왕궁의 니주바시(二重橋) 투탄 의거를 결행하였다. 고향이 금산인 송철(宋哲) 역시 홍범식 군수의 죽음을 보고 비분강개하여 미주로 망명하여 독립운동에 나섰다.

지금까지 조사된 1910년대 자결 순국한 인사의 현황을 알아보면 다음 표와 같다.[2]

표) 1910년대 순절자 현황

	성명	생몰년	호	본관	출신지	주요 경력	비고
1	孔致鳳	? - 1910.9.23	梧隱	曲阜	순창		단식자결
2	權龍河	? - 1910.9.7	月谷	안동	안동	감찰	기둥에 머리를 부딪쳐 자결
3	金根培	1847-1910.12.13	梅下	금녕	익산	의병, 金尙鎬문인	우물에 투신자결
4	金奇順	? - 1919.2.2		김해	옥과		고종 인산일에 할복자결
5	金燾鉉	1856-1915 동지	碧山	김해	영양	의병장	동해에 투신자결
6	金尙台	1864-1912.7.28	白愚	삼척	영춘	의병장	투옥 중 단식자결
7	金奭鎭	1843-1910.9.8	梧泉	안동	서울	문과, 판돈녕부사	음독 자결
8	金聲振	1856-1915.2.21		선성	영천	혜민원주사	단식 자결
9	金舜欽	1840-1912			안동	의병	음독 자결
10	金永相	1836-1910	春雨亭	도강	고부	태인 의병	단식 자결
11	金永世	? - 1910			익산		자결
12	金容球	1861-1919	隱松	상산	영광	의병장, 기우만문인	자결
13	金濟煥	1867-1916	素堂	김해	청주		단식자결
14	金志洙	1845-1911.4.17	心岩	광산	연산	중추원의관 (사퇴)	자결
15	金智洙	? - 1910.8				감역	자결

2 김상기, 「1910년대 지방 유생의 항일투쟁」, 『대한민국임시정부수립 80주년기념논문집』, 1999, 64-65쪽

16	金天逑	? - 1910.8			태인		자결
17	羅寅永 (羅喆)	1863-1916.8.15	弘巖	금성	승주	문과,오적암살단, 대종교	구월산에서 자결
18	朴能一 (朴武祚)	1859-1917.7.20	無號		의홍		동해에 투신자결
19	朴炳夏	1847-1910.8		밀양	홍덕	송병선 문인	음독 자결
20	朴世和	1834-1910.8.28	毅堂	밀양	고원, 음성거주	의병장, 홍직필 문인	단식자결
21	潘夏慶 (潘學榮)	? -1910.8				내시, 承伝色	할복자결
22	白成欽	1843-1919		수원	장홍	무과, 선전관	자결
23	白麟洙	1856-1910.9.15	甲雲	수원	홍덕	중추원의관	단식자결
24	奉鍾國妻 沈氏	? -1911?		청송			목매 자결
25	宋秉珣	1839-1912	心石齋	은진	대전	송병선 동생	자결
26	宋完明	? -1910.8			태인		자결
27	宋益勉	? -1910				의관	자결
28	宋宙勉	1856-1910.8.15	圭沙	여산	화순	중추원의관	강에 투신자결
29	安瀟	1863-1910	위당	순홍	괴산	진사, 성균관 직강	강에 투신자결
30	安鐘奎	? - 1910					자결
31	吳剛杓	1843-1910.10	無貳齋	보성	공주	임헌회 문인	공주 명륜당에서 목매자결
32	柳道發	1832-1910	晦隱	풍산	안동	유성룡 후손	단식 자결
33	柳臣榮	1853-1919.2.2	露隱	풍산	안동		음독 자결
34	劉秉憲	1842-1918.7.20	晩松		칠곡		투옥 중 단식자결
35	李根周	1845-1910.9.13	清狂	전의	홍성	의병	목 찔러 자결
36	李晩燾	1842-1910.8	響山	진성	예안	의병장 ,공조참의	단식자결
37	李冕宙	1827-1910.8.15	桂隱	전주	봉화	문과, 宗正院卿	음독자결
38	李命羽	? - 1919	誠齋	진성	예안		계룡산에서 부부 음독 자결
39	李範晉	1852-1911.1		전주	서울	문과,법부대신, 로국공사	권총자결
40	李普喆	? -1910				학생	자결
41	李承七	1850-1912.6.26		전주	보은	사헌부감찰	투신자결
42	李載允	1849-1911.7.13	渼石	전주	양주	문과, 최익현 문인	목매 자결
43	李中彦	1850-1910.8	東隱	진보	예안	사헌부지평	자결

44	李學純	1843-1910.12.7	晦泉	전주	연산		음독자결
45	李鉉燮	1844-1910.10.23	愚軒	연안	군위, 예안거주	성균관 생원	음독자결
46	張基錫	1867-1911.1.5		옥산	성주		투옥 중 단식 자결
47	張泰秀	1841-1910.11.27	一逌齋	인동	금구	병조참의, 시종원부경	단식자결
48	鄭東植	1850-1910.8.14	恭隱	영일	전주	무과, 훈련첨정	목매 자결
49	鄭在健	1843-1910.9.3	小松	영일	옥과	문과, 사헌부지평	목 찔러 자결
50	鄭泰根	? - 1910.				정언	할복 자결
51	趙章河	1848-1910.10.27	履齋	풍양	청원	임헌회 문인	단식자결
52	崔世允	1867-1916	農膏		홍해	의병장	투옥 중 단식 자결
53	崔宇淳	1832-1910.8		전주	고성	의병	자결
54	黃乭釗	? -1910				백정	자결
55	黃奭	? -1919		장수	남원	참봉	자결
56	黃玹	1855-1910.9	梅泉	장수	광양	생원	음독자결
57	洪範植	1871-1910.8	一阮	풍산	괴산	금산 군수	목매 자결

위 표에 제시한 이는 1910년대 순절한 인물들이다. 이들은 주로 국망한 직후에 자결한 것으로 보인다. 국망한 해인 1910년에 자결한 인물이 황현을 비롯하여 35명(63%), 1911-1912년간에는 9명(17%)에 달한다. 1919년 고종의 사망소식에 자결한 이가 6명이나 있음도 확인된다. 1915-1918년 간에 자결한 인물도 있으나 이들은 부모의 만류로 뜻을 이루지 못하고 있다가 부모의 3년 상을 치른 후에 자결한 이들이기 때문에 1910년대 자결한 이들은 대부분이 국망을 애통히 여기고 원수 일본의 백성이 되는 수치를 참을 수 없어 자결하였음을 알 수 있다.

이들은 이범진이나 이재윤, 김석진처럼 문과출신으로 고관을 역임한 인물도 있으나, 대부분은 지방의 한미한 유생들이었으며, 김도현이나 김상태처럼 의병출신자도 다수 포함되어 있다. 57명의 자결자 중 금산 군수 홍범식처럼 40대도 있지만 대부분 60대임을 알 수 있다. 이들 중에는 송병선과 임헌회, 전우의 문인이 여러 명 포함되어 있음을 알 수 있다. 즉 비교적 의병투쟁에 소극적이었던 이들 학파의 유생들이 '자정'의 길을 택하여 자결을 통한 민족운동에 참여한 것으로 보인다. 출신지가 확인된 49명 중에 전라도의 18명과 충청도의 11명이 주로 이러한 학문적 성향과 관련이 있는 유생들로 보인다. 경상도가 16명인데 이 중에 안동 · 예안 · 영양 · 봉화지역이 9명으로 나타나 있다. 이는 안동지역의 유학적 성향과 거기에 예안의병장 이만도의 자결이 영향을 주었을 것으로 보인다. 이들의 지역별 분포를 표시한 것이 지도 1)이다.

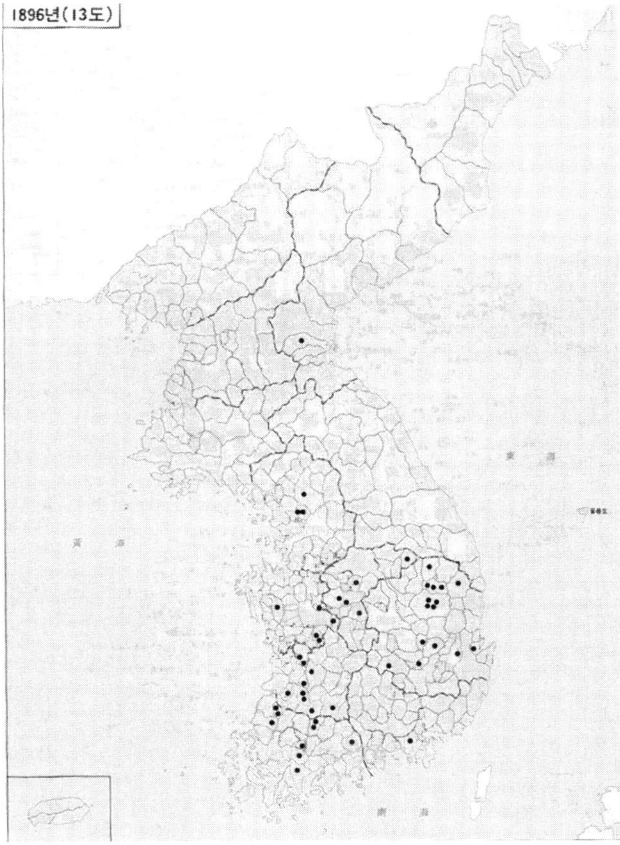

지도 1) 1910년대 순절자의 지역별 현황도

이들은 나무 기둥에 뇌혈이 분출하도록 머리를 쳐서 자결한 권용하처럼 "나라가 망했는데 살아서 무엇을 하랴"면서 목숨을 끊었다. 전남 홍덕 출신의 박병하 역시 욕되게 사느니 차라리 몸을 깨끗이 하겠다면서 단식 자결하였다. 1905년 을사늑결 시에도 자결을 시도했던 홍덕 출신의 백인수는 국망에 이르러 단식하여 끝내 순절하였다. 전라도 옥과의 유생 정재건은 문과출신의 관리로 1894년 이후 관직을 사퇴하고 두문불출하던 중 1910년 국망을 당하여 "망국의 신하로 구차하게 살 수 없다. 맹세코 명치(明治)의 세상에 있을 수 없다"라며 자결하였다.

홍주의병에 참여하였던 이근주는 합병소식을 듣고 자결을 기도하려 하자, 형이 "대신이 되는 자가 죽으면 그 죽음이 영명(令名)이 있으나, 그대는 일개 선비에 불과하니 비록 죽더라도 사람이 알지 못하니 그 죽음이 헛되지 않으리오"라고 하자 "옛 부터 절개를 세운 자는 다만 죽을 만한 의(義)만을 잡을 뿐입니다. 어찌 그 이름을 알고 모르고 하여 죽음과 삶이 있겠습니까"라고 답하고 주과를 준비하여 부모의 묘에 고하고 자결, 순국하였다. 그는 죽기 전 나무에 '존화양이 척사부정(尊華攘夷 斥邪扶正)'이란 8자를 써 놓았다. 품 속에는 가족과 사우들에게 쓴 유서가 있었는데 왜경이 압수해갔다. 유서에서 매장하지 말고 화장할 것을 당부하면서, 매장함은 비린내 나는 땅으로 나를 멸하는 것이라고 하였다. 가족들이 이를 따르지 않고 선산에 장례를 모시는 날 '대풍(大風)'과 '뇌우(雷雨)'가 쏟아져 괴이하게 여겼다 한다.[3]

한말 의병장 김상태와 김도현, 그리고 최세윤과 김용구 등이 장렬한 죽음의 길을 택하였다. 김상태는 영춘 출신으로 이강년의진의 중군장으로 큰 활약을 하였으나 불행히도 부하의 밀고로 체포되자 옥중에서 단식하여 자결하였다. 영양의병장 김도현은 1915년 부친의 3년상이 끝나자 동짓날에 동해에 걸어 들어가 장엄한 최후를 마쳤다. 산남의진 3대 의병장 최세윤은 1911년 체

3 김상기, 「청광 이근주의 삶과 자료」, 『대한의사 청광자 실기』, 청운대 남당학연구소, 2015.

포되어 옥고를 치르던 중 1916년 단식하여 순국하였다. 호남창의회맹소 통령 김용구는 국망 후 금산에서 은거하던 중 1919년 고종의 사망 소식을 듣고 "나라의 바탕이 이제 끝났고, 내가 뜻하였던 일도 이것으로 끝났도다. 구차히 삶을 바란 것은 뜻하던 바가 있었던 때문인데, 천망의 외에 갑자기 망극한 아픔을 당하니 죽지 않고 무엇을 기다리리오"라며 자결하였다.

청음 김상헌의 후손인 김석진은 남작의 작위를 거부하고 "선비는 차라리 정도를 지키다 죽을지언정 권도를 좇아 살지 못할 것이다. 오적과 한 하늘을 함께 하지 못하겠다"면서 자결하였다. 한편 경상도 의흥에 세거하던 박무조(일명, 박능일)는 예안의 온혜촌에 세 들어 살면서도 아들에게 한학을 가르치던 유생이었다. 나라가 망하자 그는 영일 바다에 나가 "원수를 섬기면서 사는 것은 차라리 바다를 건너 죽음만 못하다 조선일민 박능일(朝鮮逸民 朴能一)"이라고 암벽에 새기고 투신 자결하였다. 영주의 유생 김성진은 국망 직후 자결하고자 하였으나 모친이 "네가 죽으면 나 홀로 살아 무엇하리"라며 식사를 하지 않음에 단식을 중단하고 황관(黃冠)을 쓰고 죄인으로 자처하였다. 1912년 모친이 사망하자 그는 3년상을 치르고 1915년 단식 자결하면서 3년이 더디게 감을 한탄하였다.

한편 이들 중에는 국망과 함께 도와 임금이 없어지는 것을 함께 통탄한 측면도 나타난다. 을미의병장 박세화는 "이제 나라가 망하여 도와 중화도 같이 망했으니 장차 어찌하리오"라면서 국가와 도가 함께 망한 것을 통한히 여겨 단식 23일 만에 순절하였다. 그의 문인인 신태학(호: 活堂)은 1910년 민적과 일체의 역(役)을 거부하면서 "너희가 우리 강토를 빼앗을지라도 나의 뜻은 빼앗을 수 없다"라며 강경한 뜻을 밝혔으니 스승의 정신을 이어받았다 할 것이다. 공주 유생 오강표는 1905년 「청토오적소」를 올렸던 이로 국망에 공주향교의 강학루에 올라 목매 자결하였다. 그는 유서에서 "국가가 깨지고 임금이 없는데 어찌 홀로 살아서 조선인이 되리오, 죽어서 조선인의 귀신이 되리라"하였다. 전주의 정동식은 일찍이 왕세자를 시종했던 무관출신이었다. 국망 소식에 그는 전주의 공북루에 올라 목을 매 자결하였는데, 그는 유서에서 “내가 힘이 미약하여 나라를 지킬 수 없어 부끄럽다. 죽어 귀신이 되어 왜적을 섬멸하고 선왕의 깊은 원수를 복수하리라”하였다. 내시였던 반하경은 1905년 교하로 퇴거하여 있던 중 국망을 당함에 길 위에 유서를 펼쳐 놓고 할복 자결하였다. “비록 귀천이 다르다지만 나 역시 임금의 은혜를 받음이 이제 수 십년이 되었다. 지금 우리 임금은 뜰 아래에 있는데 어찌 내가 따뜻한 방에서 죽어 그 편함을 취하리오”라며 방에서 죽을 수조차 없을 정도로 임금을 사모함이 잘 나타나 있다. 안동 하회의 유도발 역시 ‘국파군망(國破君亡)’에 장차 왜국의 포로가 되어 그 욕을 당함이 심하리라. 하물며 대대로 내려오는 신하의 후예로서랴“라면서 유성룡의 후예로서 왜적의 욕을 받을 수 없다면서 자결로써 항의하였다. 그의 아들 유신영 역시 1919년 고종이 독살됐다는 소식에 음독 자결하여 부자가 충의의 본보기를 보여주었다.

1919년 고종의 사망에 이르러 유신영처럼 자결한 유생들이 있다. 김기순 · 백성흠 · 이명우 · 황석 같은 이가 그들이다. 이 중에서 예안 출신의 이명우 같은 이는 계룡산 속에서 은거하던 중 고종의 사망 소식을 듣고 통곡하며 “내가 한번 죽어 국가에 보답하고자 하였으나 노모가 계셔 수행하지 못했는데, 이제 노모가 가시고 임금마저 안 계시니 어찌 죽지 않으리오”라 하고 음독 자결하였다. 그러자 그의 부인이 남편의 시신 옆에 남은 독약을 먹고 자결하니 『염재야록』의 저자 조희제의 말대로 ‘의부열부(義夫烈婦)’라 하겠다.

일제의 소위 ‘은사금’ 지급에 유생들은 또한 죽음으로써 항거하였다. 이들은 소위 은사금을 ‘원수의 돈’이라면서 차라리 죽을지언정 받을 수 없다고 자결하였다.

1905년 순절한 송병선의 아우인 송병순은 1910년 경술국치를 당하여 나라를 위하는 충성과 겨레를 사랑하는 마음에는 순국하는 길 밖에 없다고 자결하기로 작정하였다. 그는 지팡이를 짚고 서암 꼭대기에 올라 북쪽을 향해 통곡한 후 몸을 던지려 하였다. 이때 문인 김용호가 달려가 붙잡아 목숨을 건졌다. 일제는 소위 은사금이라는 것을 그에게 내려 보냈다. 일본 헌병이 와서 은사금을 받기를 청하자, 그는 "내 몸을 욕되게 할 수는 있을지언정 내 뜻은 빼앗을 수 없다. 차라리 내 배를 가르고 넣을지언정 결단코 손으로 받지 않을 것이다"라 하였다. 그러던 차에 이번에는 경학원 교수 권영우라는 이가 와서 경학원 강사직을 허락해줄 것을 청했다. 1912년에는 총독부에서 경학원 강사 직첩을 보낸다는 소식이 전해졌다. 그리고 며칠 후 경학원 대제학 박제순의 이름으로 된 편지가 우편으로 배달되었다. 우체부를 쫓아내자 며칠 후 면장이 또 들고 왔다. 이번에도 물리쳤다. 결국 그는 부인 안씨의 장례를 치르고 나서 3월 22일(음, 2월 4일) 아편을 먹고 자결, 순국하였다. 그는 마지막으로 다음과 같은 '자서명(自誓銘)'을 남겼다.[4]

> 소중화 오래 된 나라 대명(大明) 이어오는 백성 / 小華舊邦 大明遺民
> 아득한 이 우주 안에 한 몸 둘 곳 없네 / 茫茫宇內 莫容一身
> 서산 마루를 우러러 보나 동해 가를 바라보나 / 仰西山頂 望東海濱
> 내 스승 계시니 죽어서 따라야겠네 / 自有我師 死了可遵

익산의 김근배는 돌을 품고 우물에 빠졌으며, 고부의 김영상은 우물에 투신했으나 일본군이 살려내어 구속하자 옥중에서 단식 자결하였다. 연산의 김지수 역시 은사금을 거부하고 자결하였다. 그는 자부가 구하려 하자 "오랑캐의 욕을 받느니 차라리 바르게 죽는 만 못하다. 지금 네가 나를 구하고자 하는 것은 나를 위한 것이 아니고 적을 위하는 것이 된다"면서 조용히 운명하였다. 금구의 유생 장태수는 은사금을 물리치고 단식 자결하며 명정에다 '대한' 2자를 써서 내가 '대한신민'임을 표시하라고 유언하였다. 고성의 최우순 역시 은사금은 '은사'가 아니고 '수사(讐賜)'라면서 "이는 하물며 개, 돼지도 먹지 않을진대 어찌 사람이리오"라며 거절하였다. 일본군이 강요하며 하룻밤 자고 간

4 송증헌, 「심석재연보」, 『심석재집』 권35, 연보.

다고 하자 밤사이에 자결하니 일본군은 놀라 도망가고 말았다. 연산의 이학순은 김장생의 후손과 서원의 유생들이 돈암서원에 신식학교를 세울 것을 계획하자 이를 강력히 반대했던 인물이었다. 그는 은사금이 내려오자 원수 나라의 의리 없는 돈을 받을 수 없다며 거절하였다. 이 일로 투옥되자 그는 옥중에서 단식을 하다가 음독 자결하였다. 그의 아들인 이내수 역시 민적을 거부하고 옥고를 치렀다.

지방의 유생들 중에는 자결을 시도하였으나 뜻을 이루지 못한 이도 있으며, 자결을 시도하지는 않았으나 많은 이들은 은사금이나 민적을 거부하고 더 나아가 납세거부투쟁을 전개하는 방법으로 일제의 식민정책에 항거하였다.

청주 유생 김정환은 국망 후 민적을 거부하며 은거생활을 하였다. 3·1운동이 일어나자 참여하여 민족의 독립을 위해 투쟁하였으나 뜻대로 안되자 결국 1927년 자결하였다. 서울 유생 윤덕배 역시 국망 후 서간도에 망명하여 3·1운동을 치른 후인 1920년 통화(通化)에서 자결하였다. 학부대신을 역임한 조정구는 남작 수령을 거부하고 합방조서와 고유문을 찢고 욕되게 살 수 없다면서 자결을 기도하였다. 예안의 유생 이만규는 1910년 국망에 자결하려함에 중형인 이만도가 만류하여 중지하였으나 1911년 일제가 은사금을 강요하자 목을 찔러 자결을 기도하였다. 무장의 최전구(호: 智隱, 본: 전주) 역시 은사금을 거부하고 일본 왕의 죄를 10가지를 적어 총독에게 보냈다. 그는 이 일로 영종도에 유배되어 단식을 결행한 후 석방되었으며, 1914년 독립의군부 무장군 대표로 선임되어 활동하기도 하였다. 연기의 유생 장재학(호: 止山, 본: 결성, 간재문인)은 국망에 항의하여 민적과 세금납부를 거부하였으며 이로 인해 투옥되어 단발을 강요함에 허리띠로 자결을 기도하였으며, 도자기를 들어 일경을 치고 그 조각을 삼켜 기절하였다. 그는 1916년 동생 장재규와 함께 유배되었으며, 그의 아들 장화진 역시 납세를 거부하여 옥고를 치렀다. 의령의 안효제(호: 守坡)는 은사금을 거부하여 체포되어 가면서 "아들이 받으면 이는 아들이 아비를 죽이는 일이요, 동생이 받으면 이는 동생이 형을 죽이는 일이라"고 하며 끝내 거부하였다. 선산의 유병헌 역시 은사금을 '매국전(賣國錢)'이라면서 수령을 거부하였다. 공주 유생 이철영(1867-1919)은 민적을 거부하고 일경들의 협박에 "차라리 죽어 조선의 귀신이 될지언정 살아서 일본 백성이 되지 아니하겠다"고 하면서 완강히 거부하였다. 수차에 걸쳐 옥고를 치른 그는 1919년 옥고의 여독으로 순국하였다. 충주의 하석환 역시 1910년 은사금을 거부하고 투옥되었다. 일경이 돈을 받지 않더라도 수령표에 지장이라도 찍으면 석방시키겠다고 하자, 그는 손을 펴 주면서 "내 피부를 잘라 마음대로 날인하라. 나는 죽어도 날인하지 못한다"라고 끝까지 날인을 거부하였다. 서산의 김상정은 국망을 당하자 두문불출 은거하며 울분을 달래던 중, 1919년 고종의 시해 소식에 이를 '시변(弑變)'이라면서 "군부의 원수와는 의리상 하늘을 같이 할 수 없다"면서 이후 혈서투쟁과 세금납부 거부투쟁을 전개하여 옥고를 치렀다. 이들 외에도 남원의 진사 박정주(본: 충주)와 전우 문인인 고부의 박만환과 전주의 최병심 · 임실의 홍희섭, 의홍의 박태영 · 박원식 부자, 남원의 김재홍 등이 은사금과 세금납부를 거부하여 옥고를 치르거나 은거한 이들이다.

2. 자결 순국의 의의

지방유생들은 한일합병에 자결의 방법으로 이에 항의하였다. 국망의 비보에 다수의 유생들은 은거생활로 들어갔으며 일제의 소위 은사금 등 갖은 회유와 탄압에도 죽음으로써 대항하면서 굽히지 않았다. 이들은 "국가가 망했는데 살아서 무엇하랴"는 심정으로 자결하였다. 이들의 의식 속에는 이러한 민족의식 외에 임진왜란부터 원수였던 일제에게 다시 욕을 당하게 된 사태에, 죽어서라도 귀신이 되어 원수를 갚겠다는 '국수보복론'이 깊게 깔려 있었다. 또한 이들에게 국가의 멸망은 '道'의 붕괴를 의미하였다. 더욱이 도의 구현을 목표로 하는 유교사회의 상징인 국왕이란 존재가 없어지게 되자 자결한 이도 있었으니 이들의 의식 속에는 중화론과 충군애국사상이 여전히 자리 잡고 있었던 측면도 있었던 것으로 보인다.

유생들의 자결은 가깝게는 가족과 제자에게 영향을 끼쳤다. 아버지와 형의 뒤를 이어 자식과 동생이 자결하기도 하였으며, 남편을 따라 부인이 자결하기도 하였다. 일제는 이들의 죽음이 알려지지 않게 극비리에 처리하였으나 이들의 숭고한 충군애국사상은 주위에 민족의식을 심화시켰다. 다수의 애국청년들이 국외로 망명하였으며, 이들은 임시정부와 만주에서의 무장투쟁에 참여하여 독립투쟁을 전개하였으니 이들의 죽음은 결코 헛되지 않았다 할 수 있다.

참고문헌

황현,『매천야록』, 국사편찬위원회, 1955.

송상도,『기려수필』, 국사편찬위원회, 1955.

조희제,『염재야록』, 금강서원, 1990.

김상기,「1910년대 지방 유생의 항일투쟁」,『대한민국임시정부수립 80주년기념논문집』, 1999.

김상기,「청광 이근주의 삶과 자료」,『대한의사 청광자실기』, 청운대 남당학연구소, 2015.

제3장

신채호의 독립운동과 학문

> "강도 일본이 우리의 국호를 없이 하며, 우리의 정권을 빼앗았으며, 우리의 생존적 필요 조건을 다 박탈하였다. ....민중은 우리 혁명의 대본영이다. 폭력은 우리 혁명의 유일한 무기이다. 우리는 민중 속에 가서 민중과 손을 잡고 끊임없는 폭력, 암살, 파괴, 폭동으로써 강도 일본의 통치를 타도하고 우리 생활에 불합리한 일제 제도를 개조하여 인류로써 인류를 압박치 못하며, 사회로써 사회를 박탈치 못하는 이상적 조선을 건설할지니라."(「조선혁명선언」).

단재 신채호는 유학자에서 개화파로 전환한 지식인이다. 그는 언론과 역사학을 통하여 한말 한국인들에게 근대의식과 민족의식을 계몽하였다. 나라가 망하자 그는 러시아에 이어 중국으로 망명하여 여순 감옥에서 고난에 찬 생을 마칠 때까지 독립을 위한 항쟁에 몸을 바쳤다. 그가 남긴 「조선혁명선언」의 민중직접혁명론은 의열단원은 물론, 만주 벌판의 항일 전사들에게 의지와 용기를 주었으며, 그의 독립정신은 아직도 우리의 뇌리 속에 깊게 자리하고 있다.

1. 대전에서 태어나다

신채호(申采浩)는 1880년 11월 7일 충청도 회덕현 산내면 어남리 도리미(현, 대전광역시 중구 어남동 도리미)에서 부친 신광식(1849-1886)과 밀양박씨 사이에서 둘째 아들로 태어났다. 단재(丹齋)는 그의 호이다. 처음에 그는 정몽주의 '일편단심가'를 흠모하여 '일편단생'이라고 하였다가 '단재'라고 썼다. 그는 고령신씨 중 일명 산동신씨인 문충공파의 고천군파로 문충공 신숙주의 18대손에 해당한다. 산동신씨란 고령신씨의 일파가 청주의 동쪽에 위치한 상당산 아래에 집성촌을 이루고 있어 유래한 말인데, 현재의 청주시 낭성면과 가덕면 일대의 고령신씨를 말한다. 이 산동신씨는 대부분 신숙주의 후손들이다. 이들 신씨들은 조선조 문과에 급제한 고령신씨 85명 가운데 32명에 이를 정도로 대표적인 집안으로 번창했다. 산동신씨는 조선전기에 훈구문중이었으나 선조조 이후 거의 남인 당색을 갖는다. 산동신씨는 영조 조에 신천영이 이인좌의

난(영조4년, 1728)에 가담한 뒤부터 급격히 몰락하였으며, 신채호의 5대조인 신두모도 이 사건에 연루되어 집안 역시 몰락한 것으로 보인다.

그동안 신채호의 출생지에 대하여 '청주'로 잘못 알려진 바도 있었다. 신채호의 '청주출생설'은 1936년 신채호가 순국한 것을 기리는 추모사에서부터 보인다. 신채호와 가까이 지냈던 인사들 예컨대 유자명, 임경일, 서세충 등이 대전이 아닌 청주 또는 문의 출신 등으로 잘못 언급하고 있는 것이다. 유자명은 "청주군에서 탄생하였다"라고 했으며, 친구인 서세충은 "기묘년 충남 연기군 문의면"에서 출생하였다고 적고 있다.

그러나 신채호는 조부가 처가인 안동권씨 친정 부근인 대전의 산내로 이사와 살면서 산내의 도리미 마을에서 태어났다. 신채호가 대전에서 출생한 것은 그의 조부의 관계 진출과 관련이 있는 것으로 보인다. 그의 조부 신성우는 고종4년(1867) 문과에 급제하고 그해에 가주서에 임명되었다. 1868년에는 예조좌랑으로 승진했으나 병으로 사직하였다. 정부에서는 사헌부 지평으로 승진시켰으나 취임하지 않았다. 1869년 1월 3일에는 부사과의 직으로 종묘의 춘향대제에 참례하여 축문을 담당하는 임무를 맡았다. 그리고 1월 6일 대제에 참례한 신하들에게 상을 내렸는데, 신성우는 말 1필을 받았다. 1871년에는 종4품관인 사헌부의 장령으로 승진하였다. 1880년 6월 19일에는 무과 복시의 감시관으로 참여하였다가 체포되어 심문을 당한 바도 있었다. 이해에 신채호가 대전에서 태어났다. 신성우는 1885년 1월에 다시 장령에 제수되는데 그해 9월 체직되었다. 그러나 교체된 직위가 나타나지 않는 것으로 보아 관직을 사직하고 대전으로 내려온 것으로 보인다. 이처럼 그는 20년 가까운 벼슬생활을 하였으나, 경제적인 형편은 그다지 좋았던 것은 아닌 것으로 보인다.

신성우는 1867년 출사하면서 부인과 아직 19세밖에 안된 아들을 처가인 안동권씨 댁 인근으로 보냈던 것으로 보인다. 신채호의 부친인 신광식은 고종9년(1872) 24살의 나이로 장남 재호를 낳는 것으로 보아 대전에서 혼인한 것이 아닌가 한다. 신광식의 부인은 밀양박씨 박승원의 딸로 조부는 박윤벽이다.

신채호 조부의 장인은 조선중기 유학자인 유회당 권이진의 현손 권찬(權璨, 호: 石南)이다. 권이진은 실사구시적인 가풍을 이어받아 관념론적인 주자학보다는 현실에 기반을 둔 기호남인의 실학적 학풍을 띤 인물로 평가된다. 권찬의 집은 대전광역시 동구 정생동에 있는 것으로 확인이 되는데 신채호가 태어난 어남동과는 가까운 거리에 있다. 권찬은 2남 2녀를 두었는데, 둘째 딸을 신성우에게 시집보낸 것이다. 권찬의 큰 아들인 권인전(호: 汕村)이 신성우와는 동갑의 나이였는데, 그의 아들 권영승(權永昇, 호: 心齋)은 1891년 문과에 급제하여 1899년 비서랑에 임명되었다. 1901년에는 판임7등이 되었으며, 1902년 2월에는 비서원승으로 승진하였다. 그는 신채호가 상경하여 성균관에서 공부할 때 이미 고종을 측근에서 보필하고 있던 지위에 있어 신채호에게 영향을 주었을 것으로 보인다. 안동권씨 집안에는 신채호가 어린 나이였지만, 성격이 매우 강했던 것으로 전해온다.[1]

신채호 생가와 동상 (대전광역시 중구 어남동)

1 김상기, 「단재 신채호의 생장과 학문」, 『충청문화연구』5, 충남대 충청문화연구소, 2010.

2. 성장과정과 항일운동

신채호는 7살 때 아버지를 잃었다. 조부 신성우는 아들이 38살로 요절하자 다음 해인 1887년 손자를 데리고 청주의 낭성면 귀래리 고두미로 돌아갔다. 조부는 청주로 이사한 뒤 서당을 차렸는데, 신채호가 배운 것을 암기하지 못하면 심하게 매를 칠 정도로 훈육 방식이 엄격하였다. 신채호는 9살 때에 통감을 뗐으며, 13살 때는 4서를 독파했다 한다. 한시에도 능했다. 후일 그의 친우의 기억에 의하면, 그는 시를 듣기만 하여도 작자를 기억해낼 정도로 당나라 시 수천 수를 외우고 있었다고 한다.[2]

조부는 손자의 총명함을 보고 인척인 신승구와 신병휴에게 신채호의 교육을 맡겼다. 신승구는 고종 13년(1876)에 식년시 생원시에 급제한 유학자이다. 신승구는 임헌회의 문인이다. 신병휴의 문하에서도 수학하였는데, 신병휴는 청산리전투에 참전하고 신사상연구회에서 활동한 신백우(호: 畊夫)의 부친으로 문집을 남긴 유학자이다.

신백우의 증언에 의하면, 신채호가 1895년경부터 낭성면 묵정(현, 관정리)의 자신의 집에서 기거하면서 수학했다 한다. 신성우는 신채호가 18세이던 1897년 임헌회의 문인으로 당대 고관이었던 신기선(호: 陽園)의 집에 신채호를 보냈다. 신기선은 1894년 이후 공부대신, 군부대신, 학부대신, 법부대신 등 요직을 두루 거친 관료 유생이다. 그의 본가가 충청남도 목천에 있었는데, 신성우는 신채호를 데리고 신기선의 사저로 방문하여 가르침을 받게 한 것이다. 그러나 신채호는 신기선의 사저에서 많은 서적을 접할 수는 있었지만, 직접 수학한 것 같지는 않다. 신채호는 후일 『대한매일신보』 논설위원으로 활동할 때 신기선을 송병준, 조중응과 함께 일본의 '삼대충노'라고 혹평하고 있음을 볼 수 있다. 신채호는 19살 때인 1898년 가을 신기선의 천거로 성균관에 입학하

---

2 신영우, 「조선의 역사대가 단재 옥중회견기」(『단재신채호전집』 9, 250쪽).

였다. 이때 신채호는 변영만, 조소앙 등과 함께 이남규의 가르침을 받았다. 성균관에서 함께 수학한 변영만의 회고에 의하면, "수당 선생이 살아계실 때 일찍이 그대의 뛰어난 재질을 어여삐 여겨 만나는 사람마다 그대의 아름다움 칭찬하였고"라고 하여 신채호의 자질을 이남규가 높이 평가했음을 알려준다.[3]

신채호는 1898년 11월경 독립협회 운동에 참가하였다가 투옥되어 옥고를 치른다. 신채호는 독립협회 활동 이후 개신유학자로 전환하였다. 그는 1901년에는 신규식의 고향인 가덕면 인차리에 세운 문동학원 교사로 활동하였다. 신채호는 한문교육 무용론을 주장하다가 유림들로부터 배척을 받았다. 신채호는 낭성면에서 장지연을 만났으며, 그의 추천으로 『황성신문』 주필로 참여하게 된다. 『황성신문』이 폐간된 이후, 1907년 11월 6일부터는 박은식의 후임으로 『대한매일신보』의 주필이 되어 필봉을 날렸다. 『대한매일신보』의 주필을 맡아 활동하면서 동시에 신민회에 참여하여 애국계몽운동을 전개하였다. 이때 신채호는 고향의 후배인 신백우를 신민회에 가입시켰다. 이후 신채호와 신백우와는 뗄 수 없는 관계가 되었다. 신채호가 만주에서 역사 공부를 할 때도 회인현의 윤세복과 이원식 집에서 거주하면서 집필에만 몰두하도록 지원한 이도 신백우였다.

신채호는 나라가 망하기 직전인 1910년 4월 가족과 영원한 이별을 고하고 중국으로 망명하였다. 1917년에는 상하이에서 「대동단결선언」에 참여하였으며, 1918년에는 베이징의 보타암이라는 절에 들어가 『조선사』 집필을 하였다. 중국의 『중화보』와 『북경일보』에 논설을 기고하면서 생활하였으나 신문사의 오식을 이유로 집필을 거절하였다. 1919년 임시정부가 조직되자 의정원 전원위원장에 선임되었으나 이승만의 외교 노선에 반대하여 의원직을 사임하였다. 『신대한』의 주필을 맡아 임시정부의 독립운동 노선을 비판하였으며, 남형우 등과 함께 신대한동맹단을 조직하여 부단장으로 활동하였다.

---

3 변영만, 「제신단재문」(『산강재문록』 1936 , 『전집』 9, 330-331쪽).

신채호는 41세 때인 1920년 이회영의 부인인 이은숙의 중매로 박자혜와 재혼하였다. 박자혜는 당시 26세의 재원(才媛)으로 3·1운동에 참여하고 베이징으로 망명하여 연경대학 의예과에 다니고 있을 때였다. 그러나 생활고를 이기지 못한 신채호는 1923년 부인과 아들을 서울로 보내고 말았다.

신채호는 1920년 베이징에서 군사통일촉성회를 조직하였으며, 1923년에는 의열단의 선언인 「조선혁명선언」을 작성하여 암살, 파괴, 폭동을 위주로 한 의열단의 활동 노선에 대한 정당성을 부여하고, 강도 일본을 몰아내는 가장 효과적인 방법은 '혁명'이라는 것을 논리적으로 설명하였다.[4]

> 강도 일본이 우리의 국호를 없이하며 우리의 정권을 빼앗으며, 우리의 생존적 필요조건을 다 박탈하였다. (중략) 조선 민족의 생존을 유지하자면 강도 일본을 구축할지며, 강도 일본을 구축하자면 오직 혁명으로써 할 뿐이니, 혁명이 아니고는 강도 일본을 쫓아낼 방법이 없는 바이다.

그러나 다음 해인 1924년 3월에는 집필활동을 위하여 베이징의 관음사에 들어갔다. 북경대학 교수 이석증(李石曾) 등이 신채호의 곤궁한 형편을 전해 듣고 관음사에 소개한 것이다. 신채호는 관음사에서 49일 동안 스님이 되는 절차를 거치고 승려 생활을 하면서 동시에 집필 활동을 하였다. 1927년에는 유자명, 이회영과 함께 아나키즘에 심취하여 무정부주의동방연맹에 가입하였다. 같은 해 홍명희의 요청으로 신간회에 발기인으로 참여하였으며 창립 총회에서 중앙위원으로 선임되었다.

신채호는 독립운동 자금을 마련하고자 위폐를 제조하여 현금으로 교환하려다가 1928년 5월 8일 타이완의 기륭우체국에서 체포되었다. 『대만일일신보』 1928년 5월 12일자에서는 신채호의 체포 경위를 다음과 같이 보도하고 있다.[5]

> 4월 23일 대북(臺北) 우편국에 베이징 화북물산공사에서 발행한 유문

4 「조선혁명선언」(『단재신채호전집』 8, 891-901쪽).

5 『대만일일신보』 1928년 5월 12일자.

상(劉文祥) 앞의 우편위체 4백원 권 4매 합계 2천원이 있었다. 동 우편국은 대북 남서(南署)에 급보하여 엄중 경계하였다. 24일 신죽국(新竹局)에도 역시 유맹원의 위조 우편위체 2천원이 있었으며, 그 후 기륭(基隆) 대중(臺中) 대남(臺南) 고웅(高雄) 각국에 계속 화북물산공사 혹은 임병문(林炳文)이 발행한 위조 위체가 만원에 달했다. 당국은 게재를 금지하고 극비리에 범인을 수사했다. 지난 8일 기륭우편국에 조선 충청남도 오주군(五州郡) 산내인 신단재(申丹齊), 나이 49가 유문상을 사칭하고 2천원의 위체를 수령하려 하였다. 기륭서 형사는 밀행하여 체포하였다. (후략)

일경에 의해 다롄(大連)으로 호송된 신채호는 다롄지방법원에서 징역 10년 형을 선고받고 여순 감옥 독방에 수감되었다. 옥중에서 그는 가능한 책을 읽으려 하였으며, 국사연구에 몰두하였다. 겨울 감옥이 너무 추워 끼니도 잇지 못하고 있는 부인에게 솜옷을 보내달라고 하였다. 가족의 곤경을 전해들은 그는 "정 할 수 없거든 아이들을 고아원에 보내시오"라고 비통한 편지를 보냈다. 그러면서 아들 수범(秀範)의 학교 입학 걱정을 하고 홍명희 등 친구들에게 처자를 돌봐달라고 부탁하였다. 1935년부터 건강이 급속히 악화되었으며, 1936년 2월 18일 뇌일혈로 쓰러져 의식을 잃었다. "신채호 뇌일혈 의식불명 생명위독"이라는 전보를 받고 부인과 아들이 달려갔으나 2월 21일 황량한 감옥의 시멘트 바닥에서 운명하였다.

신채호가 투옥되었던 여순 감옥 옥사

부인 박자혜(1895-1943)는 1919년 3 · 1운동에 참여한 후 중국으로 망명한 후 신채호와 결혼하였다. 고국으로 돌아 온 뒤 산파소를 차리고 살았으나 매우 어렵게 살았다.[6] 신채호가 투옥된 이후에는 베이징 등지의 독립운동가와 국내 인사들과의 연락 업무를 맡았으며, 나석주 의사가 동양척식주식회사를 폭파할 때 도움을 주는 등의 공적이 인정되어 1977년 건국훈장 애족장을 받았다.

冷突에 飢腸쥐고
母膝에 兩兒啼泣
申采浩夫人訪問記
三旬에 九食으로 三母子겨우延命

「동아일보」 1929년 12월 12일

6 『동아일보』 1929년 12월 12일, 「신채호부인 방문기」.

3. 학문

신채호는 소년기에 경서를 수학하였는데 4서3경을 훤히 꿰고 있었다. 그러나 충청도의 다른 유학자들과는 달리 동도서기론적인 학풍을 띠는 것으로 보인다. 그는 임헌회(호: 鼓山)학파의 영향을 받았는데, 조부가 임헌회 학파의 대표적인 인물인 신기선과 동문수학한 것으로 전해진다. 조부는 신기선에게 신채호를 소개하고 있으며, 신기선은 신채호를 성균관에 천거하고 있음을 보아 더욱 그러하다. 임헌회 학파 중에 신기선은 간재 전우와 달리 동도서기론적인 학풍을 띤다.

한편 산동신씨를 중심으로 한 재경 고령신씨들이 1908년 5월 설립한 문중학교인 영천학계를 설립했는데, 신태휴가 지은 영천학계 취지문에 의하면, 구학을 체로 삼고 신학을 용으로 삼는다는 '구체신용론(舊體新用論)'이 주요 설립이념이었다. 신채호가 이 학계의 부원으로 참여하고 있는데, 이로 보아 영천학계의 취지서에 나타난 '구체신용론' 역시 그에게 영향을 주었을 것이다.

산동신씨 중에서 신채호 이외에도 신규식이나 신홍우, 신백우처럼 구학에서 개화파로 전환한 인물들이 있다. 신규식은 영천학계의 계장인 신면휴의 아들로 영천학계의 총무를 맡았다. 신규식은 고향에서 한학을 수학한 후 1896년 상경하여 관립한어학교에 입학하였으며, 1898년 11월 신채호와 함께 만민공동회에 참여하였다. 이때 신홍우도 만민공동회에 참여하는데, 신홍우는 1894년에 배재학당에 입학하여 신채호나 신규식보다 일찍 개화파가 된 인물이다.

신채호는 1898년 만민공동회에 참여하면서 개화 노선에 서게 된 것으로 보인다. 1903년경에는 이미 신학문 관련 서적을 두루 섭렵하였으며, 적극적인 개화파로 변모하였다. 심지어 안동의 유학자인 류인식에게 영남지역의 유학적 학풍을 개혁하고 서학을 연구할 것을 권하기까지 하였다. 신채호는 1907년 대한매일신보사의 주필이 되어 애국계몽사상과 관련한 많은 논설을 발표하였다. 그는 존화사상과 사대주의를 비판하였으며, 근대민족주의 사관을 제시하였다. 또한 그는 "신학설, 신사상, 신제도, 신습속"을 주장하면서 신문명에 의한 '신국가'의 건설을 역설하였다.

신채호는 문학이나 언론, 불교학 등 철학에도 뛰어났으나 민족사학을 정립하는데 심혈을 기울인 역사학자였다. 신채호는 조선사를 저술하는데 동서양의 많은 서적들을 섭렵하였다. 정인보의 증언에 따르면, 신채호가 만주에서 상하이까지 오면서 백지에 베낀 『동사강목』을 가지고 왔다고 한다. 『동사강목』을 얼마나 귀중하게 여겼는지 알 수 있는 대목이다. 또한 1931년 그를 옥중 면회한 신영우에게 역대 국왕의 치적 중에서 모범이 될 만한 사실을 수록한 『국조보감』과 영조 조에 편찬된 역사서인 『조야집요』를 보내줄 것을 부탁하였다. 그는 중국의 역사도 훤히 꿰고 있었다. 그중에서도 특히 사마천의 『사기』를 애독하였다. 신채호는 상하이에서 유자명을 만난 자리에서 자신이 어려운 일을 당했을 때 굴원이 겪었던 일들을 동정하며 『사기』를 읽은 것을 알려주었다. 신채호는 서양사에도 식견이 높았다. 이관용이 옥중 면회하였을 때 신채호는 그에게 H.G. 웰스의 『세계문화사(일역)』를 구해줄 것을 부탁하였다. 또 그는 영문으로 된 칼라일의 『영웅숭배론』과 기본의 『로마흥망사』를 보았다. 신채호는 영문으로 된 서양서를 보는데 전혀 문제가 없을 정도의 영문 독해 능력이 있었다. 유자명의 증언에 의하면, 신채호가 의열단선언을 발표한 후 베이징으로 돌아가 역사 저술에 몰두하였는데, 이때 유럽 역사와 관련한 논저들을 읽기 위하여 영어공부를 하였다는 것이다. 신채호는 영어회화는 한 마디도 못했지만 영문으로 된 서적은 능히 보았다고 한다. 그는 암기력이 좋아서 영어 사전을 펴고 앉았다 누었다가 하면서 영어사전을 통째로 암기했다 한다.[7] 말년에는 아나키즘에 심취했는데, 그가 옥중에서 순국한 후 아들 신수범이 여순 감옥으로부터 받은 유물 중 세계대사상전집의 「크로포트

7 이극로, 「서간도 시대의 선생」, 『조광』 2-4, 1936년 4월(『전집』 9, 310-311쪽).

킨」 편이 있었다 한다. 표트르 알렉세예비치 크로포트킨(1842-1921)은 러시아 출신의 아나키스트로 '아나키스트들의 왕자'라고 불릴 정도로 아나키즘을 이념적으로 정립한 인물로 알려진다.

신채호는 역사 저술을 위하여 승려 생활도 마다하지 않았다. 신채호가 생활이 곤궁해지자, 이를 알게 된 베이징의 친구들 소개로 베이징의 관음사에 들어갔는데, 신채호가 사찰을 찾았던 것은 불교에서 귀의처를 찾기 위해서보다는 저술에 전념하기 위한 데에 목적이 있었던 것으로 보인다. 신채호는 유자명에게 출가하고 돌아 온 이유를 다음과 같이 말해 주었다.

> 나는 불교를 믿지 않지만, 다만 청정한 우주 속으로 들어가서 일심으로 역사를 쓰고 싶었지. 그리고 우주에 다다르자 비로소 소위 '세상을 벗어난 청정한' 우주를 알았지. 오직 축소된 현실세계만이 복잡하기 그지 없음을 알았네.[8]

그는 청정한 마음으로 역사를 쓰는데 전념하고 싶어 사찰에 들어갔다는 것이다. 그러나 비록 그가 불교에 귀의하지는 않았지만, '세상을 벗어난 청정한 우주'를 알았다고 하는 것은 그의 불교에 대한 경지를 알게 한다.

신채호의 학문에 대한 태도는 철저하고 엄격하였다. 1923년 3월 베이징의 관음사에서 『조선사』와 『전후삼한고』를 집필하였는데, 원고를 보내면서 원고의 한자 한 귀절도 가감하지 말 것을 당부하였다. 또한 그는 중국의 『북경신문』과 『중화보』에 사설을 발표하여 생계에 보탰다. 그런데 몇 자의 오식('矣'자)이 있다 하여 이를 이유로 집필을 거절하고 그 뒤에는 일체 원고를 보내지 않았을 정도로 자신의 글에 철저하였다.[9]

---

8 유자명, 「조선의 애국 역사학자 신채호」, 『세계사연구동태』 1981년 2월(『전집』 9, 412쪽).

9 신영우, 「단재와 '矣'자」, 『신동아』 1936년 4월호(『전집』 9, 294쪽).

4. 맺음말

단재 신채호는 대전에서 태어난 한국 근대의 언론인이자 독립운동가이며, 역사학자이다. 그가 고령신씨 중 일명 '산동신씨'의 후예임에도 대전에서 출생하게 된 것은 그의 조부의 관계 진출과 연관이 있는 것으로 보인다. 그의 조부 신성우는 1867년 문과에 급제하여 상경하면서 부인과 19살밖에 안되었던 아들 모녀를 처가인 대전의 산내로 보낸 것이다. 신성우의 장인 권찬은 조선조 기호지역 대표 유림인 유회당 권이진의 고손으로 기호남인이다. 신성우는 1885년경 관직을 사직하고 대전으로 내려와 살다가 1886년 아들이 요절하자 다음 해 신채호를 데리고 고향인 청주의 고두미로 이사하였다.

신채호는 조부로부터 한학을 수학하였으며, 신승구 등 임헌회 학파의 문인들로부터 한학을 수학하면서 동도서기론적인 특성을 띠었다. 신채호는 임헌회의 문인 중에 대표적인 동도서기론자인 신기선의 서재에서 많은 서적을 접하고 신기선의 추천으로 성균관에 입학하여 박사가 되었다. 또한 그는 '구체신용론'에 입각하여 신학을 교육한 문중학교인 영천학계의 부원으로 참여하였는데, 이 과정에서 동도서기적인 학풍에 영향을 받은 것으로 보인다. 한편 그는 1898년 만민공동회 운동에 참여하면서 개화사상을 체득하였다. 그는 1901년에는 고향의 문동학원에서 한문무용론을 주장하다가 배척을 받을 정도로 신학문에 몰입했으며, 1903년에는 안동출신의 류인식에게 영남유학의 개혁을 주장하기까지 할 정도로 개화사상에 경도되었다.

신채호는 문학이나 철학, 언론에도 뛰어났으나, 특히 역사학에 전념하여 민족사학을 정립하였다. 그는 이를 위하여 『동사강목』이나 『사기』와 같은 한국과 중국의 사서는 물론 일문판 『세계문화사』와 영문판 『영웅숭배론』과 『로마흥망사』와 같은 서양의 역사서를 참고하였다. 그는 베이징의 관음사에 들어가 승려 생활을 한 적도 있었으나, 이는 불교를 믿어서가 아니라 '청정한 마음'으로 역사를 저술하기 위함에 목적이 있었다. 신채호의 학문에 대한 태도는 매우 엄격하였다. 그는 자신의 원고를 타인이 가감하는 것을 절대 용인하지 않았다. 또한 조선일보에 연재되는 『조선상고사』가 너무 단정적이고 완벽한 것이 아니라면서 연재를 중단할 것을 요구하는 등 학문의 엄격성을 몸소 보인 역사학자였다.

참고문헌

신용하, 『신채호의 사회사상연구』, 한길사, 1984.

이만열, 『단재 신채호의 역사학 연구』, 문학과 지성사, 1990.

조동걸, 「단재 신채호의 삶과 유훈」, 『한국사학사학보』 3, 2001.

최기영, 「일제 강점기 신채호의 언론활동」, 『한국사학사학보』 3, 2001.

한시준, 「신채호 재중독립운동」, 『한국사학사학보』 3, 2001.

심경호, 「단재 신채호의 한시」, 『국학연구』 1, 한국국학진흥원, 2002.

이호룡, 「신채호의 아나키즘」, 『역사학보』 177, 2002.

박걸순, 「1920년대 신채호의 역사인식과 역사서술 -『조선사연구초』를 중심으로」, 『호서사학』 제50집, 2008.

김상기, 「단재 신채호의 생장과 학문」, 『충청문화연구』 5, 충남대 충청문화연구소, 2010.

제4장

3 · 1운동의 민족대표 손병희

1. 동학 입도

손병희(孫秉熙, 1861~1922)는 3 · 1운동을 주도하였으며, 독립선언서에 서명한 대표적인 민족지사이다. 그는 1861년 4월 충청북도 청원군 북이면 대주리에서 손두흥과 경주최씨 사이에서 태어났다. 이명으로 응구(應九) · 규동(奎東), 이상헌 등이 있다. 호는 의암(義菴)이다. 아버지는 청주목의 아전이었으며, 어머니 최씨는 두 번째 부인이었다. 재가녀의 아들로 태어난 그는 차별대우를 받았다. 그는 어린 시절부터 기골이 장대한 호걸의 풍모를 보였다. 그러나 아버지를 아버지라 부르지 못하게 하는 사회의 부조리에 저항적이었다. 한문 공부도 지속하지 못했다. 그는 자신의 감정을 숨기기보다는 오히려 거침없이 행동하는 성격이었다.

손병희 생가(충북 청원)

1882년 동학에 입교하였다. 그가 방황하며 청년기를 보내던 1880년대 청주 지역에도 동학의 교세가 형성되어 있었다. 그는 당질인 손천민은 이미 동학에 입도해 있었다. 그는 손천민과 서택순으로부터 입도 제의를 받고 1882년 10월 동학에 입도하였다. 1884년 교주 최시형(崔時亨)을 만나 지도를 받았다. 수도하는 방법을 묻자 최시형은 그에게 3년동안 매일 짚신 두 켤레를 삼으면서 주문을 정성으로 외우라고 하였다. 그는 이를 충실히 실천하였다. 1884년 가을에 공주 가섭사에서 스승과 함께 49일 수련을 하게 되었다. 최시형은 그에게 부엌에 있는 커다란 솥을 새로 걸게 하였다. 그가 일을 마치자 최시형은 솥을 다시 걸도록 하기를 무려 일곱 차례나 반복하였다. 손병희는 불평 한마디 하지 않고 스승이 시키는 대로 하였다. 그는 최시형의 후계자 수업을 묵묵히 수행하였다. 동학에 입도한 이후 그의 행동은 종교인으로의 모습으로 변해갔다.

의암기념관과 손병희 동상

2. 동학혁명 참가

1880년대 후반 동학의 교세는 삼남 지방은 물론, 경기, 강원지역까지 크게 확장되었다. 동학교단은 교주인 최시형의 죄를 신원할 것과 교인에 대한 탄압을 철폐할 것을 요구하는 교조신원운동을 펼쳤다. 교조신원운동은 1892년 10월 공주에서 시작되었다. 그해 11월에 삼례에서도 전개되었는데, 손병희는 이때 손천민을 도와 직접 참가하였다. 삼례에서 교조신원의 뜻이 관철되지 않자 그는 1893년 1월 광화문 앞에서 박광호 등과 함께 복합상소를 올렸다. 그러나 정부에서는 오히려 동학에 대한 탄압을 강화하였다. 최시형은 각지에 통문을 보내 교인들을 보은 장내리에 집결할 것을 지시하였다. 이에 따라 교인을 포함한 3만여 명이 장내리에 집결하여 '척왜양창의'란 깃발아래 시위를 하였다.

고종31년(1894) 동학혁명이 일어났다. 동학의 첫 기포는 1894년 1월 고부에서 군수의 탐학에 대한 항거에서 비롯되었다. 고부 기포에 대한 무자비한 정부의 탄압에 전봉준 등은 1894년 3월 전북 무장에 도소를 설치하고 봉기하였다. 그러나 정부에서 동학을 진압하기 위해 청국에 원군을 요청하자 청일 양군이 조선에 침입하였다. 백산과 정읍에 이어 전주를 점령한 전봉준이 이끄는 동학군은 이를 국난으로 인식하고, 집강소 설치를 조건으로 자진 해산하였다. 그러나 조선 침략의 야욕을 가졌던 일본이 청군을 기습 공격하면서 청일전쟁이 발발하였다. 더욱이 일본군은 경복궁을 무력 점령한 갑오변란을 일으켰다. 이러한 일제의 침략 행위에 최시형의 지시에 따라 동학군은 재기하였다. 손병희 등 북접의 동학들도 무장하고 반침략 전쟁을 전개하였다. 손병희는 통령(統領)으로 농민군을 지휘하여 관군을 격파하면서 호남과 호서지방에서 활동하였다. 그해 10월에는 전봉준과 연합하여 우금치 전투에 참여하였다. 손병희가 이끄는 호서 동학군은 우금치 서쪽과 봉황산 일대에서 공격전을 벌였다. 동학군은 여러 날 공방전을 벌였으나 일본군의 화력에 밀려 논산에서 다시 여산으로 후퇴하였다. 추격해온 일본군과 원평, 태인 일대에서 전투를 벌였다. 결국 백산에서 전봉준 부대와의 연합전선을 해체하고 북상하여 보은을 거쳐 충주 외서촌전투를 치른 뒤 부대를 해산하였다. 이후 손병희는 최시형 등과 원주 치악산 일대에서 은신생활을 하였다.

3. 천도교 창건

1898년 최시형의 사후 그의 뒤를 이어 종통이 되어 교세 확장을 위해 노력하였다. 1901년 국제정세를 살피기 위하여 일본으로 건너갔다. 상해로 가서 손문(孫文)을 만나 교류하기도 하였다. 다시 일본으로 건너간 그는 이상헌(李祥憲)으로 개명하고 오세창, 권동진, 박영효 등과 교류하면서 국제 정세를 토론하고 국내 사정을 전해 들었다. 러일전쟁이 일어나자 박인호 등 동학 지도자 40여명을 도쿄로 불러들였다. 그의 지시를 받은 이들은 귀국하여 1904년 10월 진보회를 조직하였다. 진보회는 독립보전, 정치개혁, 인민의 생명 재산 보존 등을 목표로 하면서 '동맹국'인 일본을 군사적으로 보조할 것이라 하였다. 회장은 이용구, 부회장은 권종덕이었다. 그러나 정부의 진보회에 대한 탄압이 지속되자 진보회는 송병준이 세운 일진회와 통합하였다. 이용구는 이를 계기로 친일 대열에 앞장섰다. 일진회에 통합된 진보회원들도 일본군의 군수물자 수송을 도우면서 부일 활동을 하였다. 러일전쟁이 종전에 이르자 일진회에서는 1904년 11월 일본의 보호국화를 촉구하는 선언서를 발표하기까지 하였다.

이러한 상황에 손병희는 1905년 12월 1일 교정일치론(敎政一致論)을 철회하고 종교로서의 동학을 고수하기로 방침을 바꾸었다. 그리고 동학을 천도교(天道敎)로 개칭하였다. 이어서 다음 해 1월 권동진, 오세창과 함께 일본에서 귀국하여 교세 확장을 위해 힘썼다. 먼저 교단을 정비하기 위해 종령(宗令)을 반포하였다. 이를 통해 천도교는 근대종교로 모습을 갖춰갔다. 정당 활동을 금지하고 이용구 등 60여명을 출교시켰다. 출판사 보문사를 설립하였고《제국신문》과《만세보》를 창간하였다. 보성학교(普成學校)와 동덕학교(同德學校)를 인수하였으며, 사범학교를 두어 교리와 서양 학문을 가르쳤다.《천도교월보》를 간행하여 사회교육과 민족의식 함양에 노력하였다. 융희2년(1908) 박인호(朴寅浩)에게 교주 자리를 인계하고 우이동으로 은퇴하여 수도 생활을 하였다.

3. 3 · 1운동 추진

1910년 8월 일제가 한국의 강점을 발표하자 천도교에서는 일제 강점의 부당성을 지적하였다. 총독부에서는 천도교를 노골적으로 탄압하였다. 대표적인 것이 성미(誠米)제도의 폐지였다. 1918년 이후 국제 정세의 변화로 보성고등보통학교장인 최린(崔麟), 천도교 도사 권동진(權東鎭), 오세창 등과 함께 1919년 1월부터 독립운동을 위한 논의와 계획을 구상하기 시작하였다. 1월 하순부터 몇 차례 회합을 한 후 조선민족대표자의 이름으로 조선독립을 선언하고 선언서를 비밀리에 인쇄하여 전국에 배포하고 전국적인 시위운동을 일으키고자 하였다. 일본 정부와 조선총독부, 파리 강화회의 참가국 위원들에게 조선독립에 관한 의견서를 제출하고, 미국 대통령 윌슨에게 조선독립에 관하여 진력하여 줄 것을 요구하는 청원서를 제출하기로 하고 그 실행을 최린이 담당하게 하였다. 2월 상순 최린은 자신의 집에서 중앙학교장인 송진우(宋鎭禹)를 비롯하여 현상윤(玄相允) · 최남선(崔南善)과 만나 독립운동의 계획을 수립하였다. 이들은 중앙학교 내의 송진우 집에서 만나 숙의한 끝에 박영효(朴泳孝) · 윤용구(尹用求) · 한규설(韓圭卨) · 김윤식(金允植) 등과 기독교도를 설득하기로 하고, 독립선언서의 기초는 최남선이 맡기로 하였다. 이어서 권동진 · 오세창과 함께 2월 25일부터 27일까지 천도교 기도회 종료 보고와 국장 참석을 위하여 서울에 모인 천도교 도사 임예환(林禮煥) · 나인협(羅仁協) · 홍기조(洪基兆) · 박준승(朴準承) · 양한묵(梁漢默) · 권병덕(權秉悳) · 나용환(羅龍煥)과 전제관장 김완규(金完奎), 장로 이종훈(李鍾勳) · 홍병기(洪秉箕) 등 10명과 이종일(李鍾一)로부터 독립운동 추진 동의와 참가 승낙을 받았다. 이들은 선언서와 기타 서면에 조선독립대표로서 손병희와 함께 명단에 올리는 것에 동의하였다. 2월 27일 재동의 김상규(金相奎) 집에서 그는 최린 · 오세창 · 권병덕 · 임예환 · 나인협 · 홍기조 · 김완규 · 나용환 · 홍병기 · 박준승 · 양한묵 등 천도교측 11명과 함께 선언서와 기타 서류에 찬동하여 서명자 용지에 날인하였다. 2월 28일 밤에는 재동의 자신의 집에서 민족대표 33인 가운데 양전백(梁甸伯) · 길선주(吉善宙) · 이명룡(李明龍) · 김병조(金秉祚) · 정춘수(鄭春洙) · 나인협 · 홍기조 · 양한묵 · 백상규(白相奎) 등 9명은 사정이 있어 불참하고 나머지 서명자 일동이 모여서 독립선언에 대한 최종 점검을 하였다. 독립선언 당일

파고다공원에 학생들이 집합한다는 것을 듣고 당일의 소요를 염려하여 급히 독립선언 장소를 인사동 태화관으로 변경하였다. 3월 1일에 이갑성(李甲成)은 조선독립에 관한 의견서를 조선총독부에 제출하며 회합의 장소를 떠나지 않고 조용히 포박되기로 약속하였다.

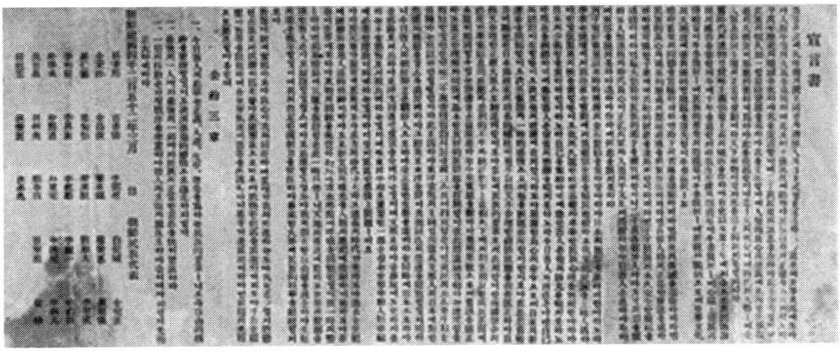
宣言書

기미독립선언서

3월 1일 오후 2시 그를 포함하여 민족대표 33인 중 길선주 · 김병조 · 정춘수 · 유여대(劉如大) 4명을 제외한 29인이 참석하였다. 이갑성(李甲成)이 조선총독부에 의견서를 제출하였고, 이종일은 인쇄한 '독립선언서' 약 100장을 책상에 놓아 두어 참석자들이 열람을 하게 하였다. 독립선언서의 낭독을 생략하고 한용운(韓龍雲)이 일어나서 '무사히 독립선언서를 발표하게 되어 크게 기쁘며 더욱 더 독립을 위하여 노력하여야 한다'는 취지의 연설을 하고 한용운의 선창으로 만세삼창을 하였다. 그리고 종로경찰서에 연락하였다. 탑골공원에서는 학생들이 중심이 되어 독립선언식을 갖고 시위를 벌였다. 경찰과 헌병대가 출동하여 태화관을 에워쌌다. 그를 포함한 민족대표들은 일경에 체포되어 정무총감부로 호송되었다. 이곳에서 심문을 받고 서대문형무소로 이송되었다. 손병희는 독방에 수감되었다. 그는 재판과정에서 조선 독립의 당위성을 주장하였으며, 일제의 잘못을 비판하였다. 경성복심법원에서는 1920

말년의 손병희

년 10월 손병희 등에게 내란죄를 적용하여 징역 3년을 선고하였다. 그는 옥고를 겪다가 1920년 11월 뇌출혈로 반신불수의 몸이 되었다. 다음 해 6월 다시 의식 불명의 상태에 빠졌다. 병보석을 신청하였지만 법원에서는 이를 기각하였다. 그해 10월 그는 병세가 악화되자 병보석으로 석방되었다. 그러나 다음 해 5월 "오심즉여심이라.... 뒷일은 청년들에게 부탁하오"라는 유언을 남기고 유명을 달리하였다.

4. 손병희의 삶

그는 조선 말기 신분적 한계를 깨닫고 사회적 불평등에 저항하며 지냈다. 평등한 세상을 구현하고자 동학에 입도하였다. 그는 사회적 부조리와 제국주의 침략으로 인한 국가의 위기를 극복하고자 동학혁명을 추진하였다. 천도교를 창건하여 국권을 회복하고자 노력하였다. 일제강점기 3·1운동을 발발시켜 민족의 독립의지를 전세계에 알리는 데 크게 공헌하였다. 그는 암울한 시기에 대의를 위해 모든 것을 바쳤으며, 조국 광복을 위한 민족운동사에서 큰 자취를 남겼다.

참고문헌

이돈화, 『천도교 창건사』, 천도교 중앙종리원, 1934.

조규태, 『천도교의 민족운동 연구』, 선인, 2006.

김정인, 『천도교 근대민족운동 연구』, 한울, 2009.

성주현, 『손병희』, 독립기념관 한국독립운동사연구소, 2012.

제5장

3 · 1운동의 횃불 유관순

1. 어린 시절의 유관순

유관순(柳寬順, 1902-1920)은 충청남도 목천군 이동면 지령리에서 1902년이 저물어 가는 11월 17일(음) 태어났다. 본관은 고흥이다. 부친은 유중권(柳重權) 모친은 이소제(李少悌)이다. 지령리(地靈里)는 매봉산 아래에 있는 마을로 지랭이골이라고도 불렸다. 50호가 넘는 동네였는데, 이곳에는 고흥유씨 일가들이 많이 살고 있었다. 어릴 때 유관순은 몸집이 아담했다고 그의 오빠 유우석은 증언한다. 그러나 성격은 괄괄했고 고집스러웠다. 또 아무도 한글을 가르쳐주지 않았는데도 성경을 읽고 외우기까지 했으며, 어릴 적부터 절구질 같은 힘든 일도 잘 했다. 개화 바람이 불자 친척들이 모두 기독교를 믿었다. 그의 집안도 숙부인 유중무를 시작으로 모두 기독교를 믿었다. 유중무는 1909년 지령리 교회 교사에 임명되어 집안 애들을 가르쳤다. 그리고 아들 유경석과 딸 유예도는 물론 조카인 유우석과 관순을 기독교 학교인 공주 영명학교와 이화학당에 보냈다. 유관순의 부친은 상투를 자르지 않고 혼자 예수를 믿지 않고 집안이 다 망했다고 불평이 많았다. 그렇지만 자식들을 학교에 보내는 것은 허락했다.

유관순 생가

1905년 을사늑약이 강제되어 나라의 운명이 풍전등화 격이었다. 지령리 마을에서는 교회를 중심으로 하여 신교육운동을 전개하였다. 교회 내에 진명학교라는 신식 학교를 설립하였다. 전국적으로 번져가는 국채보상운동에도 적극 참여하였으니, 지령리 교회 신도 82명이 국채보상 의연금을 낸 것이《대한매일신보》1907년 8월 16일자에 보도되었다. 목천 일대에서 의병의 활동도 많았다. 일제는 의병이 지나갔다 하여 마을에 들어와 집에 불을 지르곤 했다. 지령리 교회도 이때 일본군이 불 질렀다.

"교회가 불타고 있다. 일본군이 교회에 불을 질렀다"

지령리 교회가 불타고 있었다. 마을 사람들이 물통을 들고 달려왔으나 일본군이 착검을 한 채 불타는 교회에 접근을 막고 있었다. 마을 사람들은 불타는 교회를 보며 울먹이며 이를 악물고 있을 수 밖에 없었다. 《황성신문》 1907년 11월 2일자와 《대한매일신보》 1907년 11월 3일자에 이 참상이 보도되어 있음을 볼 수 있다. 관순이 다섯 살 때의 일이었다.

2. 이화학당 입학

고향에서 신식 교육을 받던 유관순은 공주 영명학교를 설립한 사애리시(史愛理施)의 인도로 1915년 이화학당 보통과에 입학하였다. 사람들이 사부인이라 불렀던 사애리시의 이름은 앨리스 햄몬드 샤프(Alice J.Hammond Sharp)이다. 그녀는 목사였던 남편이 죽은 뒤 그를 이어 충남지역에서 선교 사업과 교육 사업에 헌신하였다. 선교하기 위해 목천의 지령리 교회에 왔다가 유예순과 유관순에게 주목하고 이들을 교비생으로 이화학당에 추천했던 것이다. 유관순은 1915년 보통과 2학년에 편입되었다가 1918년 졸업하고 그해에 고등과인 이화여자고등보통학교 1학년으로 진급하였다. 유관순은 이화학당에 입학한 후 기숙사에 들어가 사촌언니 유예도와 방을 함께 쓰면서 규칙적인 생활을 하였다. 유관순은 수를 놓는 것을 좋아했다. 1917년 2월에 사촌오빠 유경석이 아들을 낳았다. 첫 조카 유제경이었다. 유관순은 틈틈이 코바늘로 조카에게 줄 모자를 떴다. 그리고 방학 때 가지고 가서 선물로 주었다. 조카 유제경은 이 선물을 가지고 있다가 유관순 탄신100주년 때 천안대학교 유관순연구소에 기증했다고 하였다. 유제경은 1941년 4월 공주의 장기초등학교 6학년 담임 선생님으

유관순이 조카 유제경에게 준 실로 뜬 모자

로 재직 중 졸업식장에서 학생들에게 자주독립 정신을 고취했다는 이유로 일본경찰에 체포돼 옥고를 치렀던 애국지사이다.

유관순은 일요일이 되면 손정도(1882-1931) 목사가 인도하는 정동교회에 나가 예배를 봤다. 손 목사는 교인들에게 민족혼을 불어넣어 주는데 온 힘을 다하였다. 또한 그는 행동하는 신앙인이었다. 1919년 상해로 망명하여 임시정부 임시의정원 의장으로 활동하는 등 독립운동을 하다가 망명지에서 생애를 마쳤다. 손 목사가 망명한 뒤 후임으로 3 · 1운동의 33인중의 한명인 이필주 목사가 부임하였다. 유관순은 3 · 1운동 때까지 이필주 목사의 설교를 들으며 신앙심과 민족의식을 키워갔다.

3. 3 · 1운동과 유관순

1919년 3월 1일 고종황제의 국장일이었다. 이날 전국적으로 일제의 통치에 반대하는 독립만세운동이 일어났다. 유관순은 기숙사 방에서 이정수와 함께 태극기를 제작하여 밤중에 선교사 방을 비롯하여 기숙사 방, 교실에 붙여놓았다. 다음 날 아침 발견되었지만 모두가 독립의 의지를 키워갈 수 있었다.

유관순은 서울에서의 만세운동에 참여하였다. 3월 1일 오후 2시 조금 지나 군중들이 '대한독립만세'를 부르면서 이화학당 쪽으로 오는 것이 보였다. 기숙사에 있던 유관순을 비롯한 학생들이 밖으로 나왔다. 학생들은 닫힌 교문 옆 담장을 넘어 군중에 합류하였다. 유관순도 친구들과 군중 속으로 들어가 대한독립만세를 외쳤다. 시위대는 모두가 하나가 되어 대한독립만세를 부르며 서울 시가지를 누볐다. 유관순은 일본 경찰의 검거를 피해 무사히 기숙사에 돌아왔다. 유관순은 3월 5일 다시 시내로 나갔다. 이날 시위는 학생 대표들이 주최한 것으로 서울역 앞에서 있었다. 유관순은 서명학, 국현숙, 김복순, 김희자 등 일명 '5인의 결사대'와 함께 아침 일찍 시내로 갔다. 서울 역 앞에

이화학당 시절의 유관순

는 수 만명의 군중이 집결하였다. 보성법률상업학교 학생 강기덕과 연희전문학교 학생 김원벽이 '朝鮮獨立'이라 쓴 큰 깃발을 들고 나타났다. 이어서 '대한독립만세'라고 외쳤다. 시위 군중들이 호응하여 대한독립만세를 외쳤다. 시위대는 남대문 쪽으로 행진하며 만세를 불렀다. 두 학생은 경찰에 의해 체포되었다. 그러나 시위대는 경찰 저지선을 뚫고 남대문 시장, 종로 보신각으로 향하면서 독립만세를 외쳤다. 경찰들은 학생들을 무차별 구타하였다. 유관순은 종로 6가쯤 가다가 다른 학생들과 함께 경찰에 붙들려 남산에 있었던 경무총감부로 붙잡혀 갔으나 외국 선교사들의 강력한 요구로 학교로 돌아올 수 있었다. 3월 10일 이화학당에 휴교령이 내렸다. 유관순은 유예도와 함께 귀향하였다.

4. 아우내장터 만세운동 주도

집에 돌아 온 유관순은 3월 16일 일요일 밤에 교회에 나가 서울에 있었던 만세운동의 상황을 알렸다. 이 자리에는 부친 유중권(柳重權)과 숙부 유중무(柳重武), 조인원(趙仁元) 등이 모여 있었다. 교인들은 4월 1일 아우내 시장의 장날을 기하여 만세운동을 일으키기로 하였다. 4월 1일은 음력으로 3월 1일이라 의미가 있었다. 주도자들은 실행을 위한 준비에 돌입하였다. 유관순은 연락책임을 맡았다. 인근의 교회는 물론 연기, 청주, 진천 등지의 교회를 돌아다니며 만세운동에 참여할 것을 설득하였다. 독립선언서가 필요하여 서울로 올라가 구해오기도 하였다. 태극기도 만들었다. 다리도 아팠고, 물집도 잡혔다. 그러나 "우리 자신이 자유를 찾으려고 노력하지 않는데 누가 거저 가져다 줄 것인가"라면서 마음을 다독였다.

아우내 시장의 만세운동이 있기 전인 3월 28일 입장에서 만세운동이 있었다. 입장에서는 3월 30일 또 다시 시위를 벌였다. 3월 31일에는 인근 연기의 전의면 소정리와 서면 양화리에서도 시위가 있었다. 유관순이 연락을 했던 지역들이었다.

아우내 3 · 1운동은 4월 1일 일어났다. 아우내장터 만세운동은 조인원, 유관순 등의 동면 주민들만이 아니라, 홍일선(洪鎰善)과 김교선(金教善) 등 수신면민들과 이백하, 김상철 등 성남면과 갈전면의 주민들도 별도로 준비하였다. 이들의 만세운동은 3월 31일 자정부터 실시되었다. 유관순을 비롯하여 주도자들은 자정을 기하여 매봉산에 올라 다음날의 독립만세시위 계획을 알리는 봉화를 올렸다. 4월 1일 아침 일찍부터 아우내 장터에는 각 지역에서 시위군중들이 모여들기 시작하였다. 천안 쪽 길목은 조병호(趙炳鎬), 수신면 쪽은 조만형(趙萬衡), 충북 진천 쪽은 박봉래(朴鳳來)가 시장에 오는 사람들에게 독립만세를 부르도록 권유하는 역할 분담을 하였다. 유관순은 아침 밥을 먹고 부모님과 함께 장터로 나갔다. 오전 9시, 3천여 명의 시위군이 모이자, 조인원이

긴 장대에 대형 태극기를 만들어 높이 달아 세우고 독립선언서를 낭독한 후 독립만세를 선창하였다. 아우내 장터는 삽시간에 시위대의 만세소리로 진동하였다. 유관순은 미리 만들어 온 태극기를 시위 군중에게 나누어주고, 시위 대열의 선두에 서서 독립만세를 외치며 장터를 행진하였다.

일제 헌병대는 평화적인 시위대를 무자비하게 탄압하였다. 시장에서 50보 정도 떨어진 병천헌병주재소 소산(小山)소장 등 일경 5명은 만세 소리를 듣고 즉각 출동하여 해산을 요구하였다. 시장 군중들이 불응하자, 일경들은 무차별적으로 사격을 자행하였다. 오후 1시경 긴급 출동한 일본 헌병대는 시위대열의 선두에 있던 김상헌을 칼로 찔러 살해하였다. 시위군중은 무참하게 살해된 시체를 주재소 앞마당에 내려놓고 일제의 만행을 격렬하게 성토하였다. 오후 2시경, 응원요청을 받은 헌병 분견대원과 수비대원 30여명이 트럭을 타고 도착하여 총검을 휘두르고 총을 쐈다. 시위군중이 사방으로 흩어지자, 일본 헌병들은 시위 군중을 끝까지 추격하면서 발포하고 칼로 쓰러뜨렸다. 유관순의 아버지 유중권과 어머니 이씨가 그들의 총격으로 현장에서 숨을 거두었다. 유관순은 아버지의 시신을 업고 유중무, 조인원, 조병호 등과 함께 파견소로 몰려가 강력히 항의하였다. 김구응도 일본 헌병이 쏜 총에 쓰러졌다. 아들이 살해당했다는 소식을 들은 모친 최정철 여사가 달려와 절규했다. 일본 헌병은 모친마저 총을 쏘아 쓰러뜨리고 총검으로 찔렀다. 일제의 만행으로 19명이 현장에서 순국하고 30여명이 부상당하고 많은 이들이 체포되었다. 한꺼번에 부모를 잃은 유관순 역시 체포되었다.

5. 옥중투쟁과 순국

유관순은 독립만세운동 주모자로 체포되어 공주검사국(公州檢事局)으로 송치되었다. 5월 9일 제1심 판결이 있었다. 유관순은 조인원, 유중무와 함께 징역7년형을 선고받았다. 조병호에게는 3년형, 김교선 등에게는 2년형을 선고한 것에 비하면, 유관순 등을 주동자로 판단했음을 알 수 있다. 며칠 후 포승줄에 묶여 법정에 들어오는 오빠 유우석(柳愚錫)과 마주쳤다. 유우석은 부모님이 돌아가신 것을 비로소 알게 되었다. 너무나 큰 충격이었다. 더욱이 여동생마저 부상을 입고 포승줄에 묶여 있는 것을 보니 억장이 무너졌다. 동생을 위로하기도 전에 간수의 호통이 이어졌다. 자매는 눈물을 흘리며 헤어져야 했다. 유우석은 공주 영명학교(永明學校) 학생대표로 독립만세운동을 주도하다가 체포된 것이다. 그는 징역6월형을 받고 집행유예로 풀려났다.

유관순은 판결에 불복하고 복심법원에 항고하자 서울 서대문형무소로 이송되었다. 1919년 6월 30일 경성복심법원에서는 조인원, 유중무와 함께 징역 3년형을 선고하였다. 조인원과 유중무 등은 고등법원에 상고하였다. 숙부인 유중무가 함께 상고하자고 하였으나 유관순은 "삼천리 강산 어디면 감옥

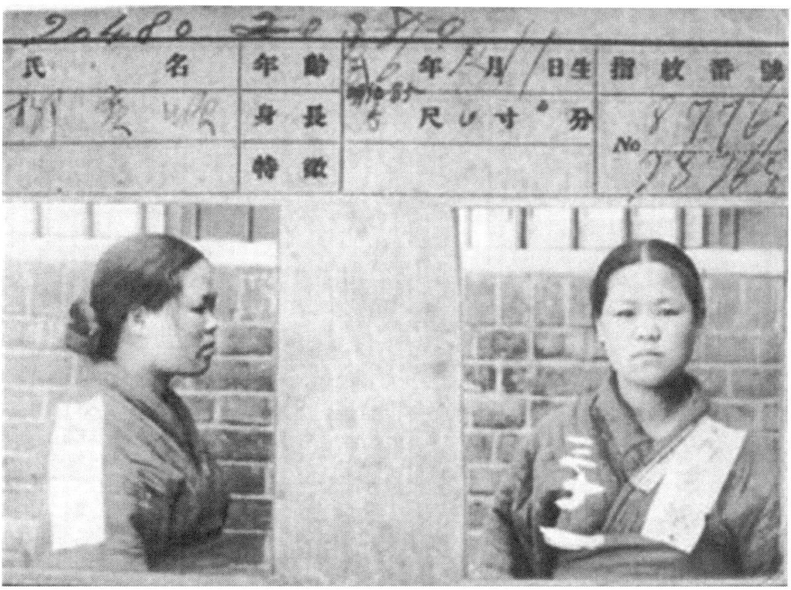

유관순의 수형자기록표

이 아니겠습니까"라며 상고를 포기하였다. 형이 확정되자 유관순은 미결감에서 기결감으로 옮겨졌다. 이때 형무소에서 작성한 수형자기록표가 남아 있다. 이에 의하면 "광무6년, 명치35년 12월 17일생"으로 적었다. 신장은 5척6촌이라 했으니 169.7센티가 된다. 당시 여학생으로서는 매우 큰 키였다. 얼굴은 고문으로 퉁퉁 부은 모습이다.

유관순은 서대문 형무소에서 옥고를 치르면서 수시로 '대한독립만세'를 외쳤다. 그때마다 끌려 나가 모진 매를 맞았다. 아우내 장터에서 입은 부상이 낳지 않고 고름이 나왔다. 유관순은 부모님이 일본군의 총격에 숨진 것을 생각하며 "왜놈들이 우리 부모님을 죽였어요"라고 감옥 안에서 울부짖었다. 1920년 3월 1일, 만세운동 1주년이 되는 날이었다. 유관순이 있는 8호 감방에서 만세소리가 터져 나왔다. 그러자 모든 방에서 여기에 호응하여 '대한독립만세'를 외쳤다. 유관순은 끌려가서 맞았다. 유관순은 이전에도 의식을 잃을 정도로 구타를 당하기도 하였다. 유관순은 방광이 파열되는 상처를 입었으나, 치료는 커녕 고문하며 밥을 굶겼었다. 1920년 4월 28일 영친왕과 일본 왕실의 이방자와의 결혼이 있었다. 일제는 이를 기념하여 한국 정치범을 대거 사면하였다. 이 사면령에 따라 서대문형무소에서 약 5백 명이 석방되었다. 그러나 유관순은 특사를 받지 못했다. 그리고 그 해 10월 12일 그녀는 시신이 되어 이화학당에 돌아왔다. 일제는 상처 입은 유관순을 고통 속에 죽도록 방치했던 것이다. 정동교회에서 장례식

유관순 표준영정

을 치른 후 이태원 공동묘지에 안장했다. 일제 말기 이태원 공동묘지에 일제의 군용기지가 들어서면서 유관순의 묘마저 없어지고 말았다. 그의 초혼묘만이 고향 매봉산 아래에 모셔져 있을 뿐이다.

유관순기념관과 동상

참고문헌

형사사건부(1919. 5. 9).

판결문(경성복심법원, 1919. 6. 30).

독립운동사편찬위원회, 『독립운동사』 2, 1971.

이정은, 『유관순』, 독립기념관 한국독립운동사연구소, 2004.

제6장

만주벌의 영웅 김좌진

1. 명문가에서 태어나다

김좌진은 1889년 음력 11월 24일 홍성군 갈산면 행산리에서 김형규와 한산 이씨 사이에 둘째로 태어났다. 그의 집안은 홍성일대에서 2천석 가량의 재산에 많은 노비를 거느린 명문가였다. 11대조 문충공 김상용은 병자호란 때 우의정으로 빈궁과 원손을 수행하고 강화도에 피난 갔다가 강화성이 함락되자 자결한 인물이다. 김상용의 동생은 척화파로 유명한 청음 김상헌이다. 김상용의 셋째 아들인 수북공 김광현이 홍주목사를 하고 홍주에 거주하기 시작했는데, 이후 홍주일대에 세거한 안동김씨는 그 호를 따서 수북공파라고 하였다. 수복공파의 종손이 홍주의병장 지산 김복한이니, 김좌진은 이러한 선대의 절의정신에 영향 받은 바가 크다고 할 수 있다.

김좌진은 명문가 집안에서 태어났지만, 3살 때 아버지가 28세의 젊은 나이로 세상을 떠났다. 형 경진도 족숙인 김덕규의 양자가 되어 서울로 떠났다. 할아버지도 23세의 젊은 나이에 작고했기 때문에 집안에서 김좌진의 건강이 큰 걱정거리였고, 더불어 그에게 거는 기대도 컸다.

어린 시절 공부보다는 활쏘기나 말타기 등 무술 연마를 좋아했다. 유교 경전보다는 손자병법이나 육도삼략 같은 병서를 즐겨 읽었다. 삼국지나 수호지는 통달할 정도였다. 그는 15살 때쯤 자신의 집에 있던 노비들을 해방하였다. 천주교인 50여명이 와서 종을 해방시키라고 요구하자 "너희들이 종을 해방시키라고 하는 요구는 정당하나, 외세의 힘을 믿고 요구한다면 절대 해방시킬 수 없다"라고 거절하였다. 그런데 다음날 노비들을 모아놓고 잔치를 베풀며 그들 앞에서 노비문서를 불태웠다. 그리고 토지를 무상으로 나누어 주었다. 그의 노비해방은 천주교인들의 요구가 발단이 되었지만, 홍성지역에 퍼져있던 근대의식의 영향을 받은 때문으로 보인다.

2. 국내에서의 활동

1905년 을사늑약이 맺어지자 유학자들을 중심으로 의병이 일어나고, 개화지식인들은 애국계몽운동을 전개하였다. 김좌진은 개화지식인이 벌인 신교육구국운동에 참여하였다. 그는 안동김씨의 문중 어른들과 함께 홍성에 호명학교를 설립하였다. 호명학교(湖明學校)는 호서지역을 개명한다는 뜻이다. 서양의 신학문을 교육하여 조선을 부강한 나라로 만들고자 함에 뜻이 있었다. 그는 기호흥학회 홍성지회에도 가입하여 활동하였다. 기호흥학회의 주요 활동은 근대 교육기관의 설립과 주민에 대한 근대 의식의 고취에 있었다.

1907년경 부인 오숙근과 함께 고향을 떠나 서울로 올라갔다. 그는 서울에서 신문물을 접하고 애국지사들과 교류를 넓혀갔다. 그가 교류한 주요 인물은 일본 육군사관학교나 대한제국 군인 출신인 노백린, 유동렬, 이갑 등 주로 신민회 인사들이었다. 그는 이들과 교류하면서 군사학과 전략을 배울 수 있었다.

1910년 8월 대한제국은 일제에게 국권을 강탈당했다. 이때부터 그는 서간도지역에 독립운동 근거지를 건설하려는 원대한 계획을 추진하기 시작하였다. 국외 독립운동기지 건설 사업은 신민회의 주요 사업이었다. 그의 이 계획은 신민회 사업의 일환으로 추진된 것으로 보인다. 그가 신민회에 언제 가입하였는지는 알 수 없다. 그러나 그가 신민회 산하기구인 청년학우회 한성연회(漢城聯會)에서 활동했으며, 서울에서 주로 신민회원들과 교류한 것으로 보아 신민회의 주요 회원이었을 것으로 보인다.

1909년 음력 6월경 서간도 이주를 계획하고 국내에 연락 거점을 설치하고 자금을 확보하고자 했다. 그는 이를 위하여 서울 종로의 관수동에 이창양행을 소립동에는 영창양행을 설립했다. 여기에서는 석유나 석탄을 판매하였는데, 자금을 확보하면서 동시에 연락거점으로 활용하고자 한 것이다. 신의주에는 염직회사를 설립하고자 했다. 이 역시 국경지역에 거점이 필요하기 때문이었다. 1910년 겨울부터는 안승구, 민병옥, 조형원, 김찬수 등 동지들과 함께 제동의 남정철 등 부호들로부터 자금을 모집하였다. 그러나 자금 모집은 쉽지 않았다. 결국 동지들과 함께 체포되어 1911년 5월 17일 경성지방법원에서 징역 2년형을 선고받고 서대문형무소에 투옥되었다. 안승구와 민병옥은 징역 7년형, 조형원과 김찬수는 5년형을 선고받았다. 이 중에 김찬수는 청산리전투에 북로군정서군의 중대장으로 함께 참여하였다. 옥중에서 안악사건으로 체포되어 있던 김구와 후에 대동단 사건에 참여한 전협, 최익환 등을 만났다. 김구는 『백범일지』에서 "김좌진은 침착하고 굳세며 용감한 청년으로 국사를 위하여 무슨 운동을 하다 투옥되었는데 친애의 정을 서로 표했다"라고 기록하고 있다.

1913년 9월 형기를 마치고 고향인 홍성으로 내려왔다. 그는 일제의 감시 대상이 되어 홍성헌병대에 체포되기도 하였다. 그러나 독립에 대한 신념에는 변함이 없었다. 그는 1915년 대구에서 조직된 광복회에 참여해 본격적인 독립운동에 나섰다. 그가 출소한 1913년 경북 풍기에서 채기중 등에 의해 풍기

광복단이 조직되고, 1915년에는 대구에서 박상진을 중심으로 광복회가 조직되었던 것이다. 광복회의 목적은 무장투쟁을 통해 조선의 국권을 회복하는 것이었다. 광복회에서는 만주에 사관학교를 설치하고 독립군을 양성하여 일제와의 혈전을 전개하기로 하고 이를 추진하기 위한 자금 모집운동을 전개하였다.

1917년 3월 이기필, 최익환 등과 함께 자금 모집을 하다가 또 다시 체포되었다. 이번에는 면소 판결을 받고 풀려났다. 풀려난 후 화폐위조 계획을 추진했다. 그러나 위폐제작을 위한 기계 구입비를 마련하는 도중에 일제에게 발각되어 성공하지 못하고 김좌진은 일경의 추적을 받기 시작했다. 그러자 광복회에서는 김좌진을 부사령에 임명하고 만주 파견을 결정했다. 이에 따라 김좌진은 사관학교 설치와 만주본부의 책임을 맡고 1917년 9월 만주로 들어갔다. 만주로 망명한 김좌진은 화를 피할 수 있었지만, 망명한 다음 해인 1918년 광복회의 조직망이 발각되어 박상진 등 40여 명이 체포되었다. 이들 중 박상진, 채기중, 김한종, 임세규, 김경태는 사형을 선고받고 순국하였으며, 장두환은 옥중에서 순국하는 등 대탄압을 받았다. 이로써 광복회는 해체되기에 이르렀다.[1]

3. 청산리대첩 승리

만주에서의 독립운동은 1919년 2월(음) 발표된 '대한독립선언서'에 대표로 서명하면서 시작되었다. 일명 무오독립선언서로 알려진 이 선언서는 국외에서 활동하던 박은식, 이상룡, 안창호 등 민족대표 39명이 대한의 독립을 내외에 선포한 독립선언서이다.

1 이성우, 「백야 김좌진의 국내민족운동」, 『호서사학』 44, 2003.

독립선언서에 서명한 후 대한독립의군부의 후신으로 조직된 길림군정사에 참모로 참여하였다. 길림군정사는 3·1운동 후 길림에서 조직된 무장단체로 여준, 이상룡, 유동렬 등이 주요 인물이었다. 얼마안가 서일의 초청으로 북간도 왕청현에 본부를 두고 있는 대한정의단에 들어가게 되었다. 대한정의단은 서일 등 대종교 신도들이 조직한 독립운동 단체로, 교관 요원이 부족하여 김좌진을 초빙한 것이다. 대한정의단은 1919년 11월 북로군정서로도 불리는 대한군정서로 명칭을 바꾸었다. 김좌진은 대한군정서의 사령관을 맡았으며 1920년 초 서대파 십리평에 사관연성소를 설치하고 교장이 되어 사관생도와 병사를 양성하였다. 교관은 나중소, 이장녕, 김규식 등이 맡았다. 대한군정서 사관연성소의 제1회 졸업식은 1920년 9월 9일 군정서 본영에서 거행되었다. 군 사령관 김좌진의 개식사가 있었고 총재 서일과 부총재 현천묵의 훈시가 있었다. 대한군정서군은 1920년 10월경에 간부 및 병사를 합해 약 1,600여 명에 이르렀다. 1개 소대를 50명으로 조직했고, 2개 소대를 1개 중대로, 4개 중대를 1개 대대로 하여 총 4개 대대로 편제했다. 무기도 총기 800정, 기관총 4정, 야포 2문, 수류탄 2천여 발을 보유할 정도 강력한 독립군이었다.

만주 지역에는 3·1운동 후 많은 독립군단이 조직되었는데, 그중에서도 홍범도의 대한독립군이 1919년 8월 국내진입작전을 감행하기 시작하였다. 홍범도부대는 1920년 6월 삼둔자전투와 봉오동전투에서 일본군을 대대적으로 섬멸하는 전과를 올렸다. 일제는 간도지역에 직접 출병하여 독립군을 '토벌'하겠다며 중국 측에 일본군의 간도출병을 강하게 요구하였다. 만주 군벌 장쭤린(張作霖)은 이에 굴복하여 1920년 7월 24일 중국군을 파견하여 독립군을 진압하겠다고 약속하였다. 독립군 진압의 명령을 받은 연길지역 제2혼성여단 보병제1단장 멍후더(孟富德)은 중국군 출동 정보를 알려주고 독립군 대표들과 비밀협상을 맺었다. 그 요지는 중국군은 일본군의 간도 침입을 막기 위하여 부득이 출동하지 않을 수 없으니, 독립군은 지금의 근거지를 삼림지대로 옮기라는 것이었다. 이에 따라 홍범도의 대한독립군이 1920년 8월 하순 제일 먼저 근거지였던 연길현 명월구를 떠나 9월 21일경에 화룡현 이도구 어랑촌 부근에 도착하였다. 뒤이어 국민회군, 신민단, 의군부, 광복단, 의민단 등도 각각 근거지를 떠나 9월말 경에 이도구 지역에 도착하였다.

대한군정서와 중국군 측과의 협상은 9월 6일 이루어졌다. 요지는 1개월 안으로 근거지를 삼림지대에 은둔시키거나 국내로 진입시키고, 중국군은 1개월 기한으로 추격하지 않기로 한 것이었다. 무기 구입을 위해 러시아에 들어갔던 총재 서일 일행이 9월 7일 본영에 도착하자 김좌진은 9월 9일 사관영성소 졸업식을 거행하고 근거지 이동을 준비하였다. 이에 따라 사관연성소 졸업생 등 약 300명과 경비대 약 200명으로 선발대를 편성하고, 나머지 600명으로 본대를 편성하여 9월 17일, 18일 서대파 십리평을 떠났다. 대한군정서군은 대감자(大坎子) 흑웅동(黑熊洞)에 도착하여 땅속에 묻어두었던 총기 50정과 탄약 1천발을 확보하고 10월 12일경 삼도구 청산리 부근에 도착하였다.

독립군의 근거지 이동 소식에 일본군은 당황하였다. 이에 일본은 만주 마적단을 매수하여 1920년 10월 2일 훈춘(琿春)을 습격하여 상가를 약탈하고 일본영사관을 습격하여 방화하도록 한 이른바 '훈춘사건'을 조작하였다. 그리고 중국 정부에 일본군 출병의 승인을 요구하였다. 중국정부는 10월 13일 일본의 요구를 최종적으로 거부하였다. 그러자 일본은 이를 무시하고 10월 14일 일본군의 간도출병을 일방적으로 선언하였다. 이는 중국의 주권을 완전히 무시한 '간도침략'이었다.

일본군은 독립군을 '섬멸'하고 무관학교 등 독립군 기지를 모두 파괴할 계획이었다. 이에 따라 제19사단 전부와 제11, 13, 14, 20사단에서 차출한 25,000명에 달하는 병력과 관동군에서 동원한 병력으로 북간도 전체를 넓게 포위하였다. 그리고 그 포위망 안에서 나남에 본부를 둔 제19사단 전원과 용산의 20사단에서 1개 대대, 특종포대, 기관총대를 뽑았다. 여기에 시베리아 연해주 파견군 14사단의 병력을 차출 받아 3개 지대를 편성하였다. 3개 지대는 이소바야시(지대장: 육군소장 磯林直明) 지대 약 4천명, 기무라(지대장: 육군보병대좌 木村益三)

지대 약 3천 명, 아즈마(지대장: 육군소장 東正彦) 지대 약 5천 명으로 모두 12,000 명에 달했다. 이들은 1920년 10월 7일 두만강을 건너 10월 14일 이소바야시 지대가 훈춘에, 15일에 아즈마 지대가 용정에, 17일 기무라 지대가 왕청 방면으로 들어왔다. 독립군들이 이동해 있던 이도구와 삼도구 지역을 담당한 아즈마 지대는 병력도 가장 많았고 기병과 포병에 중점을 둔 막강한 부대였다.

아즈마 지대는 대한군정서군이 청산리 부근에 주둔하고 있다는 정보를 입수하고 야마다(山田) 보병연대를 파견하여 10월 20일을 기하여 공격할 것을 지시하였다. 지대장 아즈마 마사히코(東正彦) 소장이 지휘하는 본대는 19일 오전 8시 홍범도부대 등이 주둔하고 있는 이도구로 출동하였다. 일본군은 이도구와 삼도구 일대를 포위하고 10월 20일을 기하여 독립군을 공격하려고 한 것이었다.[2]

독립군의 청산리 일대에서의 일본군과의 전투는 10월 21일부터 시작되었다. 이후 26일까지 일본군과 벌인 10여 차례의 전투를 청산리대첩 또는 청산리독립전쟁이라고 한다. 김좌진은 대한군정서군을 이끌고 백운평전투, 천수평전투, 어랑촌전투, 맹개골전투, 만기구전투, 쉬구전투, 천보산전투 등을 승리로 이끌었다. 이중에 어랑촌전투와 천보산전투는 홍범도부대와 연합해 벌인 전투이다.

대한군정서를 비롯한 독립군들은 처음에는 피전책을 택했다가 일본군의 한국인 촌락 방화와 학살을 보고 결정을 바꾸어 공격하기로 하였다. 청산리대첩의 첫 전투는 대한군정서군이 10월 21일 일본군 야마다(山田)보병연대를 삼도구 백운평 부근에서 섬멸한 백운평전투였다.

대한군정서군은 2개제대로 나누어 제1제대는 김좌진이 지휘하고, 제2제대는 연성대장 이범석이 지휘했다. 독립군은 청산리의 깎아지른 계곡 위에 매복하고 소나무 가지와 잣나무 가지로 위장했다. 밀림의 나무둥지를 엄폐물로

2 신용하, 「대한군정서 독립군의 연구」, 『의병과 독립군의 무장독립운동』, 지식산업사, 2003.

하여 두껍게 쌓인 낙엽 속에 전신을 파묻었다. 그리고 절벽 아래 좁은 길을 향해 총구를 모았다. 일본군은 21일 아침 8시 독립군이 매복해 있는 길로 진입하기 시작하였다. 야스가와(安川) 소좌가 거느린 선발대 1개 중대병력이었다. 일본군이 계곡에 완전히 들어 온 오전 9시 이범석의 총성을 신호로 일시에 기습공격을 시작하였다. 일본군 선발대는 응사를 했으나 약 30분간의 교전 후 일본군 200여 명은 거의 섬멸되었다. 뒤이어 도착한 본대는 산포와 기관총으로 응전했으나 독립군의 위치를 알 수 없어 화력만 낭비하였다. 본대 역시 200-300명의 전사자를 낸 채 패주하였다. 대한군정서군은 다음 날 새벽 천수평에서 일본군 기병중대를 기습공격하였다. 이 전투에서 일본군은 기마대 중대장을 비롯하여 120여 명이 전멸하였다. 군정서군은 2명이 전사하고 17명이 부상을 입었다.

대한군정서군은 이어서 22일 아침부터 어랑촌에서 일본군 아즈마 본대와 전투를 벌였다. 김좌진은 먼저 유리한 지형을 확보하고자 어랑촌 서남단의 874고지를 선점하였다. 일본군은 병력을 집중시켜 군정서군을 포위하고 산포와 기관총으로 공격하였다. 군정서군은 너무 지쳐 있었다. 기관총 중대는 많은 사상자가 났다. 혈전을 전개하고 있던 도중에 홍범도 연합부대가 지원하러 왔다. 홍범도부대는 22일 새벽 완루구전투에서 대승을 거두고 이동하던 중에 대한군정서군이 어랑촌에서 포위되어 혈전을 벌이고 있다는 긴급 연락을 받고 지원하러 온 것이다. 홍범도부대는 대한군정서군이 선점하고 있는 고지의 바로 옆의 고지에 진을 치고 일본군을 맹공격하였다. 독립군들이 고지를 점령하고 위에서 일본군을 내려다보면서 공격하였기 때문에 대타격을 줄 수 있었다. 어랑촌전투는 저녁이 되어 끝났다. 일본군은 큰 손실을 입어 기병연대장 카노(加納) 대좌를 비롯하여 1천여 명의 전사자와 부상자가 나왔다. 독립군도 이 전투에서 100여 명의 사상자를 냈다.[3] 임시정부에서는 일본군 전

3 이범석, 『우둥불』, 사상사, 1971.

사자를 300여 명이라고 발표했다.

대한군정서군은 이후 23일 맹개골전투, 만기구전투, 24일 쉬구전투, 천보산 전투를 승리로 이끌었다. 홍범도부대는 25일과 26일에 걸쳐 고동하전투에서 일본군 2개소대를 섬멸하는 전과를 세웠다. 이와 같은 21일부터 26일까지의 청산리대첩은 독립군의 대승리로 막을 내렸다. 청산리대첩은 일본군의 간도 침입 작전을 완전히 실패하게 하였다. 또한 청산리대첩의 승리는 국내외 거주하는 민족운동가를 비롯한 민중들에게 독립의 희망을 보여준 점에서 의의가 크다.

청산리대첩 승전기념(추정)

청산리대첩 기념비(중국 길림성 화룡현)

4. 북만주 지역에서의 활동

김좌진은 청산리대첩을 마친 직후 일본군의 공격을 피하여 주력부대 350여 명을 이끌고 화룡현과 안도현의 경계인 황구령 촌으로 들어갔다. 11월 7일경 황구령 촌을 떠나 11월말 경 밀산현 십리와에 도착하였다. 김좌진부대는 홍범도 부대와 지청천이 이끄는 서로군정서군과 함께 1921년 2월 러시아령 이만으로 들어갔다. 이만은 러시아의 국경도시로 러시아 적군과 백군의 완충 지역이었다. 이만에 모인 독립군은 3천여 명에 달했는데, 부대를 통합하여 대한독립단이라 하였다. 총재는 서일이 부총재는 홍범도가 맡았다. 김좌진은 참모부장을, 지청천은 군사고문을 맡았다. 대한독립단은 2개 여단으로 조직하였는데 제1여단장은 김규식이, 제2여단장은 안무를 임명하였다. 1여단은 이만, 2여단은 영안현에 본부를 두고 원동공화국과 연대하여 본격적인 무장투쟁을 준비하였다.

그러나 김좌진은 원동공화국과의 연합을 반대하였다. 원동공화국이 자유시로 들어오기 전에 독립군의 무장해제를 요구했기 때문이었다. 또 김좌진은 독립군이 러시아 내전에 참여하는 것에 부정적이었다. 김좌진은 김규식, 이범석과 함께 대한군정서군을 이끌고 북만지역으로 되돌아 왔다. 반면 홍범도와 안무, 최진동, 김규식이 이끄는 독립군은 러시아의 지원을 기대하며 자유시로 이동하였다. 김좌진의 판단은 옳았다. 자유시로 이동한 독립군은 러시아에 거주하고 있던 한인 부대와 군권쟁탈전을 벌였다. 그 결과 1921년 6월 대한의용군은 러시아 적군에게 무장 해제 당했으며, 그 과정에서 지청천을 비롯한 많은 독립군들이 체포되고 최대 500여 명에 달하는 독립군들이 사망하거나 행방불명된 '자유시참변'을 당했다.

김좌진은 이만을 떠나 북만주로 돌아왔다. 1922년 8월에 대한군정서를 비롯한 의군부, 국민회, 신민단, 광복단, 의민단 등을 통합하여 대한독립군단을 조직하고 본부를 중러 국경지대인 동녕현에 두었다. 김좌진은 총사령관으로 군사부문 책임을 맡았다. 총재는 간도관리사였던 이범윤이었다. 김좌진은 무기를 구입하고 독립군을 양성하고자 하였다. 그러나 자금 모집이 원활하지 못했다.

1925년 3월 10일 김좌진은 영안현 영안성에서 대한독립군단에 참여하지 않은 현천묵의 대한독립군정서 등과 신민부를 창립하였다. 신민부는 북만주와 동만주 일대에 거주하는 한인들을 이끌며 독립운동을 전개하기 위한 정부 조직체로 결성되었다. 김좌진은 남만주지역의 독립운동 단체들이 1924년 참의부와 정의부로 통합되는 것을 보고 자극을 받았던 것이다. 신민부는 중앙집행위원회, 검사원, 참의원의 3권 분립 체제였다. 관할 구역은 동서로는 장춘에서 구참까지, 남북으로는 백두산에서 흑룡강에 이르는 광대한 지역이었다. 김좌진은 중앙집행위원회의 군사부위원장 겸 총사령관을 맡았다. 신민부에서는 17세 이상 40세 미만의 남성에게 군적을 작성하는 군구제(軍區制)를 시행했다. 군구제란 평소에 생업에 종사하고 유사시에 독립군에 편입되어 임무를 수행하는 제도였다.

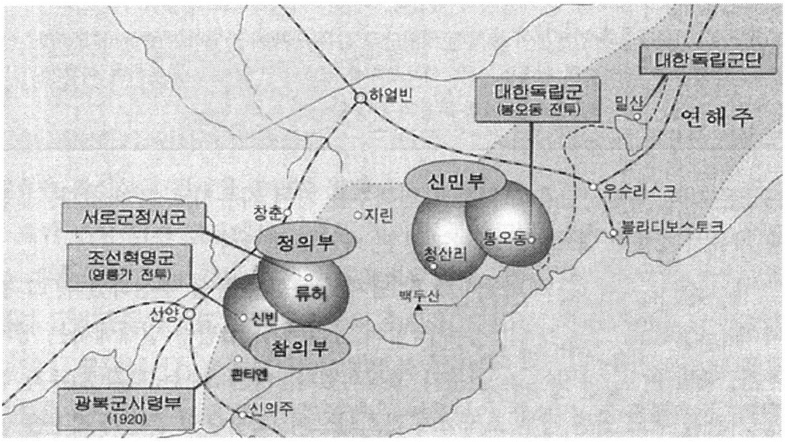

만주지역 독립군 상황도

김좌진은 관할 구역 내에서 반민족 행위를 일삼는 친일파를 처단했다. 1926년에는 대표적인 친일단체인 조선인민회 해림 지역 회장인 배두산을 처단했으며, 1927년에는 하얼빈 조선인민회 본부를 공격하고 친일파들을 처단했다. 한인 자제들을 대상으로 한 의무교육을 실시하였는데, 1927년 10월에는 해림에 6년제의 신창학교를 설립하고 지역에 분교를 세웠다. 이후 밀산현과 돈화현 등 15개 지역에 소학교를 설치하였다.

그러나 신민부가 1927년 12월 무장투쟁파인 군정파와 교육과 산업을 발전시키자는 민정파로 분열되었다. 결국 1928년 12월 신민부 군정파는 혁신의회와 유일독립당재만책진회 조직에 참여하였다. 하지만 이 두 단체가 좌우합작의 성격을 띠고 있었기 때문에 공산주의자들과 대립하고 있던 김좌진 등 군정파 출신들은 이를 탈퇴하고 1929년 3월 해림으로 돌아왔다. 그리고 1929년 7월 해림의 산시에서 사촌동생인 김종진(金宗鎭) 등이 조직한 재만조선무정부주의자연맹과 연합해 한족총연합회를 조직하였다. 민족주의자였던 김좌진은 연맹의 강령에서 '항일'과 '반공'노선을 천명한 것을 보고 연합하여 아나키즘에 입각한 무장투쟁 노선을 정하게 되었다.

한족총연합회에서는 농촌자치조직을 결성하고자 하였다. 이에 따라 농민들의 생활과 영농방법의 개선 등을 위하여 순회 강연과 연극 공연 등을 실시하였으며, 농민들의 이익과 편의를 위하여 산시에 정미소를 설치, 운영하기도 하였다. 또한 친일파와 공산주의 세력을 숙청하는 일에도 힘썼다. 그러나 1930년 1월 24일 김좌진은 자신이 운영하던 정미소에서 암살당했다. 범인은 정미소에서 일하던 조선공산당 만주총국 화요계 청년 박상실이었다. 공산주의 세력은 한족총연합회의 세력 확장에 위기감을 느끼고 김좌진 암살이라는 극단적인 방법을 택했던 것이다. 조직부장을 맡아 활약한 김종진도 다음 해 7월 공산주의자 박내춘 등에 의해 납치되어 살해되었다.[4]

이로써 청산리대첩 이후 신민부와 한족총연합회에 이어진 그의 한국 독립을 위한 투쟁은 종결되고 말았다. 그의 장례식은 1930년 3월 25일 성대하게 거행되었다. 부인 오숙근은 1934년 4월 그의 유골을 창호지에 쌓아 비밀리에 운반하여 홍주의병 총수였던 김복한의 사당인 추양사 뒷산에 밀장했다.

5. 맺음말

소년기 노비를 해방했던 김좌진, 광복회 부사령으로 만주로 망명한 이후

4 박환, 「한족총연합회의 결성과 활동」, 『한국사연구』 52, 1986, 195쪽.

만주 독립군의 총사령으로 활동하였다. 그의 청산리대첩의 승리는 실의에 빠져 있던 국내외 한국인들에게 큰 희망을 던져주었다. 그래서 그의 죽음은 더욱 안타까웠다.

김좌진의 정치이념은 대종교에 바탕을 둔 것으로 이해된다. 이에 따라 그는 신민부를 조직하면서 단군을 중심으로 한 민족정신을 배양하여 이상국가인 배달국을 건설하고자 하였다. 김좌진은 공화주의도 추구하였다. 그는 북만주지역에 널리 퍼진 공산주의에 대하여는 배척하는 태도를 보였다. 그는 새로운 항일투쟁을 위하여 폭력혁명과 사회부조(社會扶助)를 강조하는 아나키즘을 수용하기도 하였다. 이처럼 그는 민족주의에서 아나키즘으로 이념을 변화시키면서 독립을 위한 투쟁에 전 생애를 바쳤다 할 수 있다.

참고문헌

이을규, 『시야김종진선생전』, 한홍인쇄소, 1963.
이범석, 『우둥불』, 사상사, 1971.
윤병석, 『독립군사, 봉오동 청산리의 독립전쟁』, 지식산업사, 1990.
신용하, 『의병과 독립군의 무장투쟁』, 지식산업사, 2003.
박환, 『김좌진평전』, 선인, 2010.
이성우, 『김좌진』, 역사공간, 2011.
신용하, 「독립군의 청산리독립전쟁의 연구」, 『한국민족독립운동사연구』, 을유문화사, 1985.
박환, 「한족총연합회의 결성과 활동」, 『한국사연구』 52, 1986.
박영석, 「백야 김좌진장군 연구」, 『국사관논총』 51, 국사편찬위원회, 1994.
이성우, 「백야 김좌진의 국내민족운동」, 『호서사학』 44, 2003.

제7장

임시정부 경무국장 김용원

김용원은 1892년 대전의 양반가에서 태어나 평생을 일제와 항거하다가 옥고를 겪고 순국한 애국지사이다. 그는 소년기에 한학을 수학하였으나 1910년 국망을 당한 직후인 1912년 21살의 나이에 상경하여 서울의 중동학교와 휘문의숙에서 신학문을 수학하였다. 일제와 대항하기 위해서는 신지식이 필요하다고 판단했던 것이다. 대동단에 참여하여 의친왕의 망명 작전에 참여하였고, 상하이로 망명하여 임시정부 경무국장과 의정원 의원을 역임하였다. 병으로 귀국한 후에는 군자금 모금운동을 전개하다가 옥고의 후유증으로 순국하였다.

1. 신학문 수학

김용원(金庸源, 1892~1934, 호: 강산)은 고종 29년(1892) 3월 대전군 기성면 원정리 덕동(현, 대전광역시 서구 원정동 덕골)에서 김경여의 8대손으로 태어났다. 양반의 후예로 태어났으나, 자산은 별로 없었던 것으로 보인다. 그의 이종사촌 형인 유희의 말에 의하면, "어려서부터 품성이 청수하고 맑고 지혜로웠으며 유희를 즐겨하지 않았다"라고 어린 시절을 알려준다. 7살부터 한학을 수학하기 시작했는데, 번거롭게 감독을 하지 않아도 학업을 열심히 했다고 하였다. 14살 때인 1905년 을사조약이 강제로 체결되었다. 같은 대전지역에서 송병선이 이에 항거하여 자결하는 사건이 일어났다. 그의 자결 소식은 각 신문에 자세히 실렸다. 김용원의 모친 역시 송병선과 같은 은진 송씨였으니 이 소식을 접했을 것을 짐작하는 것은 어렵지 않을 것이다.[1]

1910년 국망을 전후한 시기까지 대전에서 작은아버지한테 한학을 수학하였다. 그러나 국망을 당하는 시국에 처하여 눈물을 흘리며 울분을 토로하다가 신학문을 수학하고자 상경하였다. 상경하여 처음에는 중동학교에 들어갔다. 1912년 중동학교에서 1학년 과정을 마치고 1913년 휘문의숙으로 학교를 옮겼다. 휘문의숙에서 한국사와 외국사 · 지리 · 물리 · 화학 · 영어 등의 신학문을 공부하고 시야를 넓혀 갔다. 학적부에는 학년별 성적과 출결상황이 나와 있는데 2학년의 성적은 그다지 좋지 않으나 3학년 때는 38명 중에 5등, 4학년 때는 35명 중에 11등을 하는 등 우수한 편이었다. 한문(9.28)과 성근(誠勤, 9.14) · 창가(9.0)는 아주 우수했으며, 본사(本史, 8.5)와 기하(8.4) · 영어(8.28) · 조어(朝語, 8.25) 등도 우수한 편이었다. 4학년 3학기의 성적은 총 17과목 중에서 한문 · 법제 · 경제 · 창가 · 체조 · 조어 · 외사(外史) 등 7과목이 10점 만점을 맞는 등 극히 우수하였다. 그러나 결석은 많았던 것 같다. 2학년 때는 768시간 중에 145시간, 3학년 때는 844시간 중에 98시간, 4학년 때는 424시간 중에 127시간 결석한 것으로 되어 있다.

20대 초반의 늦은 나이에 서울에서 신식학교를 다니면서, 한편으로 나라 잃은 울분을 풀 길을 모색했던 것으로 보인다. 그는 일제의 지배하에 놓여 있

---

1 김상기, 「강산 김용원의 생애와 독립운동」, 『한국독립운동사연구』 24, 2005.

는 조국의 상태를 민족적 치욕으로 여겨 이를 분통해하면서 독립을 위하여 신명을 바칠 것을 다짐하였다. 이 시기 작성한 『무이천고(無二天稿)』에는 재학 당시의 망국인으로서의 깊은 회한과 민족의식이 잘 나타나 있다. 그 중에 「치설(恥說)」은 1915년 2월 작성한 글로, 4절로 되어 있다. 제1절은 "우습고 우습도다", 제2절은 "애통하고 애통하다", 제3절은 "울고 싶다 울고 싶다"로 문장이 시작된다. 제4절에서 그는 "우습되 아프고, 통탄스럽되 눈물이 나오는 것은 부끄러움에 연유한 것이 아닌가"라면서 나라 잃은 부끄러운 민족임을 뼈아프게 생각하고 있다. 또한 민족이 막힘을 뚫고 움츠림을 펼치고 일어날 것을 외치고 선비정신을 일으켜 복수할 것을 다짐하였다. 그는 선비정신을 잃지 않으면 기필코 국권을 회복할 수 있을 것이라 믿었고 특히 선비정신을 강조함을 알 수 있다.

「몽견초패왕(夢見楚覇王)」은 그가 꿈속에서 시경과 서경을 불사르고 집을 불태우고 가슴에 맺힌 한을 남김없이 풀어냈으며, 초패왕으로부터 한권의 책과 장검을 받았다는 내용이다. 이 글을 쓴 것은 그가 24살 때인 1915년 7월로 휘문의숙의 졸업을 앞 둔 때였다. 그는 이 즈음 나라를 되찾기 위해 책과 장검이라는 문무를 겸비하는 방법을 택한 것이 아닌가 한다. 「사탕발림」 역시 그 해 10월에 썼다. 이 글에서 청년으로서 뜻을 세우고, 사상을 배양하고, 재능을 길러 예비할 것을 강조하였다. 여기에서 말하는 사상이란 '국혼(國魂)'을 말한다. 그는 청년의 뇌수에 국혼을 붓고 심신에 국성(國性)을 새겨 넣고 합력하면 이루지 못할 일이 없다고 하였다. 그러면서도 한편으로는 현실이 그러하지 못함에 피눈물이 난다면서 열심히 공부하고 힘써서 국권을 회복하고 백성을 구제하자고 하였다.

「결석도 기념」은 그가 졸업하기 직전인 1916년 1월 21일 학교에서 있었던 일을 쓴 것이다. 이 글에서 그는 금테 안경을 두른 시학관이 2학년 역사시간에 들어와 학생의 노트를 압수하여 갔으며, 이 사실이 수업 종료 후 학생들 간에 퍼져 모두가 두려워하고 분개하는 모습을 사실적으로 표현하였다. 자신은 이 일을 전해듣고 분한 마음을 억누를 수 없어 남은 수업을 팽개치고 곧 바로 집으로 돌아왔다고 하였다. 그는 일본인이 위에서 호령하고 조선인은 아래에서 설설기며 복종하는 실상을 원통해 하였다. 김용원은 위 글에서 민족적 차별을 분해하면서 어서 빨리 이를 바로 세울 일을 착수하여 그 길로 나가자고 다짐하고 있다. 이로 보아 그가 졸업을 앞두고 일본인 시학관의 태도를 보고 구국운동에 나갈 결심을 더욱 굳게 하였음을 알 수 있다.

2. 대동단 활동

1916년 3월 24일 휘문의숙을 졸업한 그는 5월경에 청주의 친구 이중각과 함께 이종형인 유희를 만났다. 그는 유희를 만나 마음속에 품고 있는 '홍복(興復)'과 '독립(獨立)'의 계획을 말했다. 그는 이중각과 함께 보은의 법주사에 들어갔다.[2] 이곳에서 그는 항일의 방법을 협의하였으며, 6월에는 안변의 석왕사로 옮겨 동지들을 규합할 것을 협의하였다. 그런데 이때 마침 조선총독이 함경도 지방을 시찰하러 왔다. 그는 총독의 뒤를 밟으며 기회를 보았으나 오히려 그의 행동을 이상하게 여긴 왜경들의 불심검문에 걸려 체포되고 말았다. 안변경찰서에 수감된 지 20여일 만에 풀려나기는 하였으나 그의 결심은 더욱 굳건해졌다. 1917년에 그는 공주의 마곡사로 들어가 승려학교에서 얼마동안 근실하게 가르치고 때때로 독립사상을 고취시킨 일도 있었다 한다. 1918년 봄에는 일본으로 들어가 왜왕을 암살할 계획을 세우기도 하였다. 그러나 기회를 얻지 못하고 귀국하여 호남지방 등지에서 동지를 모으는 활동을 전개하였는데 그의 이러한 행동이 왜경에 탐지되어 충남 금산군 진산의 태고사에

2 유희의 『강산 김용원선생 사실기』(1934년)에 의하면, 이중각은 김용원과 함께 항일활동을 하다가 체포되어 악형을 받고, 분함을 이기지 못하고 29살의 나이에 자살했다고 한다.

잠시 은거하게 되었다. 이때 그는 절의 동쪽과 서쪽에 석탑을 쌓았는데 현재도 그 탑의 일부가 남아 있다.

1919년 거족적인 3 · 1만세운동이 전국적으로 전개되었다. 김용원은 이면호와 함께 다니면서 독립 사상을 고취하고 시위운동의 전개과정을 지켜보았다. 그는 만세운동에 기대를 걸었으나 결국 아무런 소득이 없는 것을 보고 실망했던 듯하다. 그가 1924년 받은 신문조서에서 만세운동을 '헛된 소동'이라고 표현하고 있다. 그는 만세운동과 같은 무저항 운동이 아닌 보다 투쟁적인 방법을 모색하였던 것으로 보인다.

그는 1919년 8월경에 서울의 공평동에 있는 전동여관에서 이면호로부터 대동단의 가입을 권유받고 그의 소개로 전협을 만나 대동단에 가입하게 되었다. 대동단은 1919년 3월 전협과 최익환 등이 민족의 대단결을 표방하고 서울에서 결성되었다. 전협 등은 전민족의 의지가 담긴 진정서를 여러 나라에 보낼 것을 계획하고 김가진을 총재에 추대하면서 조직을 확대해 갔다. 만주 심양에 김봉양을 파견하였고, 상하이의 신규식과도 연결하였다. 대동단에서는 민족대표 33인을 선임하고 10월 31일 대대적인 '제2차 독립만세시위'를 계획하였다. 이에 따라 10월초 철원 등지에서 만세운동이 있었으며, 한편으로 의친왕 이강(李堈)을 상하이로 망명시켜 상하이를 독립운동 근거지로 삼고자 하였다.

김용원은 대동단에 가입한 후 의친왕 이강을 상하이로 망명시키는 작전에 참여하였다. 그는 전협으로부터 계획을 듣고 권총 1자루를 받았다. 전협은 황해도 연백 출신으로 1896년 농상공부 주사를 지내고 1904년에는 매국단체인 일진회에 가입하여, 전북지부 회장 등으로 활동했으며, 1907년부터 1909년까지 부평 군수를 지내기도 했다. 그러한 그가 자신의 반민족적 행위를 반성하고 1909년에 만주로 망명하였다가 1919년 2월 귀국하였다. 3 · 1운동이 일어나자 3월말 최익환 등과 함께 대동단을 결성한 것이다. 전협은 의친왕의 상하이 망명을 추진하였는데 체격이 좋은 김용원을 행동대원에 참여시킨 것이다.

의친왕의 망명 작전은 1919년 11월 9일 개시되었다. 그날 오후 8시에 김용원은 전협 등 동지들과 함께 서울 공평동 3번지의 셋집에 집결하였다. 의친왕은 밤 11시경에 도착하였다. 전협은 이때 의친왕에게 상하이 행을 권유하면서 이것은 고종황제의 독살과 일본의 조선 병탐의 부당성을 만방에 알리는데 그 뜻이 있다고 밝혔다. 의친왕은 처음에 당황했다. 의친왕을 모시고 온 정운복은 이를 반대하였다. 이때 김용원은 나창헌 동창률과 함께 정운복을 옆방으로 끌고 가 정운복을 방바닥에 메어 꿉고 권총을 빼어 들었다. 본래 얼굴이 검고 험상궂은데다가 신체가 우람하여 정운복은 사색이 되어 뜻에 따르겠다고 대답했다.[3] 의친왕도 대동단원들의 뜻을 받아들여 상하이 행을 결심하고 전협이 미리 준비해 둔 초라한 여행자로 변복하였다.

의친왕은 준비해 둔 인력거에 전협과 함께 탔다. 김용원은 정운복에 재갈을 물린 채 나창헌 · 한기동 · 송세호 등과 함께 다른 인력거에 탔다. 새벽 3시경에 세검정을 지나 날이 밝을 무렵에 일행은 고양군 은평면 구기리의 최성호 집에 도착하였다. 다시 수색역에 이르자 이을규가 여행증명과 차표를 가지고 기다리고 있었다. 의친왕은 11월 10일 오전 11시발 중국의 안동행(현, 단동) 열차에 몸을 실었다. 일행은 이을규 · 정남용 · 한기동 · 송세호 등 모두 5명이었다. 이들 중에 한기동은 개성에서, 송세호는 신의주에서 하차하고 나머지 3명만이 신의주를 지나 안동역에 도착하였다. 이들은 안동의 이륭양행의 주선으로 배를 타고 상하이를 향할 계획이었다.

그러나 의친왕의 망명은 왜경에 탐지되어 중국의 안동역에는 이미 왜경이 진을 치고 있었으며, 결국 의친왕과 정남용, 이을규가 체포되었다. 이후 대동단원에 대한 대대적인 검거 선풍이 이어져 전협을 비롯하여 최익환 · 한기동 · 송세호 · 최성호 등 30여 명이 체포되었다.

---

3 신복용, 『대동단실기』, 선인, 2003, 136쪽.

3. 상하이 망명과 임시정부 활동

김용원은 의친왕 일행을 수색역까지 안내하고 나서 나창헌 등과 함께 정운복을 끌고 북문 밖의 산속에 있는 외딴 집에 은신하였다. 정운복을 방에 가두고 교대로 감시하였다. 그런데 전협 등이 일망타진되는 것을 보고 김용원은 대전의 집으로 내려와 은신했다. 그는 이후 논산과 공주, 금산일대에서 7백여원에 달하는 군자금을 모금했다. 그는 망명하기 전에 이미 임시정부 군무총장 노백린의 명령을 받아 군자금 모금을 추진했던 것으로 보인다.

군자금을 모금한 그는 1920년 3월 27일(음, 2월 8일) 동지 이덕화 등과 함께 변장하고 신의주까지 가서 그곳에서 배를 타고 단동현으로 망명하는데 성공하였다. 이어서 배를 타고 상하이에 도착하여 먼저 망명한 대동단원 나창헌을 만났다. 그는 1920년 11월에 나창헌을 비롯하여 노무용 · 김재희 등과 함께 철혈단을 조직하여 활동하였다. 철혈단(단장: 나창헌)은 임시정부의 외교정책에 반대하여 전투에서 피를 흘리는 '철혈정신'으로 의열투쟁을 전개하고자 설립된 독립운동 단체였다.

그는 상하이 임시정부의 활동에 참여하였다. 김구가 내무총장으로 선임되면서 그의 후임으로 1921년 경무국장에 임명되었다. 또한 같은 해 5월 9일 오후 2시 개최된 임시의정원 회의에서 그는 임시의정원의 청원과 징계를 담당하는 상임위원에 선임되었다. 그러나 1922년 2월에 임시정부 의정원 의원을 사임하였다. 사임한 이유는 분명하지 않다. 다만, 이 시기 김용원 외에도 많은 이들이 의원직을 사임한 것을 볼 수 있는데, 임시정부의 내부 문제와 관련이 있을 듯하다. 이승만에 대한 불신임안이 상정되자 이승만은 1922년 1월 뉴욕에서 태평양회의가 개최되는 기회에 한국의 독립을 요구하는 문서를 제출하는 등 활동했으나, 태평양회의에서 한국의 문제는 거론조차 안됐다. 그 결과 임시정부와 이승만의 권위는 더욱 추락하였다. 결국 1922년 2월 하순 임시정부의 내각은 총사직하였다.

그는 이러한 임시정부의 활동에 회의를 느끼고 무장활동을 통한 독립의 길을 모색했다. 그는 김태원 · 김노원 · 김정철 등을 데리고 사천성 주석 양림(楊森)을 방문하여 육군군관학교에 입학하였다. 그는 1922년 졸업 후에 베이징과 만주를 다니면서 무장투쟁을 위한 계획을 추진했다. 그러한 그에게 병마가 찾아왔다. 1923년 1월경에 늑막염에 걸려 베이징의 동인의원에 입원했다. 이때 그의 병이 매우 깊었던 것으로 보인다. 일제는 이 기회를 이용하여 그를 국내로 들어오게 하여 체포하고자 하였다. 왜경 기도(木藤)가 김용원의 상태를 고향의 집에 전보로 알렸다. 그러자 동생 김덕원이 베이징으로 와서 그를 고향집으로 데려갔다.

4. 군자금모금 운동과 투옥

김용원은 1924년 4월 병든 몸을 끌고 귀향하였다. 이때 왜경이 동행하면서 그를 감시했다. 그는 고향에서 요양하면서 비밀리에 군자금 모금운동을 추진했다. 그해 8월말 경에 서울의 창성동에 사는 오근영을 만나 수원군 수원면 남창리에 사는 이규연을 찾아가 임시정부에서 발행한 '독립공채'를 내보이며 군자금을 낼 것을 요구하여 8원 50전을 수령하였다. 그러나 그의 활동은 이규연이 9월 15일 수원경찰서에 신고함으로 발각되었다. 이규연의 신고를 받은 동대문경찰서는 사법계 형사들을 대전으로 급파하여 고향 집에 있던 김용원을 체포하였다.

그는 체포된 다음날인 9월 17일 동대문경찰서에서 신문을 받았다. 고문을 받은 그는 자신이 대동단 사건에 참여하였음을 비로소 실토하였다. 이 사실은 곧바로 언론에 의해 알려졌으니, 동아일보에서는 김용원의 체포기사를 대서 특필하였다.[4] 그의 공판은 1924년 10월 29일 오전 9시에 경성지방법원에서

4 『동아일보』, 1924년 9월 19일, 「중대범은 김강산」.

열렸는데, 김용원은 징역 2년형을 선고받았다.

그는 옥중에서 병이 재발하였으며, 11월 7일 형집행정지가 되어 병보석으로 일단 풀려났다. 그는 집에서 요양하면서 동지들과 영남지방을 다니면서 수양생활을 겸하였다. 그러던 중 병세가 좋아지자 안동지방 등지에서 동지들과 항일투쟁을 위한 계획을 협의하는 등 활동을 재개하였다. 그러자 일제는 1927년 1월 20일 그에게 내렸던 형집행정지를 취소하고 다시 체포하여 공주형무소에 구속시켰다. 일제는 일왕의 은사라 하여 그의 형량을 1년 6개월로 감형하였다. 그러면서 한편으로 공주형무소에 있는 그를 다시 '강도교사죄'로 묶어 1927년 2월 24일 징역 2년 6월형을 선고하여 그의 형량은 오히려 늘어났다. 그러나 그는 감옥에서의 생활을 견디지 못하고 다시 병이 재발하였다. 이에 일제는 그해 3월 15일 병보석으로 석방하였다.

일제는 그를 가석방시키고 그에 대한 감시를 철저히 했다. 그의 병이 조금 낫게 되자 1928년 10월 25일자로 그의 형집행정지를 취소하고 다시 구속시키려 하였다. 그는 11월 8일 오후 6시에 부여경찰서 은산주재소의 도순사 곤도(根藤武彦)에게 부여군 은산면 금공리의 이덕재 집에서 체포되었다. 그는 압송되던 중 오후 6시 반경에 회곡리에서 순사를 강타하여 기절시키고 탈출하였다. 그는 조병채의 안내로 청양과 부여 등지를 옮겨 다니면서 은신하였다. 그러나 논산군 양촌에서 은신하면서 중국으로 망명할 계획을 세우던 중에 왜경의 포위를 받아 체포되어 11월 21일 서대문형무소에 갇히고 말았다. 그는 이 일로 12월 27일 공주지방법원에서 징역 1년 6월형을 선고받았다. 그를 숨겨 준 조병채와 조돈행, 이진옥과 이덕재의 아내 이씨 등이 체포되어 모

강산 김용원

두 벌금형을 선고받았다.

그는 잔여 형기를 채우기도 전에 다시 공주지방법원에서 '강도교사죄'로 징역형을 받고 서대문형무소에서 옥고를 치르게 된 것이다. 그는 잔여 형량까지 옥고를 치르다가 갇힌 지 5년 2개월 여 만인 1934년 2월에 병보석으로 출감하였으나 그해 7월 옥고의 여독으로 순국하였다.

5. 맺음말

김용원은 병자호란 때 척화를 주장하여 유배에 처해졌던 김경여의 8대손으로 대전의 원정동에서 태어났다. 어려서는 부친과 숙부의 아래 에서 한학을 수학하였으나, 국망을 당한 후 상경하여 중동학교와 휘문 의숙에서 신학문을 수학하였다. 그는 휘문의숙 재학 중에 민족의식을 깨우쳤으며, 1916년 졸업 직후부터 조선총독과 일왕의 암살을 계획하는 등 적극적인 항일투쟁을 전개하였다.

그는 1919년 3 · 1운동을 목격하고 각지에서 독립사상을 고취하였으나, 결국 민족의 독립을 쟁취하는데 실패함을 보고 만세운동 같은 무저항 운동이 아닌 투쟁적인 방략을 모색하였다. 그는 그해 8월에 대동단에 가입하여 전협 · 나창헌 등과 의친왕의 상하이 망명을 적극 추진하였으며, 의친왕 등이 체포된 후에는 국내에서 군자금을 모금하여 상하이로 망명하였다.

상하이에서 그는 나창헌 등과 함께 의열운동 단체인 철혈단을 조직하여 활동하였으며, 임시정부의 활동에도 참여하였다. 그는 임시의정원 상임위원과 김구의 후임으로 경무국장에 임명되었으며, 임시정부의 외교후원회 간사로 활동하기도 하였다. 그는 1922년 2월 임시정부의 의원을 사직하고 중국 동북지역에서 무장투쟁을 준비하였다. 그러나 늑막염에 걸려 계획한 바를 추진할 수 없게 되었으며 결국 왜경의 밀계에 의해 대전의 본가에 돌아오게 되었다.

그는 요양한 후 수원 등지에서 군자금모금운동을 전개하였으며, 1924년 9월 이 일로 체포되어 옥고를 치르던 중 11월 신병으로 형집행정지로 풀려났다. 그는 다시 국내에서 동지를 규합하는 등 활동하다가 1927년 1월 또 체포되어 2년 6월형을 선고받았으나 옥고를 치르던 중에 병이 재발하여 1928년 3월 형집행정지로 가석방되었다. 1928년 11월에는 형집행정지를 취소하러 온 왜경을 쓰러뜨리고 중국으로 망명을 시도하였으나 왜경들의 포위망을 뚫지 못하고 체포되었다. 그해 12 월에 1년 6월형을 선고받고 서대문형무소에서 옥고를 치르게 되었다. 그는 잔여 형량까지 옥고를 치르다가 1934년 2월 병보석으로 석방하였다. 그러나 그는 형벌의 후유증으로 그 해 7월 그가 목표로 했던 나라를 회복하고 백성을 구제한다는 '회국제민(回國濟民)'의 뜻을 이루지 못하고 순국하였다.

참고문헌

김상기 편역, 『강산 김용원』, 경인문화사, 2004.
김상기, 「강산 김용원의 생애와 독립운동」, 『한국독립운동사연구』 24, 2005.

제8장

대한의 혁명가 윤봉길

"강보에 싸인 두 병정에게 -모순, 담-
너이도 만일 피가 있고 뼈가 있다면
반다시 조선을 위하야 용감한 투사가 되어라
태극에 깃발을 높이 드날리고
나의 빈 무덤 압헤 차져와
한잔 술을 부어 노으라
그리고 너희들은 아비 업슴을
슬퍼하지 말어라
사랑하는 어머니가 잇스니
어머니의 교양으로 성공자를
동서양 역사를 보건대
동양으로 문학가 맹가가 잇고
서양으로 불란서 혁명가 나푸레옹이 잇고
미국에 발명가 에듸손이 잇다
바라건대 너의 어머니는
그의 어머니가 되고
너의들은 그 사람이 되어라."

위 글은 윤봉길이 거사 2일 전 어린 아들 모순과 담에게 쓴 유서이다. 아비 없음을 슬퍼하지 말고, 조선을 위한 용감한 투사가 될 것을 부탁하였다. 그리고 독립이 되는 날 태극기를 높이 휘날리고, 자신의 무덤에 한잔 술을 부어 놓으라는 것이다.

윤봉길은 국내에서 야학과 월진회 등 농촌계몽운동을 전개하였다. 일제의 폭압 정치에 상하이로 망명한 그는 죽음을 각오하고 폭탄을 던져 일제 원흉들을 처단한 홍구공원 의거를 감행했다. 그는 자신의 행위가 자유와 정의를 밝히는 길이며, 민족을 구하는 일이라고 여겨 기꺼이 그 길을 택했다. 그가 25년의 삶을 어떻게 살아왔는지 그의 생애를 되돌아보고자 한다.

1. 소년 윤봉길

윤봉길(1908-1932)은 1908년 6월 21일(음, 5월 19일) 충남 예산군 덕산면 시량리에서 윤황과 경주김씨의 장남으로 태어났다. 파평윤씨 판도공파로 고려 시대 도원수를 지낸 윤관의 28대손이다. 봉길(奉吉)은 별명이고 본명은 우의(禹儀)이며 호는 매헌(梅軒)이다.

윤봉길은 6살부터 백부가 운영하는 서당에서 천자문을 공부하였다. 어려서부터 재동(才童)으로 불렸으며, 다른 한편으로는 '살가지'라고 불려질 정도로 성질이 굳세고 조급한 편이었다. 11세 때인 1918년에 덕산공립보통학교에 입학하였는데 이듬해인 1919년 3 · 1독립운동이 일어나 그 여파가 덕산까지 미쳤다. 윤봉길은 덕산읍내에서의 만세시위를 보고 일본의 종살이 하라는 교육을 받아서 뭘 하겠느냐면서 보통학교를 자퇴하였다.

윤봉길은 1921년부터는 성주록이 훈장으로 있는 오치서숙에서 경서를 공부하였다. 윤봉길은 한시에 특별한 재능을 보여 봄, 가을에 열리는 시회(詩會)에서는 장원을 자주 한 것으로 알려진다. 『국조명신록』 같은 책으로 역사관을 확립하여 갔으며, 야학을 설립한 후 이 책들에 있는 우리의 역사를 강의하여 학생들에게 민족의식을 심어주었다.

윤봉길은 한학을 공부하면서도 한편으로는 서양의 신학문을 배웠다. 그는 돈이 생길 때마다 예산으로 가서 신학문에 관한 책을 사다 보았다. 16살이 되던 해에는 『일어속성독본』이란 책을 사다가 일본어를 자습하였다.[1] 주위에서 모두들 의아해 하면서 반대하였으나 그는 적국인 일본을 알기 위해서는 그들의 말을 배워야 한다고 생각하였다. 1년 동안 열심히 공부한 결과 회화가 가능한 수준이 되었다. 그가 이때 일본어를 익힌 결과 뒷날 칭타오(靑島)에서 일본인이 운영하는 세탁소에 취직할 수 있었으며, 상하이의거 때에는 일본인 행세를 하며 유유히 입장할 수 있었다. 그는 또한 『동아일보』나 『개벽』과 같은 잡지를 구해서 보았으며 성경을 읽기도 했다. 『개벽』은 한권도 빼지 않고 읽었다고 한다. 『개벽』은 천도교의 기관지로 사회주의 또는 혁명적인 내용들을 게재하는 등 혁신적인 잡지였다. 이에 따라 창간호에서부터 일제의 탄압을 받아 압수되었지만 독자들의 호응이 높았다. 윤봉길이 지은 『농민독본』의 내용으로 미루어 보건대, 윤봉길은 『개벽』의 이러한 혁신적 이념의 영향을 받은 것으로 보인다.

성주록은 윤봉길이 18살 나이가 되었을 때 더 가르칠 것이 없다면서 자신과 성삼문의 호를 따서 '매헌(梅軒)'이란 호를 지어 졸업 선물로 주었다. 한 겨울 추위를 잘 견뎌내는 매화의 고고한 기풍과 성삼문의 충의정신을 본받으라는 뜻이었다. 윤봉길은 서숙을 나온 후에 성주록의 안내에 따라 홍성의 유교부식회에 가입하였다. 유교부식회는 홍주의병장 김복한(金福漢)의 제자들이 1927년에 홍성에서 설립한 유교진흥 단체였다. 유교부식회는 수시로 강연회를 개최하였는데, 유교의 진흥을 강조하면서 일본 경찰에 의해 금지될 정도

1 매헌윤봉길전집편찬위원회, 『매헌윤봉길전집』 권1, 「윤봉길이력」, 2012, 41쪽.

로 민족정신을 고취하는 내용이 많았다.[2]

2. 농촌계몽운동에 나서다

1) 야학을 열다

윤봉길은 오치서숙에서 공부하던 어느 날 '공동묘지묘표사건'을 맞이한다. 어떤 어른이 공동묘지에 있는 묘표를 한아름 들고 와 자기 아버지의 이름이 쓰여있는 묘표를 찾아달라고 하였다. 비록 그의 아버지 묘표는 찾았지만 어느 곳에서 뽑아왔는지 표시를 않해 놓아 자신의 아버지 무덤은커녕 다른 사람의 무덤도 구별하지 못하게 한 것이다. 그는 이 사건을 계기로 총독부보다 더 무서운 것이 '무지(無知)'라고 생각하게 되었다.

그는 오치서숙을 수료한 직후인 1926년 가을부터 문맹퇴치를 위하여 자기 집 사랑채에 야학당을 열고 농촌계몽운동을 시작하였다. 이때 그와 뜻을 함께 한 친구로는 오치서숙 시절의 친구들과 덕산보통학교를 마친 이민덕, 정종갑, 황종진, 이규남, 이태경, 이정로, 윤명의, 윤순의 등이 있었다. 야학에 공부하러 오는 학생이 처음에는 몇 명 없었다. 낮에 농사 일을 하고 저녁에 공부하는 것이 쉽지 않았던 것이다. 또 여학생은 거의 없었다. 윤봉길은 친구들과 온 마을을 돌며 야학에 나올 것을 권유하자 마을 사람들이 하나 둘씩 나오기 시작하였다. 그는 학생들을 갑, 을 2개 반으로 나누어 갑반은 한글을 가르치고, 을반은 역사, 산술, 과학, 그리고 농사 지식을 가르쳤다. 윤봉길은 마을 청년들과 함께 독서회를 조직하고 월례강연회도 개최하여 스스로 운명을 개척해 나가자고 역설하였다. 그는 이때 학생들을 가르칠 교재인 『농민독본』(전 3권)을 편찬하였는데, 농민의 지식을 각성시키는데 그 취지가 있었다.

---

2 김상기, 「윤봉길의 수학과정과 항일독립론」, 『한국근현대사연구』 67, 2013, 706-709쪽.

야학에서는 학예회도 실시했다. 그런데 1929년 3월 28일 야학에서 개최한 학예회가 문제가 생겼다.[3] 이날 학예회는 '토끼와 여우'라는 우화를 각색한 것으로, 연약한 토끼와 거북이가 자신들의 먹이를 여우에게 빼앗기는 내용을 잘 묘사하였다. 그런데 윤봉길은 다음 날 이 일로 덕산주재소에 불려갔다. 여우를 일제에 비유했다는 것이 그가 호출당한 이유였다. 윤봉길은 순사의 경고와 훈계를 받았다. 그는 이 일을 겪고 나서 농촌계몽운동도 민족의 독립이 있은 후에 가능하다는 것을 뼈저리게 체험하였다.

2) 농민회와 월진회 활동

윤봉길은 야학을 운영하면서 한편으로 농민의 경제 자립을 위하여 농민회를 조직하는 등 농촌부흥운동을 펼쳤다. 처음에 시작한 것이 목계 마을의 농민회로 1927년 3월에 조직되었다. 목계농민회에서는 증산운동을 추진하였다. 농업 방법을 개선하고 특용 작물을 재배하여 생산량을 늘리고자 하였다. 이에 따라 고구마의 재배법을 개선하고 양잠 및 축산을 권장하여 농가의 소득을 증대시켰다. 이때 수내제도라고 하는 특별한 방식도 채용하였다. 수내제도란 돈이 없어 돼지를 살 수 없는 농민에게 돼지를 사주고 기르게 하여 새끼를 낳으면 그 절반은 기른 농민에게 주고 나머지 절반은 또 다시 다른 농민에게 한 마리씩 주는 제도를 말한다. 돼지를 키우고 싶어도 목돈이 없어 애간장만 태우던 사람들로서는 좋은 제도였다. 윤봉길은 서울에 있는 친지들을 통해 축산에 관한 전문 서적들을 구입해 탐독하는 등, 말 그대로 주경야독의 진지함으로 농민회를 이끌었다.

윤봉길은 1929년 4월 부흥원에서 월진회를 조직하고 회장에 추대되었다. 월진회란 명칭은 날로 나아가고 달마다 전진하자는 의미이다. 월진회는 회원의 의무에 대하여 매우 엄격함을 보였는데, 회원은 매월 10전씩 저금을 해야

3 「기사년일기」, 1929년 3월 28일(『매헌윤봉길전집』 권1, 814쪽).

했으며, 매월 정기적으로 저금하도록 하였다. 윤봉길은 월진회의 깃발을 제작하였는데, 흰색 바탕에 3줄의 청색, 그리고 가운데에 무궁화 꽃을 넣어 흰색은 백의민족을, 세 줄의 청색은 삼천리 금수강산, 무궁화는 무궁하게 발전한다는 뜻을 담았다.

윤봉길은 1929년 광주학생운동 직후에는 야학에서 학생들에게 항일정신을 불어넣어 주고 투쟁에 나설 것을 권하였다. 그는 강연에서 "여러분, 만약 당신들에게 아직도 흐르는 피가 뛰고 있고, 아직도 순환하는 기운이 흐르고 있다면, 일본제국주의의 참혹한 압제 하에 있는 2천만 동포의 통곡을 귀 기우려 들어보시오"라면서 일제의 칼날 아래 민족과 나라를 위해 희생한 학생들의 원한 맺힌 참상을 볼 것을 호소하였다. 이러한 그의 민족교육을 알게 된 일제는 결국 야학을 강제로 폐쇄하고 윤봉길을 구속하고 말았다. 그는 체포되어 3주 동안 옥고를 치렀다. 그는 야학의 학생들에게 "뜨거운 피로 적과 싸우고 횡포한 왜적을 모두 죽이고 승리의 깃발을 손에 들고 우리나라 만세를 크게 외칩시다"[4]라는 이별사를 하고 고향을 떠나 혁명운동을 위해 상하이를 향했다.

3. 압록강을 건너 칭타오(靑島)로

윤봉길은 1930년 3월 6일 '장부가 집을 나서면 살아서 돌아오지 않으리'라는 '장부출가생불환(丈夫出家生不還)' 7자를 남겨놓고, 부엌에 들어가 부인 배씨에게는 "물 좀 한 그릇 주오"라는 말로 영원한 이별을 고하고 상하이를 향해 집을 나왔다. 도대체 무엇이 그를 농촌계몽가에서 혁명가로 전환시켰는가?

윤봉길은 1929년 12월 전국에 울려 퍼진 광주학생운동의 소식을 들었다. 그는 12월 5일 일기에서 "광주고보 민족충돌 사건의 소식을 듣고 끓는 피를

4 김광, 『윤봉길전』, 「광주학생의거에 대한 윤의사의 강연」.

감출 수 없다"라고 적고 있다. 또 12월 10일(양력)에는,

> 경성 보성고보 학생들이 만세를 부르다. 이들은 만세 3창을 했는데, 1은 "일본제국주의 타도 만세!", 2는 "약소민족해방 만세", 3은 "노예적 교육철폐 만세"였다.

라고 적고 있다. 이어서 12월 16일(양력)에는,

> 함흥수리조합 일본인들이 선인 3명을 타살하였다. 아아! 가엾어라 분통할 일이로구나! 이 압박, 어느 날 갚을 것이냐![5]

라고 일본인에 의해 한국인이 타살된 것을 분통해 하면서 민족적 압박에 대한 원한을 갚을 것을 다짐하고 있다. 이와 같은 기록들을 보면 광주학생운동이야말로 그의 의식을 전환시키기에 충분했음을 짐작하게 한다.

또한 그의 사상적 전환을 가져오게 한 또 하나의 계기가 있었다. 윤봉길은 스승인 성주록의 뜻에 따라 유교부식회에 입회하여 민족의식을 깨우치고 상하이임시정부의 존재를 알게 되었다. 또 그는 강연회에 참가하면서 홍주의병 정신을 계승한 유교부식회의 민족 이념에 영향을 받은 것으로 보인다.

집을 나온 윤봉길은 덕산 읍내를 벗어나 삽교역을 향했다 수중에는 월진회의 공금 60원이 있었다. 10시가 조금 지나 지금은 수덕사역인 삽교역에서 서울행 '경남선(京南線)' 열차에 올라 탔다. 열차는 온양과 천안을 지나 오후 3시경에 서울역에 도착하였다. 신의주까지 가는 경의선이 출발하려면 여유가 있었다. 그는 종로구 봉익동에 있는 사촌 동생 윤신득의 하숙집을 찾아갔다. 윤봉길은 그를 만나 월진회의 일을 부탁하고 싶었던 것이다. 그러나 윤신득은 외출 중이어 하는 수 없이 서울역으로 돌아와 신의주행 열차에 몸을 실었다.

---

5 「기사년일기」, 1929년 12월 16일(『매헌윤봉길전집』 권1, 835쪽).

선천역에 도착할 즈음 그는 고향에서 월진회 활동을 함께 한 황종진에게 편지를 썼다. 친구의 입을 통하여 부모님과 동지들에게 자신이 집을 나온 소식이 전달될 것으로 보았기 때문이었다. 그런데 편지를 다 쓰기 전에 기차 안에서 차표 검사가 있었다. 그리고 소지품까지 조사를 당했다. 조사원에 의해 조금 전 그가 쓴 편지가 발각되었고, 조사원에 의해 뺨까지 맞고 선천역에 끌어 내려졌다. "어디 가는냐?"는 검사원의 질문에 신의주 친척 집에 간다고 답변했는데, "만주벌판에 자유롭게 뛰어놀려 한다"란 표현이 있었기 때문이었다. 그는 선천경찰서에 끌려가 여러 날 고초를 당했다. 그러나 그의 망명하고자 하는 마음은 오히려 더욱 강해졌다. 3월말 선천경찰서에서 나온 윤봉길은 압록강을 건너 칭타오로 갔으나 여비가 떨어져 길거리에서 말 그대로 유랑생활을 했다. 아는 이도 없고 말도 안 통했다. 그러다가 송죽당(松竹堂)이라는 한국인이 운영하는 음식점을 발견하였다. 윤봉길은 주인을 찾아 자신이 중국에 온 뜻과 내력을 말했다. 다행히 주인의 소개로 나카하라 켄타로(中原兼太郎)라고 하는 일본인이 경영하는 세탁소의 점원으로 취업하였다. 그가 고향에서 일본어를 익힌 것이 효험을 본 것이다. 그는 월급을 받게 되면서 비교적 안정된 생활을 할 수 있었다. 월급을 모아 고향에서 가지고 온 월진회 자금도 보냈다. 칭타오에서의 세탁소 직원 생활도 1년이 되었다. 이제 상하이로 갈 여비도 충분하였다. 그는 주인이 월급을 올려준다는 것을 단호히 거절하고 세탁소를 나와 상하이로 가는 배에 올랐다.

4. 상하이 생활- 노동운동가 윤봉길

윤봉길은 1931년 5월 8일 상하이에 도착하였다. 비록 자신을 맞이해주는 사람은 없었으나 그는 목적지에 온 것만으로도 무척 기뻤다. 상하이에는 대한민국임시정부가 있고, 백범 김구 선생을 비롯한 민족지도자들을 만날 수 있을 것이란 기대로 들떠 있었다. 윤봉길은 상하이에서 우선 생계를 해결하기 위하여 적은 자본으로 이익이 많다는 말을 듣고 인삼 행상에 나섰다. 그런데 중국어도 서툴고 수완도 없어 아무런 수익도 남기지 못하고 인삼 행상을 그만두고 말았다.

그는 프랑스 조계에 있는 종품공사의 직공으로 취직하였다. 종품공사란 말털로 모자를 만드는 공장을 말한다. 모자를 제조하는 것은 몇 달은 기술을 배워야 할 수 있는 쉽지 않은 일이었다. 그러나 윤봉길은 취직한 지 한 달도 안 되어 능숙한 기술자가 되었다. 이 종품공사는 한국인 박진과 중국인의 합자로 출발한 회사였는데 서로간의 이익 배분 문제로 자주 충돌이 일어났다. 그래서 모자 제작에 필요한 원료의 공급이 늦어지는 일이 발생하였다. 그로 인해 직공들이 자주 일을 쉬게 되어 급료가 들쭉날쭉해지는 등 생활이 불안정했다. 직공들은 자신들이 자본가와 공장장의 착취를 당하는지를 몰랐다. 또한 어떻게 단결해야 자신들을 착취하는 이들과 싸워야 하는지를 몰랐다. 그래서 윤봉길은 사람들을 모아 친목회 조직의 뜻을 말하자 모두 참여하기로 하였다. 친목회가 생긴 다음부터 직공들 간에 서로 싸우던 일도 멈춰지고 서로 아끼는 분위가 조성되었다. 하루에 5개 이상의 모자를 만들 정도로 생산량도 증가하였다. 그런데 공장주는 오히려 직공들의 임금을 낮추고자 모자 한 개 제조비용을 4각 5푼에서 3각 5푼으로 낮췄다. 이에 윤봉길은 친목회 간부들과 공장주를 찾아가 모자 제조하는 데 드는 원료 가격과 판매가격 등을 수치로 보여주면서 직공들의 임금을 원상 회복시킬 것을 요구하였다. 그러자 공장주는 오히려 윤봉길을 해고하였다.

이 과정을 통해 우리는 윤봉길의 노동운동가로서의 면모를 확인하게 된다. 그는 이미 월진회 활동을 통해 농민의 의식 개발을 이끌어내는 데에 능력을 발휘했었다. 그는 농민이 삶에 대한 주인의식을 가지고 자신의 운명을 스스로 개척하려는 의지를 가질 때만이 농촌이 부흥할 수 있다고 믿었다. 이러한 그의 신념은 상하이에서의 노동 현장에서도 예외는 아니었다. 그는 자본가의 노동자 착취에 대한 치밀한 자료를 확보하여 노동자의 정당한 권리를 요구하는 데에 앞장섰던 것이다.

5. 상하이의거

1) 의거를 자원하다

윤봉길은 종품공장을 나온 후 1932년 초부터 프랑스 조계 마랑로 보경리에 기숙하면서 홍구시장에서 가게 하나를 빌려 밀가루와 채소 장사를 하였다. 그는 항상 남루한 옷차림이었다. 그러나 어느 누구에게도 굽신거리지 않고 당당하게 대로를 활보하였다.

윤봉길은 이봉창의거의 소식을 신문을 통해 알고 나서 김구를 찾아갔다. 백범 김구와는 종품공사에 있던 1931년 7월 이후 여러 차례 만난 바 있었다. 김구가 상하이에는 어떤 목적으로 왔느냐고 묻자 그는 독립운동의 본부가 상하이에 있다고 하여 왔다고 대답한 바가 있었다. 김구를 만난 윤봉길은 죽을 자리를 구하고 있다고 다음과 같이 말했다.

> 제가 채소 바구니를 등 뒤에 메고 날마다 홍구 방면으로 다니는 것은 큰 뜻을 품고 천신만고 끝에 상하이에 온 목적을 달성하기 위해서입니다. 그런데 중일전쟁도 중국에서 굴욕적으로 정전협정이 성립되는 형세인즉, 아무리 생각해 보아도 마땅히 죽을 자리를 구할 수 없습니다. 그렇지만 선생님께는 도쿄 사건과 같은 경륜이 계실 줄 믿습니다. 저를 믿으시고 지도하여 주시면 은혜는 죽어도 잊지 못할 것입니다.[6]

김구는 윤봉길의 목숨을 건 결심을 듣고 마음속으로 탄복하였다. 그가 윤봉길을 종품공장에서 보았을 때 처음에는 학식은 있으나 생활을 위해 노동을 하

6 김구, 『백범일지』(도진순 주해), 돌베개, 1997, 331쪽.

겠거니 생각하였다. 그런데 이렇게 마음을 터놓고 이야기 해보니 몸을 바쳐 큰 뜻을 이룰 의로운 대장부였던 것이다. 김구는 4월 29일 있을 일본군의 천장절 경축식을 특공작전을 감행할 절호의 기회로 판단하고 있었다. 왜냐하면 이날의 경축식에는 상하이 주둔 일본군 사령관 이하 군대와 정치계 수뇌부들이 모두 참석할 것이고, 이 특공 작전이 성공만 한다면 중국군 30만 명이 막대한 희생을 하면서도 이기지 못한 일본군 총사령부 전체를 폭파시켜 버리는 전과를 낼 수 있다고 생각했기 때문이었다. 윤봉길이 이 작전에 자원한 것이다. 김구는 윤봉길에게 거사를 책임질 것을 위임하고 중국 돈 200원을 주면서 거사 준비를 하도록 했다. 이 자금은 미주 동포들이 보내준 애국금이었다. 1930년 8월 임시정부의 국무령을 맡은 김구는 임시정부의 재정 확보를 위하여 미주 동포들에게 편지로 임시정부의 상황을 극진하게 설명하여 성금을 보내줄 것을 부탁하였다. 이에 따라 미주의 동포들의 성금이 답지하였던 것이다.

윤봉길은 김구의 말을 듣고 "저는 이제부터 가슴에 한 점 번민이 없어지고 마음이 편안해집니다"라고 말했다고 한다. 윤봉길은 4월 26일 한인애국단에 가입하였다. 그는 혈서로 선서문을 썼다.

한인애국단 입단 후의 윤봉길과 김구

윤봉길은 4월 27일 경축식이 있을 홍구공원을 사전 답사하였다. 그리고 나서 일본인 상점에 가서 일본 보자기 1장을 구입하고 숙소를 프랑스 조계의 패륵로(貝勒路)에 있는 호텔 동방공우(東方公寓) 30호로 옮겼다. 김구와 함께 패륵로(貝勒路) 신천상리(新天祥里) 20호의 안공근의 집으로 가서 양복을 입고 사진을 찍었다. 독사진 1장과 가슴에 선언문을 펴 붙이고 왼손에 폭탄을 오른손에는 권총을 들고 태극기를 배경으로 한 사진, 그리고 김구와 함께 찍은 사진 등 모두 3장의 기념사진을 찍었다.

4월 28일 정오에 김구와 프랑스 조계내의 팔선교(八仙橋) 대세계(大世界) 근처인 중국기독교청년회관에서 만나 술과 점심을 먹었다. 그리고 일본인 상점에 가서 시라카와 대장과 우에다 중장의 사진과 일장기도 구입해서 숙소로 돌아왔다. 저녁을 먹고 상념에 잡혀있던 중에 김구가 다시 찾아왔다. 뒷날을 위하여 이력서와 유서를 써달라는 것이었다. 윤봉길은 자신의 약력에 가족 사항을 쓰면서 '유족'이라고 표현했다. 그는 이제 자신은 세상에 없는 사람으로 간주한 것이 아닌가 생각된다. 이어서 두 아들과 조국의 청년들에게 남기는 유서를 썼다. 마지막으로 백범 선생에게도 유서를 남겼다. 김구는 윤봉길을 프랑스 조계 화룡로(華龍路) 원창리(元昌里) 13호의 김해산 집으로 데리고 갔다. 그곳에서 김구는 도시락 폭탄과 멜빵이 달린 수통형 폭탄의 사용법을 알려주었다. 이 폭탄은 중국군 제19로군 병기창 주임으로 복무하고 있던 김홍일에게 부탁하여 중국인 기술자 왕퍼슈(王伯修)가 특별히 제조한 고성능 폭탄이었다. 김구는 윤봉길이 찾아와 거사를 자원하고 가자, 김홍일을 만나 폭탄 제조를 부탁하면서 도시락과 수통형 폭탄을 의뢰하였던 것이다. 그것은 일본 상하이영사관에서 이날 행사가 장시간에 걸쳐 진행됨에 따라 상하이에서 발행되는 일본 신문에 일본인들에게 도시락과 물병을 지참하고 입장할 것을 광고한 것을 보았기 때문이었다.

2) 4월 29일 아침

4월 29일 아침 윤봉길은 김구와 함께 김해산의 집에서 담담하게 아침밥을 먹었다. 식사를 마치자 7시를 알리는 종소리가 울렸다. 윤봉길은 자신의 시계를 김구에게 주면서 시계를 바꾸자고 하였다. 윤봉길은 김구로부터 도시락과 수통형의 폭탄을 건네받고, 하비로까지 걸어가서 자동차를 탔다. 그는 마지막

길을 떠나면서 가지고 있던 돈을 꺼내 김구의 손에 쥐어 주었다. 김구는 자동차를 탄 윤봉길에게 '후일 지하에서 만납시다'라고 목메인 소리로 작별했다. 윤봉길은 김구와 이별하고 홍구공원을 향했다. 오전 7시 50분경에 홍구공원 입구에 차를 내렸다. 윤봉길은 공원의 정문으로 입장하였다. 중국인 문지기가 입장권를 제시하라고 하였지만, 그는 '나는 일본인이다. 입장권 따위가 왜 필요한가'라고 일축하고 그대로 공원으로 들어갔다. 그가 아침 일찍 들어간 것은 이른 시간에는 중국인 수위가 경비한다는 것을 알아내고, 입장권이 없는 상태에서 중국인에게 일본인처럼 보여 입장하기 위한 때문이었다. 이때 그는 당시 일본인들 사이에서 유행하던 양복과 스프링코트를 입었다. 거기에 일본 보자기로 싼 도시락과 일본 수통을 메었으니 중국인 경비의 눈으로 볼 때에는 틀림없이 일본인으로 보였을 것이다. 윤봉길은 홍구공원에 들어가는데 성공하였다. 그는 식단의 뒤편으로 자리 잡았다. 2일전에 보아 둔 장소였다.

홍구공원에서 개최된 기념식은 일왕의 생일을 축하하는 천장절과 상하이사변의 승리를 축하하는 전승축하식을 겸했다. 행사장에 들어오는 일본인들은 손마다 일장기를 들고 공원으로 몰려들었다. 공원의 정문은 화려한 색깔의 천으로 장식되었고, 일본 해군기와 육군기가 게양되어 있었다. 정문 옆에는 '경축만세 만만세'라고 써 있는 홍색 천이 걸려 있었다. 공원 안에는 상하이 거주 일본인 1만 명이 입장해 있었다. 거기에 상하이파견 일본군 제9사단과 해병대 병력 1만 2천 명, 그 외에 각국의 사절과 각계 초청자를 합하여 3만여 명의 군중이 법석을 이루었다.

기념식은 2부로 나누어 진행되었다. 제1부는 열병식이었다. 열병식에는 육군에서 제9사단의 기관총부대, 기병대, 보병대, 야포대, 치중대 등 6천 명, 해군에서는 장갑차 6대를 비롯하여 기계화자전거부대, 의무대 등 3천 명, 그리고 이외에도 헌병대 1천여 명 등 1만여 명이 동원되었다. 이들이 홍구공원 바로 옆에 있는 북사천로의 일본인 소학교에 집결하여 예행 연습을 마치고 오전 8시 30분부터 정문을 통해 행사장으로 입장하였다. 육군 장갑차 14대와 기병처 소속 오토바이가 행사장에 입장하는 군인들의 선도 역할을 하였다. 행사장 사방에는 무장한 순경들이 삼엄한 경비망을 펼쳤다.

시라카와를 비롯한 시게미쓰, 우에다, 노무라 등 줄지어 사령대에 올라 일자형으로 도열하였다. 천장절을 경축하는 군악대의 연주가 끝난 후, 시라카와를 비롯한 주요 인사들의 연설이 있었다. 연설이 끝난 10시 30분부터 분열식이 이어졌다. 각 차량 부대가 먼저 분열을 마치고 보병의 분열과 행진이 있었다. 분열에 참가한 병사들은 사령대와 검열관 앞을 지나갈 때 모두 거총 자세로 목례를 하였다. 행사장 상공에는 18대의 비행기가 저공으로 곡예 비행을 하면서 분위기를 달구었다. 11시 20분경 분열식이 모두 끝났다.

이어서 제2부 축하식이 거행되었다. 시라카와, 우에다, 노무라 등은 다시 사령대에 올랐다. 사령대는 공원의 중앙 쪽에 잘 자란 잔디 위에 설치되었다. 식단은 잔디밭 위에 목재로 만들었다. 사각형으로 만들었는데 사방에 홍색과 백색의 줄무늬 장식을 한 천으로 둘러쌓다. 식단의 전면에 일본군 장교들이 도열하고, 그 전면 중앙부에는 일본인 재향군인과 의용대와 소학교 학생들을 배열하였다. 식단의 좌우에는 일본 육해군이 무장을 갖추고 정렬하여 있었다. 그리고 식단의 뒤쪽에는 고관들의 신변 호위를 위하여 기마병 6명이 식장을 바라보고 있었으며, 그 뒤 약 5, 6미터쯤 되는 곳에 헌병 및 보조헌병 몇 명이 경계를 섰다. 이때 헌병들이 어느 쪽을 보고 있었는지는 일본 상하이총영사의 보고서에도 확실하지 않다고 적혀 있다. 그리고 그 뒤쪽으로 일반 군중이 있는 상황이었다. 후면의 일반 관람석은 식단에서 약 20미터 떨어진 곳에 있었는데 윤봉길은 그 앞쪽에 자리를 잡았다. 단상 위에는 모두 7명이 도열하였다. 앞쪽의 왼편부터 주중총영사 무라이 쿠라마츠(村井倉松)가 자리잡고, 그 옆으로 제9사단장 우에다 겐키치(植田謙吉) 중장, 상하이 파견군사령관 시라카와 요시노리(白川義則) 대장, 해군사령관 노무라 요시사부로(野村吉三郎) 중장, 주중공사 시게미쓰 마모루(重光葵), 거류민단 행정위원장 가와바타 사다쓰구(河端貞次), 그리고 민단서기장 토모노 시게루(友野盛) 등이 그들이었다.

3) 폭탄을 던져 일제 수뇌를 처단

제2부 축하식이 시작되었다. 마침 그때부터 비가 내리기 시작하였다. 단상에 일본군 수뇌(首腦)들이 도열한 채 가와바타와 무라이의 축사가 끝났다. 이어서 참석자 모두가 일어서서 엄숙하게 기미가요를 합창하였다. 이들이 기미가요 2절의 마지막 소절을 부를 때, 참석한 일본인 모든 이가 신성한 기분이 최고조에 달하는 순간 윤봉길은 지금 이 순간이 최적의 기회라고 판단하였다. 그는 식단을 향하여 2칸 정도 앞으로 전진하였다. 2칸이면 3.63미터의 거리이다. 이때 식단 뒤에서 말을 타고 경계를 하던 기병 2명이 이를 수상히 여겨 검문하려고 말에서 내렸다. 그 순간 윤봉길은 도시락 형 폭탄을 땅에 내려놓고, 수통형 폭탄을 어깨에서 내려 오른 손에 폭탄을 들고 왼손으로 안전핀을 잡아당긴 후, 식단을 향하여 폭탄을 투척하였다. 이때가 오전 11시 50분경이었다. 그가 투척한 폭탄은 정확하게 단상 위의 가와바타와 시게미쓰 사이에 떨어졌다.

커다란 폭음과 함께 파편이 사방으로 날았다. 단상에 있던 상하이파견군사령관 시라카와 요시노리(白川義則) 대장을 비롯하여 7명은 모두 쓰러졌고 행사장은 아수라장이 되었다. 시라카와 대장은 얼굴에 부상을, 시게미쓰 공사는 발에 중상을 입었으며, 무라이 총영사는 얼굴과 왼쪽 발에 부상, 노무라 사령장관은 머리와 발에 중상, 가와바타 상하이거류 일본민단장은 배와 다리에 중상, 도모노 민단서기장은 발, 얼굴, 손에 부상을 입었다. 이중 가와바타의 부상이 가장 심하여 단상 위에 꿇어앉아 사람 살리라고 소리를 질렀다. 그는 다음 날 복민(福民)병원에서 사망했다. 시라카와는 얼굴과 복부에 부상을 입었지만 약 4주간 치료를 요하는 정도로 그리 심한 편은 아니었다. 그러나 5월 20일부터 혈변이 보이는 등 병세가 갑자기 악화되었다. 패혈 증세가 나타났으며 의료진이 긴급 수혈을 하고 대수술을 실시하는 등 치료를 했다. 일왕은 5월 23일 남작 작위와 사주(賜酒)를 내리는 등 특별 대우를 했으나, 결국 5월 26일 사망했다. 그의 죽음은 일본 조야에 큰 충격을 주었다. 일본의 모든 신문은 그의 사망 소식을 특종으로 전했다.

윤봉길은 투척과 동시에 바닥에 내려 놓았던 도시락형 폭탄을 주우려 하였으나, 부근에 있던 육전대지휘관 호위병 고모토(後本武彦) 일등병조와 헌병들에 의해 제압되었다. 윤봉길은 군중들에 의해 둘러싸여 잠시 기절할 정도로 뭇매를 맞았다. 옷이 찢겨지고 얼굴도 피투성이가 되었다. 일본 헌병대가 군중들 사이에서 윤봉길을 끌어냈다. 얼굴부터 허리까지 선혈이 낭자한 모습이었다. 옷소매 사이로도 연신 피가 흘러내렸다. 그는 비록 중상을 입었지만, 태연하게 냉소를 지으며 헌병대로 끌려갔다.

4) 연행되어 가는 윤봉길

윤봉길을 체포한 자는 육전대 호위병 병조(兵曹) 고모토(後本武彦)였다. 그는 자신의 상관인 우에마츠(植松) 지휘관을 호위하기 위해 서 있던 중 갑자기 머리 위로 폭탄이 지나갔다. 그 순간 뒤에서 자기를 밀치고 앞의 연단 쪽으로 가는 자가 있어 돌아보니 짙은 다색의 양복을 입은 남자가 달아나려고 해서 체포하여 헌병대에 인도했다고 한다. 윤봉길이 헌병들에 의해 연행되어가는 사진이 있는데 이를 보면 다음과 같다.

사진1) 의거 직후 체포되어 가는 윤봉길 「대판조일신문」 1932년 5월 1일 호외

上海爆弾事件の犯人は朝鮮人

更に容疑者十三名逮捕

犯行と素性に關しきのふ發表

犯人尹奉吉

上海爆弾事件犯人に關し上海における出先官憲は協議の上六日午後三時左の如く發表せり

一、本籍朝鮮忠清南道禮山郡德山面柿梁里一三九、現住所上海佛租界バイロン路トウホウコウダウ三〇尹奉吉、明治四十年五月十九日生

二、本名は四月二十九日午前七時四十五分虹口公園に入り、官民合同の祝賀會のまさに終らんとして「君が代」合唱せられたる時午前十一時四十分ごろ、式台後方群衆中より現はれ所持の爆弾を式台に投擲し、白川軍司令官、野村司令長官、植田師團長、重光公使、村井總領事、河端行政委員長、友野民團書記長に重軽傷を負はしめその内河端行政委員長をして遂に死に至らしめたるものなり

三、犯人は警備憲兵において即座に逮捕これを憲兵隊に留置し一應訊問の上既に軍法會議に證事を請求せり

四、使用爆弾は二個にして一個は水筒形他は辨當形なり、投擲したるは水筒形のものにして辨當形のものはこれを地上におきそのまゝ投擲するにいたらず

五、本名供述の模様により佛租界居住多數朝鮮人の團體的背景あるものと認められたるをもつて直ちに佛租界警察當局に要求し、その手配により二十九日より三十日にわたり一大捜査を實行し容疑者安昌虎以下十二名を逮捕しその引渡を受けたり、よつて目下嚴重取調中

사진2) 일본영사관에서 발표한 '범인' 기사 『대판조일신문』 1932. 5. 7 석간

사진1)은 『대판조일신문』 5월 1일자의 호외에 실린 사진으로 양복에 코트를 입고 중절모를 들고 있다. 윤봉길은 그날 양복 위에 스프링코트를 걸쳤다. 이는 일본 내무성 보안과에서 1932년 7월 작성한 『상하이에서의 윤봉길폭탄사건 전말』에 잘 나와 있다. 또한 윤봉길은 당일 중절모를 썼다. 또한 윤봉길은 일본 오사카 소재 육군 위수형무소로 이감되는데, 1932년 11월 21일자 『대판조일신문』에 의하면 윤봉길의 복장은 엷은 간절기 갈색 양복에 간절기 코트를 입었다. 이 복장은 그가 체포되었을 때의 것과 일치한다. 윤봉길이 잠시 의식을 잃을 정도로 집단구타를 당한 후 헌병에 의해 끌려서 연행되어 갔

다. 집단구타를 당한 윤봉길을 일본헌병대가 군중들 사이에서 끌어냈다. 이때 '그의 얼굴에는 때때로 냉소가 흘러나왔다'라고 하여 비록 중상을 당했지만 의식을 잃었던 것은 아니었음을 알 수 있다(『대만보(大晩報)』 4월 30일자). 또한 일본영사관에서는 5월 6일 오후 3시에 '범인'의 신원에 대하여 브리핑을 하였다. 다음 날 이 내용이 각 신문에 게재되었는데(사진2 참조), '범인 윤봉길'이라는 사진 설명문을 붙이고, 『대판조일신문』 5월 1일자의 체포사진 중에서 윤봉길의 얼굴 부분만을 잘라서 게재하였다.[7]

당시 폭탄에 대하여 관심이 컸다. 폭탄 제조에 참여한 김홍일 장군은 수통형 폭탄은 납으로 만들어진 것으로 안에는 폭약이 가득 채워져 있었으며, 납으로 된 파편은 살 속으로 쉽게 들어가지만 쉽게 빼낼 수는 없었다고 회고하였다. 폭탄이 군용보온병으로 위장한 특수폭탄이라고 하였다. 폭탄의 위력이 커 식단의 왼쪽 앞 바닥판이 직경 1미터 가까이 파였다 한다.

윤봉길은 현장에서 체포되어 곧바로 홍구공원 맞은 편의 상하이 제1 헌병분대에 유치되어 조사를 받았다. 윤봉길은 헌병대에서 10시간이나 심문을 받았다. 그는 자신이 폭탄을 투척한 사실을 시인하고 자신의 이름, 주소, 직업, 나이 등을 밝히는 외에는 어떤 말도 하지 않았다. 다급해진 일본 헌병은 입을 열게 하려고 온갖 가혹한 고문을 동원하여 윤봉길은 만신창이가 되었다. 밤낮으로 이어지는 고문으로 이미 사망한 것으로 알려지기까지 하였다.

임시정부 요인들과 가족들은 서둘러 상하이를 탈출하였다. 이날 이후 임시정부가 충칭(重慶)에 자리 잡을 때까지 8년에 걸쳐 5천 키로에 달하는 대장정이 시작된 것이다. 그러나 의거 당일에 도산 안창호가 일경에 체포되는 불행한 사건이 일어났다.

김구는 항저우로 피신하였다가 안공근 등과 함께 상하이 프랑스 조계로 잠

7 김상기, 「윤봉길의 상하이의거에 대한 일본 언론의 보도」, 『한국독립운동사연구』 32, 2009, 22-28쪽.

입하여 미국인 조지 아쉬모어 피치(George A. Fitch) 집으로 들어갔다. 김구는 이곳에서 20일간 머물면서 사건의 뒷수습을 하였다. 김구는 5월 9일 상하이 의거의 전모를 밝힌 성명서를 피치박사의 부인에게 영문으로 번역하게 하여 'The Truth of the Hongkeu Park'(홍구공원의 진상)이란 제목으로 로이터 통신과 중국신문사에 발송하였다. 김구는 이 글에서 홍구공원 폭탄 의거에 대해 정의와 인도의 이름으로 진상을 발표한다면서 이봉창의 일왕폭살 기도와 윤봉길의 홍구공원 의거는 자신의 계획에 따라 추진한 것임을 밝혔다. 김구는 홍구공원의 진상을 발표하면서 민간인에 대한 피해가 없도록 당부한 사실을 언급하였다. 이는 의열투쟁의 의의를 밝힌 것으로 중요한 의미를 갖는다. 일반적으로 의열투쟁과 테러를 혼돈하는 경우가 적지 않다. 그러나 의열투쟁과 테러는 분명히 다르다. 의열투쟁은 타격해야 할 대상을 명확하게 정하지만, 테러는 불특정 다수를 대상으로 하는 점에서 다르다. 윤봉길이 타격한 대상은 단상 위에 있는 일제의 요인들이었다. 또한 의열투쟁은 김구가 자신의 행위인 것을 밝힌 것처럼 행위자의 주체를 당당히 밝힌다. 의열투쟁은 한민족의 독립운동의 한 방법으로 추진한 정당한 민족해방운동이었다.

6. 가나자와(金澤)에서 순국하다

윤봉길은 1932년 5월 25일 군법회의에서 사형을 선고받았다. 상하이사변은 5월 5일 정전협정이 체결되어 일본군은 상하이에서 철수하였는데, 가나자와에 사단 본부를 둔 제9사단이 최종 철수부대였다. 윤봉길 의거로 사단장이 중상을 입은 제9사단은 상하이사변의 일본 주력 부대였다. 윤봉길을 가나자와로 연행하여 9사단 영내에서 사형시킨 것은 이와 관련이 있을 것으로 보인다.

윤봉길은 그해 11월 18일 일본 우편수송선에 실려 상하이를 출발하여 고베(神戶)항을 거쳐 오사카 육군위수형무소로 이감되었다. 그는 다시 12월 18일 오사카헌병대의 감시를 받으며 오사카 발 기차를 타고 오후에 모리모토(森本) 역에 도착하였다. 가나자와에서는 헌병과 경찰대를 비상소집하여 17일 밤 10시부터 시내의 경계를 삼엄하게 하였다. 윤봉길은 도착하자마자 수갑을 찬 채로 군용차에 실려 제9사단 위수구금소에 수감되었다. 윤봉길은 다음날 12월 19일 아침 6시에 구금소를 나와 교외인 미쓰고지(三小牛)에 있는 육군작업장으로 끌려가 총살형이 집행되어 순국하고 말았다. 그때가 7시 40분이었다.[8]

윤봉길의 유해는 일본 신문에 보도된 것과는 달리 화장되지 않았다. 육군형법에 따라 육군 묘지에 묻히지도 않았다. 육군 묘지 아래에 일반인이 왕래하는 통로에 암장한 것이다. 윤봉길의 유해는 그로부터 13년 후 발굴되기 전까지 지나는 사람들에 의해 밟히고 밟혔다. 이는 유해에 대해 모욕을 가하고자 한 일본군의 의도로 보인다. 또한 통로에 매장함으로 혹시 모르는 도굴을 감시하기 위한 뜻도 있었던 것으로 보인다.[9]

윤봉길의 유해 발굴은 해방된 다음 해인 1946년 3월에 이루어졌다. 한국에서 서상한 대표를 비롯한 4명의 '임시정부유해발굴단'이 가나자와에 도착한 것은 3월 2일이었다. 3월 3일부터 위치를 고증받기 시작하여 육군 묘지 구내에 있는 것을 확인하였다. 가나자와에 거주하던 청장년들은 책임을 분담하고 작업 도구를 챙기는 등 발굴을 준비하였다. 본격적인 발굴 작업은 3월 4일부터 시작하였다. 발굴단은 9사단 사령부에 찾아가 위치 확인을 요구하였으나 응답을 받지 못하였다. 인근의 고령자들을 방문하여 탐문하였으나 허사였다. 3월 6일 매장할 때 독경을 했다는 가쿠손인(覺尊院)의 야마모토 료도(山本了道)라는 여승이 육군묘지 관리소에서 가까운 통로를 가리키면서 그곳에 북침(北

8 『북국신문』 1932년 12월 19일 석간 「상하이폭탄범인, 삼소우 작업장에서 오늘 아침 총살을 집행하다」.

9 일본 육군성의 소화8년 『만밀대일기』에 의하면, "요주의자 특히 선인 좌경분자 또는 불령분자의 책동에 관해 헌병과 경찰의 밀접한 연계를 유지하여 엄중 경계 중임"이라고 하여 총살형을 집행한 후 도굴을 철저하게 감시했음을 알 수 있다.

枕)으로 매장했다고 알려주었다. 그곳은 며칠 동안 발굴단이 휴식처로 사용했던 장소였다.[10]

발굴단은 수습한 유골을 모시고 1946년 3월 8일 가나자와 역을 떠나 다음 날 아침 도쿄의 우에노 역에 도착하여 간다(神田)에 설치한 임시정부출장소에서 추도식을 행했다. 박열을 비롯한 수많은 동포들과 학생들의 참배가 있었다. 윤봉길의 유해는 5월 5일 이봉창과 백정기 의사의 유해와 함께 부산에 환국하였으며, 7월 6일 임시정부 주최로 사회장을 개최하고 효창공원에 안장되었다.

윤봉길의 유해가 고국에 안장된 지 오래 지난 1990년 가나자와에 거주하는 박인조는 시민의 모임을 만들어 암장되었던 곳에 비석을 세우는 운동을 전개하였다. 박인조는 암장지에 아무런 표시가 없는 것을 안타깝게 생각하기에 이르렀고, 비석을 건립하여 후세의 교육장으로 만들자고 제안하였다. 이 제

윤봉길의사 암장지적(일본 가나자와현)

10 김상기, 「윤봉길의 금택에서의 순국과 순국지」, 『한국독립운동사연구』 41, 2012.

안에 교포 뿐만 아니라 일본 시민들도 참여하였다. 1992년에는 가나자와 시에 영구보존공사계획서를 제출하였고, 그해 9월 설계안의 승인을 받음과 함께 6.6㎡의 암장지적을 영구히 무상으로 대여받았다. 이에 따라 10월 16일 착공식을 하고 12월 19일 서거 60주년을 기려 윤봉길의사암장지적(尹奉吉義士暗葬之跡)이라 쓴 비석의 제막식을 거행하였다.

7. 윤봉길의거의 의의

윤봉길은 농촌계몽운동을 전개하면서 일제의 폭압통치하에서 민족의 자주독립이 농민의 계몽보다 절대적으로 우선한다는 것을 통감하였다. 농촌계몽운동의 한계를 느낀 그는 일제로부터 국권을 회복하기 위해서는 피를 흘리면서 투쟁해야 한다고 보았다. 그는 결국 망명의 길을 택하였으며, 혁명운동가가 되었다. 그는 청년들에게 총칼을 들고 나가 일제에 항쟁할 것을 유언으로 남기고 자신이 이를 몸소 실천하였다. 그는 1932년 4월 29일 일본의 천장절에 상하이 홍구공원에서 벌어진 전승축하식장에서 침략군인 일본군 수뇌부를 향해 폭탄을 던졌다.

이 '상하이의거'는 전 세계에 타전되었다. 일본의 상하이사변 전승을 무색하게 만들었으며, 중국의 장제스(蔣介石) 정부의 대한민국임시정부에 대한 전폭적인 지원을 하는 결정적 계기가 되었다. 만주지역에서는 만보산사건으로 맺혀 있던 반한감정이 풀어졌으며, 나아가 한중 연합작전이 전개되는 데에도 큰 역할을 하였다. 또한 상하이의거는 한국의 청년들을 분기시켜 항일전선에 나가게 하였을 뿐 아니라, 중국인에게도 항일 정신을 심어주는데 큰 영향을 준 것으로 평가된다.

윤봉길의 상하이의거는 당시 군대가 없던 상황에서 자주독립을 위해 택할 수 있었던 최선의 방략이었다. 그의 의거는 1920년대 이후 일제의 문화통치로 국내의 민중들이 허무주의와 퇴영, 퇴폐에 빠지던 상황에서 민족을 일깨웠으니 광복의 서곡(序曲)이었다 할 수 있다.

참고문헌

김구, 『백범일지』(도진순 주해), 돌베개, 1997.

윤남의, 『윤봉길 일대기』, 정음문고 76 정음사, 1975.

임중빈, 『천추의열 윤봉길』, 인물연구소, 1975.

이민수, 『윤봉길전』, 서문문고 205 서문사, 1976.

김상기, 『윤봉길』, 역사공간, 2013.

김상기, 「윤봉길의 상하이의거에 대한 일본 언론의 보도」, 『한독립운동사연구』 32, 2009.

김상기, 「윤봉길의 금택에서의 순국과 순국지」, 『한국독립운동사연구』 41, 2012.

김상기, 「윤봉길의 수학과정과 항일독립론」, 『한국근현대사연구』 67, 2013.

제9장

노블레스 오블리주(Noblesse Oblige)를 실천한 이회영

> "인간으로 세상에 태어나서 누구나 자기가 바라는 목적이 있다. 이 목적을 달성한다면 그보다 더한 행복은 없을 것이다. 그리고 그 목적을 달성하지 못하였다 하더라도 그 목적의 달성을 위하여 노력하다가 그 자리에서 죽는다면, 이 또한 행복인 것이다. 이것을 남의 눈으로 보아서는 불행하다 할 수도 있겠지만, 죽을 곳을 찾은 것은 옛 부터 행복으로 여겨왔다." (이정규,『우당 이회영 약전』)

위 글은 이회영이 1932년 10월 만주에 독립군기지를 건설하기 위한 책임자로 떠나겠다고 밝힌 자리에서 동지들에게 천명한 말이다. 그해 11월 다롄(大連)항에 도착하자마자 체포되어 옥사하였으니, 이 말은 그의 유언이 되었다.

1. 삼한갑족으로 태어나다.

이회영(1867-1932, 호: 友堂)은 서울의 저동에서 이조판서 이유승(李裕承)의 4남으로 태어났다. 본관이 경주로 백사 이항복의 10대손이다. 어머니 역시 이조

중국 망명시절의 이회영

판서를 지낸 정순조의 딸이다. 그가 열 살이던 1876년 강화도조약이 체결되었으니, 어린 시절부터 근대 변혁의 소용돌이를 헤쳐 나가야 했다.

그는 고관대작의 후손으로 태어났으나, 관직에는 관심이 없었던 것으로 보인다. 소년 시절부터 유교 경전을 공부하기보다는 서구의 새로운 지식을 흡수하기를 좋아하였다. 그는 양반의 권위의식을 버리고 불평등한 신분의 차별을 타파하려 하였다. 그가 10대 후반 였던 1880년대 초반 민씨 정권에서는 개화정책을 펼쳤으며, 배재학당 같은 기독교 학교가 설립되어 신식학문을 가르치면서 동시에 기독교도 전파하였다. 서울은 개화 세상으로 바뀌고 있었다.

서울에서 이를 지켜본 이회영은 개화 물결에 몸을 실었다. 1885년에는 이상설(1870-1917), 여준(1862-1932) 등과 의기투합되어 신흥사라는 절에서 합숙하면서 한문 이외에도 수학, 영어, 법률 등 신식 학문을 공부하였다. 그는 집안의 종들을 자유민으로 풀어주었으며, 청상과부가 된 누이를 재가시켰다. 서구의 개화 문물을 접하면서 인간은 평등하다는 인권사상이 자리 잡고 있었던 것이다.

2. 신민회 활동과 헤이그특사 파견 추진

이회영이 서른 살이 된 1896년 4월 독립신문이 창간되었다. 독립신문은 창간사에서 인민을 위한 대변자가 되고 정부가 하는 일을 백성에게 알리겠다고 하였다. 또한 남녀노소와 빈부귀천을 가리지 않고 국내외 정세를 알 수 있도록 하겠다고 하였다. 이러한 독립신문을 보고 이회영은 큰 감명을 받았다. 이때 그는 '소년삽세시(少年卅歲詩)'란 시를 지어 자신의 심정을 나타냈다.[1]

세상에 풍운은 많이 일고	風雲入世多
해와 달은 급하게 사람을 몰아치는데	日月擲人急
이 한번의 젊은 나이를 어찌할 것인가	如何一少年
어느새 벌써 서른 살이 되었으니.	忽忽已三十

(이관직, 『우당이회영실기』)

헤이그 특사 이상설

위 시에는 급변하는 세계 정세를 보고 30의 나이에 그가 대처할 일을 고민하는 모습이 잘 나타난다. 그는 이상설의 영향으로 전덕기 목사가 이끌던 상동교회에 나갔다. 이른바 '상동파'의 한 사람이 되어 1904년경 상동교회 내에 설립된 상동청년학원의 학감을 맡았다. 그는 기독교에도 관심을 갖게 되었으며, 이런 연유로 1908년 재혼할 때 상동교회에서 결혼식을 올렸다.

1906년 이후 그는 이상설, 여준 등과 자주 만나 시세를 토론하였다. 이들은 만주에 독립운동 기지를 건설하기로 하고 먼저 이상설이 블라디보스토크를 지나 룽징(龍井)에 들어갔다. 거기에서 그는 서전서숙을 건립하여 한인 자제들을 교육하여 독립의 기초로 삼고자 하였다.

이회영은 1907년 네덜란드 헤이그에 만국평화회의가 열린다는 소식을 듣고, 고종황제에게 을사늑약을 철폐하고 주권을 회복하기 위한 특사를 파견

1 이관직, 『우당 이회영실기』, 을유문화사, 1985, 118쪽.

할 것을 비밀리에 건의하였다.[2] 고종의 윤허에 따라 수석대표로 이상설이 임명되었다. 이회영은 미국인 헐버트(Herbert, 訖法) 박사를 통해 고종의 신임장을 받아 이준에게 전달하였다. 이준은 룽징(龍井)으로 가서 이를 이상설에게 전달하였다.

헤이그특사로 파견된 이상설 등은 일제 침략의 불법성과 한국의 입장을 담은 「공고사(控告詞)」를 발표하고 각국 신문기자단의 국제협회에 나아가 이 주장을 밝혔다. 그러나 이 사건으로 고종이 강제로 퇴위 당했다. 이어서 구한국 군대마저 강제로 해산되었다. 강제 해산에 반대하는 시위대 장병들은 제1대 대장 박승환 참령의 자결을 신호로 일본군과 시가전을 감행하며 항거하였으나 많은 희생을 낳았다. 이회영은 박승환과 장병들을 위한 다음의 시를 써 그들의 희생을 추모했다.[3]

시위대 장병을 애도하며 (哭侍衛隊將兵)
장하신 대장 스스로 머리 쏘아 의분의 피 흩뿌렸으니 (壯士砲頭血)
꽃다운 이름 민영환 공과 더불어 전하여지리 (遺芳共桂庭)
모든 용사들 두려움 없이 기꺼이 나아가 싸우다 가셨으니 (全軍酣戰歿)
님들의 뜨거운 충의 만년 토록 칭송되리라 (義烈萬秋聲)

이회영은 신민회에 참여하여 활동하였다. 신민회에서는 만주로의 집단 망명과 독립군기지 건설을 결정하였는데, 이회영은 1908년 여름, 블라디보스토크를 갔다 왔다. 그곳에 있는 이상설을 만나 독립의 방략에 대한 의견을 나누었다. 이들은 만주지역에 독립운동의 근거지를 만들 것과 이를 위한 자금을 준비할 것 등을 협의하였다. 이회영은 귀국한 뒤에 여러 사업을 추진하였으나 이렇다 할 진전을 보지 못했다. 그는 교육 활동 등 애국계몽운동을 추진하

2 윤병석, 『증보 이성설전』, 일조각, 1998, 64쪽.
3 이정규, 『우당이회영약전』, 을유문화사, 1985, 36-37쪽.

면서, 성재구(成載九)나 이기영(李冀永) 등을 앞세워 의병과 연락을 취하기도 하였다.[4]

3. 만주 망명과 독립군 양성

1910년 8월 마침내 대한제국은 최후를 맞고 말았다. 수많은 의사들이 자결로 항의하고, 전국에서 통곡이 끊이지 않았다. 이회영은 어느 날 남산 위에 올라 도성을 바라보면서 자리를 함께 한 동지들에게

> 삼천리 기름진 강토는 도둑의 이빨에 씹혀 삼킨 바가 되었고, 반만년의 신성한 한민족은 검은 잠방이의 야만족에게 노예가 되었으니, 이는 천추만세의 치욕이요, 분한(憤恨)이다. 우리 2천만 동포는 총궐기하여 마지막 한 사람까지 왜적이 분투하여 조국을 되찾아야 한다.[5]

라고 망명을 권하면서 만주에서 재회하기를 기약하였다.

만주 망명을 서둘렀다. 1910년 8월 하순 이동녕, 장유순, 이관직 등과 함께 옷감 장수 차림으로 초산진에서 압록강을 건너 만주로 들어가 한 달 남짓 망명할 곳을 찾아 조사하고 서둘러 귀국하였다. 그는 단신 망명이 아닌 여섯 형제 온 가족의 집단 망명을 추진하였다. 그는 형님인 건영, 석영, 철영과 동생인 시영, 호영 등 형제들이 모두 모인 자리에서 만주로 망명할 것을 다음과 같이 제기하였다.

> 슬프다. 지금 한일합병의 괴변으로 인하여 한반도의 산하가 왜적의 것이 되고 말았다. 우리 형제가 당당한 명문 호족으로서 차라리 대의가 있

---

4 이정규, 위책, 40쪽.

5 이관직, 위책, 143쪽.

는 곳에 죽을지언정, 왜적 치하에서 노예가 되어 생명을 구차히 도모한 다면 이는 어찌 짐승과 다르겠는가. (중략) 나는 동지들과 상의하여 우리 나라에서 하던 모든 활동을 만주로 옮겨 실천하려 한다. 만일 뒷날에 행운이 있어 왜적을 부숴 멸망시키고 조국을 다시 찾으면 이것이 대한 민족된 신분이요, 또 왜적과 혈투하시던 백사(白沙) 공의 후손된 도리라고 생각한다. 여러 형님과 아우님들은 나의 뜻을 따라 주기를 바라노라.[6]

이회영의 비장하고 강개한 언사에 5형제 모두가 비분강개하여 흔쾌히 찬동하였다. 이들은 은밀하게 재산을 처분하고 1910년 말 가족 40여명은 만주행 장도에 올랐다.[7]

신의주에서 하룻밤을 묵고 새벽에 얼음을 타고 압록강을 건너 무사히 중국의 단둥(丹東)현에 도착하였다. 마차를 타고 10여일 지나 도착한 헝타오촌(橫道村)에서 겨울을 지내고 이듬해 1911년 봄에 류허현(柳河縣) 싼위안푸(三源浦)의 저우쟈지에(鄒家街)에 들어갔다. 이어 경북 안동의 대표적인 혁신 유림인 김동삼과 이상룡, 김대락 일가도 합류하였다. 이처럼 한인들의 집단 이주에 중국인들이 의혹을 품고 가옥이나 토지의 매매와 임차(賃借)를 거부하고 지방 관청도 간섭이 심하였다.

이회영은 베이징으로 가서 총리대신을 맡고 있던 위안스카이를 만나 한인들이 만주로 이주하게 된 취지와 현지 실정을 설명하였다. 위안스카이는 이회영의 요청에 따라 비서인 후밍천(胡明臣)에게 친서를 주어 동삼성 총독 자오얼펑(趙爾豊)에게 보냈다. 자오얼펑은 위안스카이의 친서를 보고 화이런(懷仁), 퉁화(通化), 류허(柳河)의 세 현장에게 서간도에 거주하는 한인들의 생활과 사업에 편의를 제공하라는 지시를 내렸다. 현장들은 한인의 사업에 협조하고 만일 지시를 어기면 엄벌에 처한다는 내용의 게시문을 붙였다. 이후 원주민

6 이관직, 위책, 145쪽.

7 이회영 집안에서 정리한 자금은 당시 화폐로 40만원에 해당한다고 한다. 이 거액은 경학사와 신흥무관학교 운영 자금으로 사용되었다.

들의 한인에 대한 배타적인 태도는 사라졌다.

정착 문제가 해결되자 이회영은 이상룡 등과 1911년 음력 4월 이상룡 등과 저우쟈지에(鄒家街)에 자치기관인 경학사(耕學社)를 설립하였다. 경학사에는 내무, 농무, 재무, 교무의 4개 부서를 두었는데, 농업을 장려하고 동시에 민족교육을 실시하는데 목적이 있었다. 사장은 이상룡, 농무는 장유순, 재무는 이동녕, 교무는 유인식이 맡았으며, 이회영은 내무를 맡아 한인 사회의 행정 및 치안 유지에 주력하였다. 경학사에는 교육기관으로서 신흥강습소를 두었다. 신흥강습소는 본과와 특별과를 두었는데, 본과는 중학 과정으로 장도순 등이 교사로 활동하였다. 특별과는 군사학을 가르쳤는데 김창환, 이관직, 이장녕 등이 교육을 맡았다. 강습소의 교장은 이회영의 형인 이석영이 맡았다. 1912년 가을에는 퉁화현 허니하(哈泥河) 강가로 이주하여 부민단(扶民團)을 설립하고 이어 무관학교의 신축공사에 들어갔으나 자금이 부족하였다. 이관직과 장유순이 국내로 들어가 모금 운동을 펼쳤으나 성과가 없자 장유순은 만주로 되돌아왔다.

1913년 봄, 수원의 맹보순한테서 은밀한 연락이 왔다. 총독부에서 이회영과 이동녕, 장유순, 이시영, 김형선을 체포하려고 형사대를 파견하니 피신하라는 소식이었다. 이에 이동녕 등은 블라디보스토크로 갔으나, 이회영은 국내로 들어와 비밀리에 자금 모금을 추진하였다. 국내에서 활동 중에는 일경의 감시를 받고 경찰서에 구금되기 까지 하였다. 1916년에는 대일단(大一團)이라는 단체를 조직하였다. 이상설을 단장으로, 이동녕을 부단장으로 하였으며, 이회영은 국내 대표로 참가했다. 1918년 가을에는 고종황제의 중국 망명을 추진하였다. 민영달이 내놓은 5만원을 이득년과 홍중식을 통하여 베이징의 이시영에게 전달하게 하고 고종의 임시 행궁을 임차하도록 하였다. 그러나 고종이 갑자기 붕어함에 망명 계획은 수포로 돌아가고 말았다.

4. 베이징에서의 독립운동

이회영은 1919년 2월 한용운 등 민족 지사들과 파리강화회의에 대한 대책을 협의하였다. 그리고 국내외 동지들이 힘을 합쳐 독립운동을 펼치기로 하고 베이징으로 떠났다. 베이징에 도착한 지 얼마 안 되어 3 · 1운동이 일어났으며, 민족 지사들이 상하이에 집결하여 임시정부의 수립을 준비하였다. 이회영도 3월 하순에 현순, 이시영, 이동녕 등과 함께 상하이로 갔다. 4월에 들어서면서 임시정부의 수립이 가시화되었다. 그러나 이회영은 임시정부 수립에 대하여 비판적이었다. 그는 정부라는 행정 조직을 만들게 되면 그 명칭으로 인해 지위와 권력을 다투는 분규가 끊이지 않게 될 것을 우려하였다. 민족 지도자들이 모두 영웅호걸들이어 야심과 지배욕에 얽매여 대사를 그르칠 우려가 있기 때문에 정부라는 형태를 취하지 말자는 것이었다. 이회영은 이른바 영웅주의를 배격하였는데, 이는 그가 1914년 발표한 「한국은 어떠한 인물을 요구하는가」에서 “우리 민족이 요구하는 인물은 “나폴레옹이나 제갈공명과 같은 영웅이나 대군략가가 아니라, 개인의 천직을 다하는 자, 사회에 책임을 다하는 자, 국가에 의무를 다하는 자”라고 한데서 잘 나타난다.[8] 그는 독립운동을 서로 협력할 수 있는 조직으로는 정부보다는 연락기관이면 충분하다고 생각했다. 그러나 그의 반대에도 불구하고 임시의정원이 조직되고 임시 헌법이 기초되는 등 임시정부 수립 작업이 추진되었다. 이회영은 1919년 4월 10일에 개최된 제1회 임시의정원 회의에서 의원으로 참석하였다. 이 자리에서도 정부 수립을 반대하였으나, 황제를 다시 추대하려는 보황파(保皇派)이기 때문에 임시정부를 반대하는 것으로 오해를 받았다. 여기에 이승만이 미국 윌슨 대통령에게 위임통치를 요청한 사실을 알게 된 그는 국무원장에 추대된 것도 거절하고 상하이를 떠나 그해 5월말에 베이징으로 돌아왔다.

---

8 이회영, 「한국은 어떠한 인물을 요구하는가」, 『국민보』 1914년 5월 30일자(『나라사랑』 104, 172-173쪽).

베이징에는 부인 이은숙이 자식들과 방을 빌려 살고 있었다. 이후 1925년 11월 텐진으로 갈 때 까지 6년여를 베이징에서 살았다. 그가 베이징에 정착하게 된 것은 베이징이 독립운동가들의 중간 연락처로 유리하기 때문이었다. 또한 베이징에서는 외국 영사관을 설치할 수 없었기 때문에 일본의 경찰권 행사가 허용되지 않았다. 아울러 중국 관원의 한인의 독립운동에 동정적이었기 때문이었던 것으로 알려진다.[9] 그는 베이징에서 반임시정부계인 박용만, 신채호, 김창숙 등과 연결되어 활동하였다. 박용만은 1921년 4월 반임시정부 단체인 '북경군사통일회'를 조직하면서 이회영의 참여를 종용하였으나, 그는 여기에 참가하지 않았다. 그가 임시정부를 반대한 것은 정부 형태를 문제 삼았던 것이지, 박용만처럼 주도권 쟁취를 위해 반대한 것은 아니었기 때문이었다. 김창숙, 신채호와도 자주 만났다. 신채호에게 박자혜를 소개한 것도 이회영의 부인인 이은숙이었다. 베이징의 그의 집은 국내와 중국에서 활동하던 독립운동가들의 연락거점 기능을 하였다. 이들 중에는 민족주의자는 물론, 공산주의자, 아나키스트, 시인 등 온갖 성향의 인물들이 있었다. 따라서 막대한 비용이 들었다. 이 돈은 임경호와 이정렬 등의 재정 지원으로 충당하였다. 그러나 1922년 이후 이들의 지원이 끊기자 집세가 싼 집으로 이사하여 최하급 곡물인 잡두미(雜豆米)로 죽을 쑤어 먹는 등 생활고를 겪게 되었다.

5. 아나키스트 독립운동

임시정부에 부정적이었던 이회영은 공산주의에 관심을 보이기도 하였다. 그는 1921년 5월 유럽과 소련을 거쳐 베이징에 온 조소앙을 찾아가 러시아 혁명에 대한 많은 질문을 했다. 그는 공산주의 체제가 평등 사회의 구현을 외치지

9 최기영, 「이회영의 북경 생활」, 『동양학』 54, 단국대 동양학연구원.

만, 실제로는 정권을 장악하고 인민을 지배하여 옛날의 절대 왕정보다 더 심한 폭력 정치라는 조소앙의 말을 듣고 공산주의에 대한 환상을 버리게 되었다.

이념적으로 갈등을 겪던 이회영은 신채호 등을 자주 만나 독립운동의 방략에 대하여 토의하면서 신채호로부터 아나키즘에 대하여 들을 수 있었다. 신채호는 1921년 아나키즘 선전지인 『천고』(天鼓)라는 잡지를 간행했는데 이회영은 발기인의 한 사람으로 참여하였다. 이 시기 한국의 아나키스트들은 류자명(柳子明)이 고백하였듯이, 아나키즘을 창시한 러시아의 혁명가 크로포트킨(Peter Kropotokin, 1842-1921)의 상호부조론에 큰 영향을 받았다. 아나키즘이란 정치적으로 어떠한 지배 권력도 없는 사회, 경제적으로 모든 이가 풍요롭게 사는 사회를 지향한다. 그래서 이를 무정부주의라고도 한다. 그러나 크로포토킨에 의하면, 아나키즘은 만물이 서로 돕는다는 상호부조론에 기반한 것으로, 탈권위주의적인 공동체 사회를 지향한다. 신분 평등과 인간의 자유권 문제에 대하여 관심을 가지고 있던 그는 아나키즘, 특히 상호부조론에 공감하여 아나키즘에 매료되었다.

이회영은 1923년부터는 본격적인 아나키스트로서 활동하였다.[10] 의열단원으로 아나키스트인 류자명이 1923년 신채호를 만나 의열단의 선언문인 「조선혁명선언」 작성하고 난 뒤, 얼마간 이회영 집에 기숙하였다. 또 1924년 3월에 이을규, 이정규 형제와 백정기, 정화암도 이회영 집에 합류하였다. 이들은 북경대학 교수인 루쉰(魯迅)과 러시아 시인 에로센코(V, Erosenko)와 교류하면서 아나키스트가 된 이들이다. 이회영은 1924년 4월말 이들과 함께 재중국조선무정부주의자연맹을 결성하였다. 이회영의 자금으로 기관지 『정의공보』도 간행하였다. 『정의공보』에서는 민족주의 진영 내에서의 파벌주의적 경향을 지양하고 자유연합의 조직 원리에 따라 독립운동의 총력을 결집할 것을 호소

10 1923년에는 이상촌 운동인 이른바 양타오촌(洋濤村) 건설계획을 세우기도 하였다. 이는 중국 후난성(湖南省) 한수(漢水)현 양타오촌 일대에 넓은 땅을 가지고 있는 중국 무정부주의자 조우(周)씨와 함께 이상 농촌을 만들려는 계획이었다. 그러나 조우씨 일족이 후난성에서 쫓겨나게 되면서 이 계획은 중단되었다.

하였다. 또한 공산주의를 비판하고 제국주의와 자본주의를 배척하였으며, 현 사회제도를 파괴할 것을 주장하고 민중의 폭력적 혁명을 고취하였다.[11]

1925년에는 둘째 형 석영의 아들 규준이 다물단(多勿團)이라고 하는 직접 행동 단체를 조직하였는데, 이회영은 운동의 정신과 조직 요령 등을 지도하였다. 다물단에서는 의열단과 합력하여 1925년 3월 베이징에서 밀정 김달하를 처단하였다. 이 일로 이회영은 피신하였으나 그의 딸이 체포되기에 이르렀다. 더욱이 연맹의 활동 자금이 부족하였으며, 심지어 생활난까지 겪게 되었다. 이에 따라 중국 측의 동지들과 협력하여 활동하기로 하고 이을규, 이정규, 백정기는 상하이로 떠나고 이회영은 베이징에 남아 국내와의 연락을 맡기로 하였다. 1925년 9월경 자금난을 해결하고자 부인 이은숙을 국내로 보냈다. 이은숙은 이후 다시는 중국으로 들어가지 못했으니 이것이 이들 부부의 영원한 이별이 되었다. 귀국한 이은숙은 자금 모집에는 실패하고, 여공 생활과 삯바느질을 하여 생활비 약간씩을 베이징에 보냈다.

생활이 어려워진 이회영은 1925년 10월경 톈진으로 거처를 옮겼다. 다음 해 이회영의 추천으로 운남군관학교를 마친 김종진(金宗鎭)이 단칸 방에 세들어 살고 있는 이회영을 찾아왔다. 김종진은 아나키즘에 대하여 가지고 있던 의문을 쏟아냈다. 이회영은 아나키즘이 관념적이고 비현실적이지 않느냐는 그의 질문에 대하여 오히려 가장 실제적이고 적절한 방법론이라고 하였다. 이어서 아나키즘은 궁극적으로 세계가 한 집안인 하나의 세계를 만들려는 것으로, 세계를 국가의 자유연합 체제로 만들려는 것이라고 설명하였다.[12]

---

11 이호룡, 「이회영의 아나키스트 활동」, 『한국독립운동사연구』 33, 2009, 210쪽.

12 이을규, 『시야김종진선생전』, 한흥인쇄소, 1963.
김종진(1901-1931)은 김좌진의 문중 동생으로, 홍성에서 3 · 1운동에 참여한 후 망명하여, 이회영의 소개로 운남군관학교에 입교하여 수료한 후 이회영을 찾아갔던 것이다. 그는 이때 이회영으로부터 아나키즘이야말로 '자유와 평등' 두 마리 토끼를 다 잡을 수 있는 이론이라는 말에 큰 매력을 느껴 아나키스트가 되었다. 그는 북만주에서 민족주의와 아나키즘의 연합 조직인 한족총연합회(위원장: 김좌진) 활동을 하다가 공산주의자한테 피살되었다.

1928년 6월 상하이에서 동방무정부주의자연맹이 조직되자 이회영은 「한국의 독립운동과 무정부주의운동」이란 제목의 글을 보내, 한국의 무정부주의운동이 진정한 독립운동임을 밝혔다. 그리고 기관지인 『동방』 창간호에 묵란 한 폭을 게재하여 이를 축하했다.

1930년 11월, 김성수(金性壽)등 아나키스트들이 만주지역에서의 활동 자금을 모금하기 위해 중국과 일본과의 합작은행인 정스인하오(正實銀號)를 습격하였다. 이회영도 이 거사에 관여한 관계로 톈진에 머물 수 없게 되자 두 딸을 빈민구제원에 맡기고 장남 규학(圭鶴)과 동생 이시영이 살고 있는 상하이로 갔다. 이곳에서 그는 남화한인청년연맹(南華韓人青年聯盟)에 가입하여 활동하였다. 남화한인연맹은 1930년 류자명 등에 의해 결성된 아나키즘 단체이다. 이회영이 합류하면서 활기를 띤 연맹에서는 3 · 1운동 등 각종 기념일에 격문을 살포하고 중국에 있는 한인들에게 아나키즘을 선전했다.

다음 해인 1931년 9월, 만주사변이 일어났다. 각지에서 활동하던 중국인들이 상하이로 몰려들었다. 이회영은 그해 11월, 중국인 아나키스트인 왕야차오(王亞樵)와 화쥔스(華均實) 등과 국제 아나키스트 단체인 항일구국연맹(抗日救國聯盟)을 조직하였다. 항일구국연맹에는 백정기와 정화암 등 한국인은 물론 일본인 아나키스트인 사노이치로(佐野一郎) 등도 참여하였다. 항일구국연맹은 일체의 권력과 사유재산제도를 배격하고, 자유 평등의 사회 구현을 목표로 하였다. 이를 위하여 우선 한국을 독립시키고 아나키스트 사회를 건설한 다음, 일본의 입헌군주제도 및 사유재산제도를 폐지하고, 중국과 기타 각국에 아나키스트 사회를 건설하는 것을 목적으로 하였다. 이회영은 기획위원으로 기획부를 맡아 활동하였다. 항일구국연맹은 적의 기관 파괴와 요인 암살, 친일 분자의 숙청, 배일 선전 활동 등을 실행하기 위한 행동대인 흑색공포단을 조직하였다.[13] 화쥔스 등이 대일 굴욕외교를 해 온 중국 외교부장 왕징웨이(王

13 흑색공포단에서는 1933년 밀정 옥관형 형제를 처단하였으며, 백정기, 원심창, 이강훈 등이 일본공사 아리요시 아키라(有吉明)를 암살하려다 실패한 '육삼정의거'를 거행하기도 하였다.

精衛)를 습격하여 그 부장을 오살(誤殺)하였으며, 아모이(厦門)의 일본 영사관을 폭파하였다. 1932년 1월에는 쳰리황(千里芳), 이강훈, 백정기, 원심창 등이 톈진에 입항한 일본 기선을 폭파하고 많은 사상자를 내게 하였다. 그해 4월 29일에는 윤봉길의 거사가 있었다. 항일구국연맹에서도 백정기에게 폭탄을 주어 실행하려 했으나, 출입증을 구하지 못해 입장하지 못했었다. 이회영은 상해 근교의 남상(南翔)으로 피신하였다. 이어서 5월에는 왕야차오 등 중국 아나키스트들이 중국 외교부장 저격 사건의 배후로 지목되면서 홍콩으로 도피하였으며, 이로 인해 연맹의 활동이 침체되기에 이르렀다.

이회영은 난국을 돌파하기 위해 정화암과 함께 1932년 9월 초 중국 국민당 요인이면서 아나키스트인 우즈훼이(吳稚暉)와 리스청(李石曾)을 만나 협조를 요청했다. 우즈훼이 등은 이회영에게

> 만약 한국인들이 결속하여 만주에서도 이번 상하이 홍코우 공원에서 윤봉길의사가 일으킨 것과 같은 의거를 일으키며 일제 구축에 전력을 기울여, 광범한 항일전선을 펼 수 있다면, 장래에 중국 정부로서도 당연히 한국인들의 자치구를 인정해야만 하지 않겠는가.[14]

라고 한국인들이 만주에서 윤봉길의거와 같은 거사를 일으키고 항일전선을 확대한다면, 중국 정부에서 한국인 자치구를 인정할 것이라면서 만주지역에 거점을 마련할 것을 제안하였다. 그리고 만주 군벌 장쉐량(張學良)에게 연락하여 자금과 무기를 제공하도록 해 줄 것을 약속하였다

우즈훼이 등을 만난 뒤인 1932년 10월경, 이회영은 백정기, 류자명, 정화암 등과 만주 지역의 독립운동 기지 건설과 관동군 사령관 무토 노부요시(武藤信義) 암살 등에 대하여 논의했다. 그리고 자신이 책임자로 가겠다고 자원했다. 다른 사람들이 말렸으나 그는 성공하면 천행이지만, 실패하더라도 죽을 자리를 얻는 것이니 얼마나 다행이냐면서 다음과 같이 확고한 결심을 밝혔다.

14 이정규, 위책, 108쪽.

> 인간으로 세상에 태어나서 누구나 자기가 바라는 목적이 있다. 이 목적을 달성한다면 그보다 더한 행복은 없을 것이다. 그리고 그 목적을 달성하지 못하였다 하더라도 그 목적의 달성을 위하여 노력하다가 그 자리에서 죽는다면, 이 또한 행복인 것이다. 이것을 남의 눈으로 보아서는 불행하다 할 수도 있겠지만, 죽을 곳을 찾은 것은 옛 부터 행복으로 여겨왔다.[15]

이회영은 1932년 11월 5일 영국선 남창호에 몸을 싣고 상하이를 떠나 다롄항을 향했다. 그러나 다롄항에 도착하자마자 수상서원(水上署員)에 체포되었다. 그의 만주행 정보가 밀정에 의해 적에게 알려져 왜경이 미리 대기하고 있었던 것이다. 11월 17일 딸 규숙이 수상경찰의 연락을 받고 달려갔으나, 이미 그는 이 세상 사람이 아니었다. 그의 몸에는 핏자국이 아롱져 있었다. 왜경의 말에 의하면, 창살에 노끈으로 목을 매 자결했다고 하나 고문사한 것이 확실했다. 그 후 아들 규창과 엄순봉 등 남화한인연맹 동지들은 밀정을 추적하여 이규서와 연충렬을 잡아 사실을 밝혀내고 처단하였다.

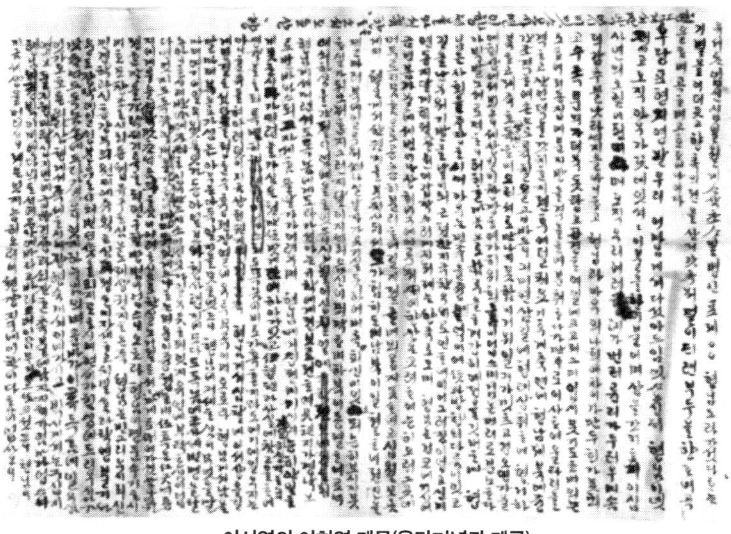

이시영의 이회영 제문(우당기념관 제공)

15 이정규, 『우당 이회영 약전』, 109쪽.

서울YWCA 앞의 이회영 흉상

순국시 입었던 이회영의 낡은 옷

6. 맺음말

우당(友堂) 이회영(李會榮, 1867-1932.11)은 노블레스 오블리주(Noblesse Oblige)를 실천한 대표적인 인물이다. 그는 대대로 내려오는 문벌의 후예로 태어났으나, 양반의 권위의식을 버리고 나라를 위해 헌신하였다. 일제의 침략에 신민회에 참여하여 독립운동 기지 건설을 추진하였으며, 헤이그 특사 파견을 추진하였다. 나라가 망하자 온 가족이 가산을 처분하고 만주로 망명하여 신흥강습소를 설립, 운영하였다. 1919년 임시정부 수립에 반대한 그는 베이징에서 신채호, 류자명 등의 영향으로 아나키스트 독립운동을 전개하였다. 재중국조선무정부주의자연맹을 조직하였으며, 상하이에서는 남화한인연맹과 항일구국연맹에 참여하여 활동하였다. 만주지역에 항일거점을 마련하고 관동군 사령관을 처단하는 책임을 지고 다롄으로 들어간 그는 왜경에게 체포되어 옥중에서 순국하여 파란 많은 삶을 마쳤다. 그러나 그가 뿌린 거룩한 피는 한민족에게 영원한 거름이 될 것이다.

참고문헌

이을규, 『시야김종진선생전』, 한흥인쇄소, 1963.

이은숙, 『민족운동가 아내의 수기-서간도시종기-』, 정음사, 1975.

이정규 이관직, 『우당이회영약전』, 을유문화사, 1985.

정화암, 『어느 아나키스트의 몸으로 쓴 근세사』, 자유문고, 1990.

이규창, 『운명의 여진』, 보련각, 1992.

윤병석, 『증보 이상설전』, 일조각, 1998.

류자명, 『류자명 수기』, 독립기념관 한국독립운동사연구소, 1999.

이덕일, 『아나키스트 이회영과 젊은 그들』, 웅진닷컴, 2001.

『나라사랑-이회영 특집호』 104호, 외솔회, 2002.

김명섭, 『자유를 위해 투쟁한 아나키스트 이회영』, 역사공간, 2008.

박환, 「이회영과 그의 민족운동」, 『국사관논총』 7, 국사편찬위원회, 1989.

김명섭, 「우당 이회영의 아나키즘 인식과 항일 독립운동」, 『한국동양정치사상사연구』 7(1), 2008.

이호룡, 「이회영의 아나키스트 활동」, 『한국독립운동사연구』 33, 2009.

최기영, 「이회영의 북경 생활」, 『동양학』 54, 단국대 동양학연구원, 2013.

제10장

대동단결을 위해 헌신한 안창호

"간다 간다 나는 간다 너를 두고 나는 간다
지금 이별할 때에는 빈 주먹을 들고 가나
후일 상봉할 때에는 기를 들고 올터이니
눈물 흘린 이 이별이 기쁜 환영되리로다
악폭풍우 심한 이때 부대부대 잘 있거라
훗날 다시 만나 보자 나의 사랑 한반도야"
(안창호의 「거국가」)

안창호는 1910년 빈주먹을 쥐고 망명길을 떠났다. 후일 상봉할 때에는 깃발을 들고 온다던 안창호는 1932년 상하이에서 체포되어 포승줄로 묶인 채 고국에 돌아왔다. 그리고 옥고의 후유증으로 숨을 거두었다.

청일전쟁을 보면서 '힘의 철학'을 깨우친 안창호는 평생 '힘을 기르소서'라고 외쳤다. 청년 지도자의 양성이 절실하다며 청년학우회와 흥사단을 창립하여 청년 교육에 힘썼다. 임시정부에 참여하여 연통제를 통하여 국내에 있는 동포들에게 희망과 독립의지를 심어주었다. 임시정부의 자금 확보와 독립운동가들의 대동단결을 위해 헌신했다. 그러면서도 죽기 직전, "우리 젊은이들이 이렇듯 사랑과 기대를 주는데, 저는 아무 것도 한 것이 없습니다. 저는 민족의 죄인입니다"라고 한 그는 우리의 스승임에 틀림없다.

1. 수학과정과 미주 활동

안창호(安昌浩, 호: 島山, 1878-1938)는 고종 15년(1878) 11월 11일(양) 평남 강서군에서 아버지 안흥국과 어머니 제안황씨 사이에 3남으로 태어났다. 본관이 순흥으로 참의공파에 해당한다. 참의공파는 참의공의 현손인 안근(安根)이 연산군 때에 문과를 거쳐 지평 벼슬에 올랐던 일이 있었을 뿐 그 후 이렇다 할 벼슬을 못한 평민의 집안이었다. 안창호는 7살 되던 1884년 평양의 대동강면 국수당으로 이사하여 한문을 공부하기 시작하였다. 11살 때 부친을 여의었으며 14살부터는 김현진(金鉉鎭)한테 경서를 배웠다. 이때 황해도 안악출신의 필대은(畢大殷)과 동문 수학하여 그로부터 민족 사상을 습득하게 되었다. 안창호는 유학(儒學)을 깊게 공부하지는 않았던 듯하다. 그가 서당 훈장을 "호랑이 노릇"이나 한다고 말하고 있음에서 이를 짐작할 수 있지만, 그가 후일에 유학을 날카롭게 비판하고 있음에서도 알 수 있다. 물론 비판의 내용이 유학의 폐해에 집중되기는 하나, 안창호의 유학에 대한 태도는 그다지 호의적이지 않았다.

안창호는 1894년 평양에서 한학을 공부할 때 청일전쟁을 지켜보고 그의 힘의 철학을 깨우쳤다. 안창호는 외국 군대가 우리나라에서 전투하는 이유는 우리 민족의 힘이 없기 때문이라는 것을 깨달은 것이다. 그 후 안창호의 행적은 무슨 힘을 어떻게 기를 것인가를 찾아가는 궤적이라 말할 수 있다. 18살 되던 1895년 상경하여 구세학당에 입학하였다. 구세학당은 기독교 장로회에서 설립한 학교로 경신학교의 전신이다. 미국 선교사 언더우드(Underwood. Horace

Grant, 元杜尤)가 교장이었다. 구세학당에서 서양 학문과 기독교를 접한 그는 새로운 세계관이 열리게 되었으니 그의 생애에 큰 전환이 되었다. 기독교인이 된 그는 평등과 자유의 이념이 자리잡기 시작하였으며, 그는 여기에 서양학문을 배워 힘의 철학을 실천에 옮기기 시작하였다.

1897년에는 독립협회에 가입하였다. 그 후 3년간 만민공동회의 관서지부를 설립하여 충군애민사상을 보급하는데 심혈을 기울였다. 특히 평양의 쾌재정에서의 연설은 많은 주목을 받았으며 그를 전국적인 인물로 알리는 계기가 되었다. 1899년에는 강서군 동진면 암화리에 점진학교(漸進學校)를 세웠다. 점진학교는 민간인이 설립한 최초의 사학으로 알려지고 있으며, 안창호 이외에 최광옥과 이석원이 교사로 있었다. 점진이란 교명에서 안창호의 실력양성론이라는 구국의 방략을 알 수 있다. 안창호가 점진학교를 설립한 것은 그의 힘의 철학을 실천하고자 한 첫 번 째의 시도였다 할 수 있다.

1902년 9월 안창호는 미국 유학을 떠났다. 10월 샌프란시스코에 도착한 안창호는 미국의 소학교에서 어학을 공부하였다. 그는 1903년 리버사이드〔河邊〕로 이주하면서 학업을 중단하였다. 그에게 자신의 학업보다는 한인동포들의 생활 개선과 직업 주선 등의 사업이 보다 중요한 것으로 여겨졌기 때문이다. 당시 처한 한국의 실정이 그로 하여금 교육학자나 신학자의 길이 아닌 한인지도자로서의 길을 강요했다 할 수 있다. 안창호는 1903년 리버사이드에서 한인노동자들과 협회를 조직하였다. 일종의 야학으로 시작된 협회는 한인들의 생활의 중심체가 되었다. 한인들의 수가 증가하면서 치안을 위한 경찰도 두었다. 안창호는 리버사이드에서의 협회가 자리를 잡게 되자 1905년 4월 샌프란시스코에서 공립협회를 설립, 초대회장에 취임하였다. 퍼시픽 거리에 3층집을 사서 그해 11월 문을 열고 공립신보를 발행하였다. 공립협회의 목적은 한인들의 상부상조와 조국 광복에 있었다. 공립협회는 미주의 리버사이드 외에 오클랜드, 레드랜드, 라크 스프링스와 시베리아와 원동, 만주에 지회를 설립하였다. 이 공립협회는 1909년 국민회가 창립되면서

발전적 해체를 하였다.[1]

미국 리버사이드의 도산 안창호 기념공원

2. 항일독립운동

1) 신민회 활동

안창호는 을사늑약 소식을 듣고 1907년 귀국하였다. 그는 귀국하기 전 1907년 2월 일본 도쿄에 들러 태극학회의 간부인 김지간 등을 만나 시국을 토론하고 그들의 요청으로 유학생들에게 연설을 하기도 하였다. 귀국한 후 전국 각지를 다니면서 연설활동을 하여 국민을 계몽하였으며, 국내의 독립지사들과 1907년 4월경 비밀단체인 신민회(新民會)를 조직하였다. 창립위원에는 안창호

1 김상기, 「도산 안창호의 독립운동방략론」, 『죽당이현희교수화갑기념한국사학논총』, 동방도서, 1997.

와 양기탁, 이동휘, 전덕기, 이동녕, 이갑, 유동렬 등 7인이었다. 총감독은 양기탁이 맡았으며 안창호는 집행원으로 신입회원의 자격 심사를 담당하였다. 안창호는 애국사상이 확고하고 국권회복과 독립운동에 몸 바칠 인물을 선발하였다. 이갑 노백린 등 일본 육사출신의 군관들 역시 신민회의 주요간부였다. 신민회에서는 만주 지역에 무관학교를 세워 독립전쟁을 위한 장교를 양성하고자 하였으니 이들이 필요했던 것이다. 또한 안창호는 의병들과도 연결을 시도했던 것으로 보인다. 1907년 8월 강제 해산된 군인들이 서울 시내에서 일본군과 전투를 벌였을 때 안창호는 팔에 적십자 완장을 두르고 부상자를 병원에 호송하게 하였으며 이즈음 의병장들에게 격려 편지를 한지에 써 노끈으로 꼬아 보내기도 하였다.

신민회에서는『대한매일신보』같은 민족지를 경영하여 항일의식을 고취함은 물론 평양의 대성학교, 정주의 오산학교, 강화의 보창학교, 안악의 양산학교 등을 설립하여 민족교육을 시켰다. 또한 평양에 자기회사와 태극서관을 세웠으며, 인격수련을 목적으로 한 청년학우회를 설립하였다. 청년학우회의 강령에 의하면 1)무실 2)역행 3)자강 4)충실 5)근면 6)정제 7)용감 등을 목적으로 하였으며, 이를 위한 훈련방법으로 1)덕육 2)체육 3)지육으로 삼았다. 후일 이를 정리하여 흥사단의 이념과 방법으로 삼았다.

1909년 10월 안중근 의거가 있자 일제는 국내의 독립운동가들을 총검거하였다. 안창호는 이때 평양의 대성학교에서 체포되어 한 달 여 옥고를 치르고 석방되었다. 석방된 그는 통감 이토 히로부미의 이른바 '도산내각설'을 뿌리치고 동지들과 망명의 길을 택했다. 1910년 4월 중국의 웨이하이웨이(威海衛)에 상륙한 안창호는 칭타오(靑島)로 갔다. 이곳에서 칭타오회담(靑島會談)이 열렸다. 칭타오회담은 이종호의 자금을 운용하는 방법에 대한 내용이 주 의제였다. 이 회의에는 두 의견이 제안되었다. 그중 하나는 유동렬과 김희선 등이 낸 의견으로 칭타오에서 신문과 잡지를 간행하자는 것이었다. 그러나 이 의견은 칭타오의 독일총독으로부터 정치적인 신문과 잡지는 허가할 수 없다는 통고를 받고 폐기되었다 이에 따라 안창호와 이강 등이 제안한 둘째 안인 신한민촌 건설과 무관학교 설립에 사용하자는 것이 채택되었다. 이들은 밀산현에 있는 미국인 소유의 땅을 사서 독립군기지로서의 신한민촌을 만들고, 동시에 무관학교를 세우고자 하였다. 그러나 이 계획은 이종호가 출자를 거부함으로 실현되지 못하였다. 이때 이강이 우선 블라디보스토크에 가서 연해주와 만주의 상황을 시찰하고 태도를 결정하자는 중재안을 내 안창호는 1910년 9월경 이강과 함께 블라디보스토크에 갔다.

안창호는 블라디보스토크에서 독립군기지를 창건하여 독립 투사를 양성함이 민족의 독립운동에 힘이 될 것을 역설하였으나 유동열 김희선 등은 "당장 나가서 싸우다 죽을 것이다" 라고 항일군을 조직할 것을 주장하고 이종호가 유동열 등의 독립군 조직을 지지함에 안창호의 계획은 실패하고 말았다. 그러나 유동렬 등은 독립군을 조직하기 위해 크라스키노에 갔다가 일본 관헌에 체포되어 독립군조직 계획도 실패하고 말았다. 이때 안창호의 낙담은 실로 컸다. 그의 낙담은 처음에는 독립운동의 방략을 가지고 경쟁하다가 끝내는 지방 싸움이 벌어지고 동포간의 중상 모략이 성행하는 것을 보고 이것이 독립운동의 큰 약점으로 싹틔워지는 것을 본 때문이었다.

안창호는 이때부터 독립운동 단체의 통합적 활동의 필요성을 절감하였다. 그리고 통합이 안되는 이유로 남의 아래에 서는 것을 싫어하는 성격 때문이라고 보고 독립운동의 성공을 위해서는 민족구성원 개개인의 인격 혁명이 필요하다고 생각하게 되었다.

1911년 미국으로 건너간 안창호는 대한인국민회 중앙총회를 성립시키고 총회장을 맡아 해외 한인의 독립운동을 주도하였다. 1913년에는 샌프란시스코에서 흥사단을 설립하여 "건전한 인격을 작성하고 신성한 단결을 조성하여 우리 민족 전도 대업의 기초를 준비하자"고 한 것은 이때의 경험에서 나온 결과라 하겠다. 건전한 인격과 신성한 단결은 안창호의 구국운동의 방법론이었다. 신성한 단결을 주장한 것은 단체 활동이 중상과 파쟁으로 실패로 돌아간 쓰라린 경험에서 나온 것으로 질적으로 신성한 경지에까지의 단결을 추구하고자 한 것이다. 이처럼 칭타오회담의 실패는 안창호에게 엄청난 좌절을 안겨주었으며, 또한 안창호의 독립운동의 방략이 실력양성론에서 대동통일론으로 바뀌는 계기도 되었다.

2) 임시정부 활동

안창호는 1919년 상하이에 임시정부가 수립된 후에는 내무총장 및 국무총리 대리, 노동국 총판 등의 직무를 수행하면서 임시정부를 중심으로 한 독립운동을 전개하였다. 안창호는 대한인국민회에 요청하여 2만5천 달러를 가져다가 프랑스 조계에 임시정부의 청사를 마련하는 자금동원력을 발휘하기도 하였다. 이때 그가 수행한 주요 업무로는 국무령 제1호로 공포한 연통제가 있다. 연통제는 경남과 강원도를 제외한 10개도에 설치되었는데 독립운동의 선전과 임정의 재정모금에 그 목적이 있었다. 안창호는 한편으로 흥사단 원동위원부를 조직하여 안정근을 비롯한 상하이 일대의 지사들을 흥사단에 가입하게 하기도 하였다.

안창호는 각지에 있는 지도자들을 상하이로 모아 독립운동 세력의 통합을 시도하였다. 그 일환으로 이승만을 임시대통령에, 이동휘를 국무총리에 선출하여 표면적인 통합에 성공하였다. 그러나 이동휘를 비롯한 러시아와 베이징세력이 이승만을 배척하고, 1920년 1월에는 내무총장 이동녕이 사표를 제출하였으며, 4월에는 차장들의 총사표 제출이 결의되었다. 안창호의 수습 노력에도 불구하고 1921년 4월에 임시의정원에서 이승만 탄핵안이 제출되었다. 이처럼 임정을 중심으로 한 독립운동의 통합 노력이 실효를 거두지 못하자 안창호도 1921년 5월 사임하고 독립운동계가 안고 있던 현안문제들을 협의하기 위한 독립운동자 회의의 필요성을 역설하였다. 당시 상하이는 사회주의 세력을 중심으로 임정을 부정하고 새 정부를 창조하자는 주장이 제기되었다. 이에 대해 안창호는 임정을 개조하여 독립운동 세력의 대표기관으로 만들 것을 밝혔다. 임정은 지역별 이념별 갈등으로 내분되어 독립운동의 주도적 위치를 상실하고 있었으며, 만주 노령지역의 독립운동 단체들도 독립군의 통일적인 구성이나 조직적인 활동이 이루어지지 못한 상태였다. 이에 안창호는 김규식 여운형 원세훈 등 25인과 함께 임정 개조를 위한 국민대표회의 개최를 발기하게 된 것이다.

안창호는 1921년 5월 상하이에서 국민대표회의 소집을 요구하는 연설회를 개최하였으며, 1922년 4월 다시 연설회를 개최하여 국민대표회의 소집이 최대의 과제임을 역설하였다. 자금문제 등으로 지연되던 국민대표회의는 결국 1923년 1월 3일 상하이에서 개최되기에 이르렀다. 세계 각 지역의 135개 단체에서 158명의 민족대표들이 참석하는 대성과를 거두었다. 안창호가 임시의장이 되어 개회한 회의에서 의장에 김동삼, 부의장에 안창호와 윤해가 선출되어 5월 15일까지 63회에 걸친 회의를 가졌다. 그러나 이 회의는 임정을 혁파하고 새로이 조직하자는 이르크츠크 공산당 계열이 중심이 된 창조파와 안창호를 비롯한 김동삼, 홍진 등의 임정을 개조하자는 개조파로 나뉘어 양파간의 첨예한 대립이 노정되었다. 결국 개조파가 회의를 탈퇴하기에 이르렀으며, 창조파는 단독으로 새정부령을 발표하였으나 소련의 정책 변경으로 신정부의 설치가 허가되지 않았기 때문에 창조파의 신정부안도 와해되고 말았다. 이로써 독립운동계의 통합이라는 당초의 목적을 달성하지 못하고 독립운동계의 반목과 대립은 오히려 심화되었으며 이념과 방략 역시 혼란을 초래하고 말았다.

국민대표회의의 실패는 안창호에게 낙담과 큰 충격을 남겨주었다. 안창호가 그토록 노력했던 대동통일운동이 허사로 돌아감은 물론 더욱 첨예한 대립과 반목의 결과를 낳고 말았기 때문이었다. 그러나 안창호는 독립운동계의 통일운동을 포기하지 않았다. 안창호는 1926년 7월 삼일당에서 '우리 혁명운동과 임시정부 문제에 대하여'라는 연설을 통하여 전민족의 대동단결과 무력에 의한 혁명의 방법으로 자주 독립의 신국가를 건설할 것을 주장하였다. 이

같은 구국이념으로 안창호는 베이징과 만주일대를 다니면서 민족주의자는 물론 반임정계 인물, 무정부주의자, 공산주의자들까지 만나 군사단체의 통일과 대독립당의 결성을 토의하였다. 그 과정에서 1927년에는 길림에서 동포들에게 연설 도중 중국 경찰에 감금되기도 하였다. 안창호의 이러한 노력의 결과 1928년 이동녕 이시영 김구 엄항섭 조완구 조소앙 등 28명과 뜻을 함께 할 수 있었으며 그 결실은 한국독립당의 결성으로 이어졌다.

동우회사건으로 수감된 후의 안창호(1937년)

한국독립당은 1930년 1월 상하이의 프랑스 조계 보경리 제4호에 있는 대한교민단사무소에서 결단식을 거행하고 창립되었다.[2] 이들 중 홍사단계 인물로는 안창호를 비롯하여 선우혁 김홍서 조상섭 송병조 이유필 차리석 김붕준 박창세 장덕로 등으로 가장 많고, 신민회 출신이 9명에 이른다. 한국독립당은 결당과 더불어 당의(黨義)와 당강(當綱)을 제정하였다. 이 당의와 당강은 안창호와 이동녕 이유필 김두봉 안공근 조완구 조소앙 등 7인이 기초위원이 되어 작성하였다. 최근에 조소앙의 글에서 그 자세한 내용이 알려지고 있으나 처음에 만들어진 당의와 당강은 안창호의 구상에 의해 만들어졌고 그 내용은 반일과 민주사상을 근간으로 하였다.

2 한시준, 「상하이 한국독립당 연구」, 『용암차문석교수화갑기념 사학논총』, 1989.

3) 체포, 순국

안창호는 대독립당 운동이 제대로 결실을 보기도 전인 1932년 4월 29일 윤봉길의거가 있던 날 체포되어 영어(囹圄)의 몸이 되고 말았다. 국내로 압송된 안창호는 치안유지법 위반으로 4년형을 선고받고 서대문형무소에 투옥되었다가 다음 해 5월 대전형무소로 이감되었다. 1935년 2월 가출옥되어 평남 강서군의 대보산에 송태산장을 짓고 은거하였으나, 1937년 6월 동우회사건으로 동지들과 함께 체포되었다. 종로경찰서 유치장에서 고초를 겪다가 11월 서대문형무소에 투옥되었다. 옥고를 겪으며 숙환인 폐결핵 증세가 악화되어 병보석으로 12월 24일 경성제국대학 부속병원에 입원하였다. 다음 해인 1938년 3월 10일 '낙..심..마..오'라고 한마디를 겨우 하고는 긴 한숨을 쉬고 순국했다. 일경의 제지로 쓸쓸한 장례식이 치러졌다. 일경은 망우리 묘소를 찾는 이까지 조사하고 접근하지 못하게 하였다.

3. 독립운동방략

1) 실력양성론

안창호는 청일전쟁이 국내에서 벌어지는 것을 보고 그의 이른바 '힘의 철학'을 깨우쳤다. 우리의 실력이 부족하여 외국군에 의해 국토가 유린당한다고 생각한 것이다. 따라서 그의 실력양성론은 민족의 생존권과 관련되어 제기된 구국의 방략으로 국권회복과 독립을 쟁취하기 위한 원대한 계획이요 현실적인 대안이었다. 우리가 서구에 비해 과학기술과 무기, 그리고 경제적인 면에서 뒤떨어짐을 보고 자강을 통해 이를 극복하고자 한 것이다. 이를 위하여 그는 국민들에게 서구의 사회사상에 기반한 근대의식을 연설회 또는 학교교육을 통해 계몽시키고자 하였다. 동시에 그는 자신(自新)과 신민(新民)을 내세우면서 민주주의 사상에 기초하여 민력의 양성을 꾀하고자 하였다. 이처럼 안창호의 실력양성론은 개화를 통한 지식의 계발과 근대화를 통한 민력의 양성을 목표로 하였음을 알 수 있다. 그러나 단지 서구화만을 강조하는 서구지향적인 태도는 아니었다. 그는 근대의식과 더불어 민족의식을 고취시키는 데도 심혈을 기울였다. 대성학교에서의 민족교육이나 자기회사의 설립을 통한 한국 고유문화의 계승을 위한 노력에서 볼 수 있듯이 그의 실력양성론은 철저한 민족자존적 태도에 기반한 자강독립론이라 할 수 있다.

안창호는 실력양성론을 적극적으로 실천하였다. 단체의 설립과 연설회의 개최, 그리고 언론 등을 통해 국민을 계몽하였으며 사립학교의 설립과 신민회 같은 비밀단체의 설립 등을 통해 자신의 실력양성론을 실천에 옮겼다. 또한 일제와의 투쟁에서 민족의 단결을 주장하였으며 단체운동을 통한 민족의 힘의 총결집을 요구하였다. 그는 독립협회에 참여하면서부터 단체의 힘을 깨닫기 시작하였다. 그 후 미주에서의 공립협회와 흥사단, 그리고 국민회의 설립, 국내에서의 신민회와 청년학우회의 설립, 서북학회 참여 등의 활동에서 알 수 있듯이 그의 실력양성론은 언제나 단체운동으로 실천되었음을 알 수 있다.

2) 독립전쟁준비론

독립전쟁준비론이란 일제로부터 독립하는 길은 무력항전을 통한 방법이 가장 확실한 길이며, 무력항쟁을 결행할 만한 무력을 준비해야 독립을 쟁취할 수 있다는 독립운동의 방략론이라 하겠다. 안창호를 비롯하여 민족운동자들은 1907년 군대의 강제 해산과 고종의 강제 퇴위 등 일제의 강압정치를 당하자 교육과 실업 등의 진흥을 통한 실력양성론으로는 국권을 회복할 수 없다고 인식하기 시작하였다.

안창호는 군대해산 직후부터 독립을 위해서는 무력적 방법을 동원해야 한다는 인식을 하기 시작한 것으로 보인다. 1907년 8월 구한국 군대가 강제로 해산되자 박승환 대대장의 자결을 계기로 하여 군인들의 항일전이 남대문 일대를 중심으로 벌어졌다. 이때 안창호는 일본군과의 전투에서 부상당한 해산 군인의 간호를 진두 지휘하였으며, 세브란스병원에 묵으면서 의병장들을 격려하는 이른바 '노끈서신'을 비밀리에 발송하기도 하였다. 신민회의 해외 독립운동기지 건설도 이 시기부터 검토되었던 것으로 알려지고 있다.

안창호는 이러한 국내의 정황에 일제와의 항전을 위한 독립군 양성, 그 중에서도 특히 사관양성의 필요성을 절감하였다. 이와 같은 안창호의 독립전쟁준비론은 신민회에 의한 독립군기지 건설운동과 사관학교 설립 등으로 실천되었으며, 1919년 임시정부에 참여하면서부터 더욱 강조되었다. 안창호는 1919년 6월 25일 교민친목회 사무소에서 행한 연설에서 "일본이 피로 우리나라를 빼앗았으니 우리도 피로 회복할 것을 생각합시다" 라면서 '최후의 승리는 혈전'에 있음을 강조하였다. 1919년 6월 28일 내무총장에 취임하면서 행한 연설에서도 "군사상 준비를 하여야 합니다. 우리 일이 평화적으로 안되면 반드시 군사적으로 하여야 하겠소."라고 군사 부분을 강조하였다. 1920년 1월 3일과 5일 이틀에 걸친 신년 축하 모임에서 '우리 국민이 결단코 실행할 6대사'라는 주제로 연설을 행하였다. 그는 이 자리에서 독립운동의 방략으로 1)군사 2)외교 3)교육 4)사법 5)재정 6)통일의 6대 사업을 제시하였다. 이때 그는 군사경험자를 모집하여 군사훈련을 시켜 전쟁을 준비할 것 등 독립전쟁준비론을 역설하였다. 그는 또한

> 내 동포를 죽이고 태우고 욕함을 보고 죽음을 결심함은 당연한 일이다. 어떤 나라는 남의 나라를 위하여 싸우거든 우리는 우리 자신을 위하여 싸우는 것이 마땅하지 아니하오. 우리는 의리로든지 인정으로든지 싸워야 하오.[3]

라고 하는 등 강한 항전의식을 나타냈음을 볼 수 있다.

---

3 도산기념사업회, 「안도산전서」중, 범양사, 1990, 126-140쪽.

안창호는 독립전쟁준비론의 실천 방책으로 구한국군인과 의병을 초모하여 장교를 양성할 것을 주장하였다. 1921년 2월 3일 상하이의 노백린 방에서 그는 먼저 교민을 모으고 지원병을 모집하며 다음에는 '장사(將士)'를 양성할 것을 제시하였다. 2월 6일 김규식의 방에서도 같은 방안을 반복하여 제기하였다. 1921년 5월 12일 임시정부의 직을 사퇴하면서 행한 연설에서도 3-5만 명의 군사를 모집할 것과 사관양성에 힘쓸 것을 강조하였다. 한편 그는 국민전체에게 군사훈련을 시키는 국민개병주의의 방법을 주장하기도 하였다. 안창호는 이러한 독립전쟁준비론에 입각한 무력에 의한 혁명적 방법만이 독립이 가능함을 주장하면서 국내에서의 개조론이나 자치론을 비판하였다. 따라서 안창호의 독립운동노선이 민족개량주의에 흐르고 도덕주의에 빠졌다고 비판하는 것은 안창호의 구국방략을 제대로 이해하지 못한 단견이라 할 것이다.

3) 대동통일론

대동통일론이란 지방, 종교, 이념, 정파 등의 차이를 극복하고 대동단결하여 민족의 역량을 총결집하여 항일독립전쟁을 전개하자는 구국 방략이라 할 수 있다. 안창호는 칭타오회담의 실패 후 민족운동가들의 통일적 활동이 이루어지지 못함을 안타까이 여겼으며, 이것이 이루어지지 못한다면 자주적인 독립은 기대하기 어렵다고 생각하였다. 안창호는 미주에 체류하면서 한인 전체의 대단결을 주장하였다. 그는 대한인국민회 중앙총회장에 취임하면서도 우리 민족이 단결력이 박약하여 국가를 잃었다고 민족의 단결을 역설하였다.

그의 대동통일론은 1919년 임정에 참여하면서 더욱 강조되었다. 1920년 1월 신년축하회에서 6대사업을 제기하면서 그중의 하나로 '통일'사업을 들면서 "인구와 금력과 지력이 아무리 많더라도 통일이 부족하면 망하는 것은 다 알지요"라 하여 독립운동의 방략으로 전쟁론이나 외교론이 중요하고 민지의 개발과 재정의 확충이 이루어진다 하더라도 통일이 없이는 독립을 쟁취할 수 없다고 하였다. 안창호는 이어서 내가 통일 한다고 많이 부르짖은 고로 '안창호의 통일독립'이란 별명까지 있지만은, 독립을 완성하려면 우리 민족적 통일력이 아니고는 될 수가 없으니 독립을 바라는 우리는 통일의 완성을 위하여 노력을 아니 할 수 없습니다.(중략) 모든 운동의 실현 못됨이 다 이 통일의 궤도를 잃은 때문이외다.[4]

라 하여 독립운동이 제대로 성사되지 못하는 이유는 군사 외교 등 모든 운동이 통일적인 구심체가 없이 상호 대립적이고 '불통일적' 형태로 이루어지기 때문이라고 지적하였다. 이처럼 안창호에게 통일적 독립운동의 실천이야말로 최고의 목표였다 할 수 있다.

안창호의 대동통일론은 이념과 정파를 초월하는데 특성이 있다. 그는 민족주의자는 물론 무정부주의자, 사회주의자까지의 통일을 추구하였다. 또한 임정계는 물론 반임정계도 포용하고자 하였다. 안창호의 이러한 노력의 결과 국민대표회의에 세계 각 지역에서 135개 단체의 대표들이 이념과 정파 그리고 지역을 초월하여 집결할 수 있었다. 그러나 국민대표회의는 결국 계열간의 대립으로 실패로 끝나고 말았다. 이후 안창호는 1926년 베이징의 원세훈, 장건상과 만나 유일당운동을 전개하였다. 하지만 민족유일당운동도 결렬되고 1929년 좌익계에서 유호한국독립운동자동맹을 결성하자 안창호는 1930년 초 기호파인 이동녕 등과 연합하여 한국독립당을 창립하여 범민족진영의 통합을 우선적으로 이루기에 이른다. 그러나 1932년 체포되고 말아 그가 평생 목표로 했던 전민족의 대동통일운동은 더 이상 진전시키지 못하고 말았다.

안창호의 대동통일론은 평등사상에 기반하고 있다. 일찍 기독교 신자가 되어 미국에서 생활한 안창호는 민족주의자이면서 민주주의자였다. 동시에 사회주의까지 포용할 수 있는 이념적 개방성을 갖고 있었다. 이처럼 그의 사상은 민족주의에 근거하였으나 사회민주적인 성격을 띤 것으로 보인다. 안창호

4 도산기념사업회, 위 책, 157-164쪽.

는 민족평등, 정치평등, 경제평등, 교육평등의 4평등론을 주장하였다. 광복 후 그는 4평등론을 기초로 한 민주공화국을 건설하고자 한 것이다. 이러한 안창호의 사상이 한국독립당의 이념이 되었다.

4. 독립운동방략의 현재적 의미

안창호의 독립운동방략은 실력양성론과 대동통일론에 기반한 독립전쟁준비론이 중심이라 할 수 있다. 안창호의 실력양성론은 청일전쟁 때 힘의 철학을 깨우치면서 성립되었으며, 신민회를 비롯한 계몽주의 계열의 주요한 구국방략이 되었다. 안창호의 실력양성론은 군대해산 후 전국적인 항일의병의 전개상을 직접 목도한 후 질적인 변화를 보여준다. 단지 교육과 식산의 진흥만이 아닌 무력의 필요성을 절감하였으며, 그 결과 국외에 사관학교 건립을 통한 장교의 육성과 독립운동을 위한 근거지 건설을 추진하는 등 독립전쟁준비론의 방략으로 전환하기에 이른 것이다. 안창호는 칭타오회담의 실패 후에는 항일전쟁에서의 완전한 승리를 위한 민족의 대동통일론을 강조하였다.

안창호의 독립운동방략은 각 시기마다 일정한 성과를 거둔 실천적인 방법이었다. 계몽운동기 그의 실력양성론은 국민의 근대의식과 민족의식을 고취시키는데 지대한 공헌을 한 바 있다. 한편 안창호의 독립전쟁준비론은 사관의 양성과 국민개병주의, 혈전의 방법까지 주장되었다.

대동통일론 역시 독립운동의 주요한 방략의 하나로 채택되었다. 안창호는 독립전쟁을 수행하되 일제와의 투쟁에서 산발적이고 소규모적인 방법이 아닌, 전민족적인 전면전을 감행해야만이 완전한 광복을 쟁취할 수 있다고 믿었다. 이에 따라 그는 공산주의계를 포함한 민족운동단체의 연합을 시도했으며, 그 과정에서 각 계파들의 분파적 대립과 갈등을 극복하기 위한 개개인의 인격훈련 방법까지 동원하였다. '건전한 인격과 신성한 단체'를 건립할 것을 목표로 한 흥사단은 이러한 배경 하에 출현되었다. 이는 민족을 구원하고자 하는 원대하고 보다 근원적인 해결방법이라 할 수 있다. 이를 두고 안창호가 무장투쟁을 주장하지 못하고 민족의 개조를 주장하는 등 도덕주의에 빠졌다고 한다면 안창호의 독립운동의 방략을 전체적인 안목에서 파악하지 못한 결과라 할 것이다.

한편 안창호의 대동통일론에 입각한 독립운동 전선의 통합노력은 국민대표회의를 성립시키는 결과를 보기도 하였다. 비록 이념의 대립이라는 장벽에 부딪혀 국민대표회의가 무산되었으나, 안창호의 계속된 노력으로 민족진영의 통합체인 한국독립당이 수립된 것은 성과라 할 것이다. 안창호의 이러한 대동통일론에 기반한 독립운동은 안창호의 수감 후에도 좌우합작운동을 지속적으로 전개할 수 있게 한 원동력이 되었다 할 수 있다.

안창호의 대동통일론은 남북이 분단되고 지역 할거주의가 팽배한 현대사회에서도 절실히 요구되는 이론이며, 건전한 인격과 신성한 단결에 기반한 독립운동방략은 오늘날 정치 사회운동에 더욱 필요한 규범적 의미를 갖는다. 이처럼 안창호는 파쟁적이고 중세적인 의식을 극복하지 못했던 독립운동계 일각의 한계를 민주적인 방법으로 극복하고자 노력한 선각적인 혁명운동가라 할 것이다.

참고문헌

도산기념사업회, 『안도산전서』, 범양사, 1990.

이명화, 『도산 안창호의 독립운동과 통일노선』, 경인문화사, 2002.

윤병욱 편, 『그대 가슴속에 살아 있고 싶다』, 샘터, 2007.

서중석, 「한말 일제침략하의 자본주의 근대화론의 성격-도산 안창호의 사상을 중심으로-」, 『손보기박사정년기념한국사학논총』, 1988.

한시준, 「상하이 한국독립당 연구」, 『용암차문석교수화갑기념 사학논총』, 1989.

박만규, 「도산 안창호의 대공주의에 대한 일고찰」, 『한국사론』 26, 1991.

박만규, 「한말 안창호의 비밀결사조직과 독립전쟁준비론」, 『도산학술논총』 2, 1992.
조동걸, 「민족운동가로서의 도산」, 『도산사상연구』 2, 1993.
김상기, 「도산 안창호의 독립운동방략론」, 『죽당이현희교수화갑기념한국사학논총』, 동방도서, 1997.

제11장

민족문학가 이육사

1. 수학과정

이육사(李陸史, 1904~1944. 1. 16)는 1904년 경북 안동군 도산면 원촌리에서 부친 이가호(李家鎬)와 모친 허길 사이에 6형제 중 차남으로 태어났다. 본관은 진성(眞城)으로 퇴계의 14세손에 해당한다. 본명은 원록(源祿)이나 후에 원삼(源三) 또는 활(活)이라 하였으며, 자(字)는 태경(台卿)이며 육사(陸史)는 그의 호이다. 어려서 형제들과 함께 조부로부터 한문을 배웠다. 12살이 되던 해에 문중학교인 보문의숙(普文義塾)에 들어가 한문과 신학문을 공부했다. 1918년 4월 보문의숙은 도산공립보통학교로 바뀌었다. 이에 따라 그는 도산공립보통학교에 편입되어 제1회 졸업생이 되었다. 그가 17세 되던 1920년 집안이 대구 남산정(현, 남산동)으로 이사하였다. 이곳에서 서화가로 이름 높던 석재(石齋) 서병오(徐丙五)에게서 그림을 배우기도 하였다. 18세 때인 1921년 영천군 화북면 오동의 대지주인 안용락의 딸과 혼인하였다. 혼인 후 그는 장인이 학무위원으로 있던 초등교육 과정인 백학학원(白鶴學院)에 다녔다. 그는 이 학교를 졸업하고 9개월 동안 교원으로 근무했다. 1923년 말쯤 부모가 있는 대구 남산동 집으로 합류하였다. 1924년 4월 일본 도쿄로 유학을 갔다가 다음 해 1월 귀국하였다. 유학한 학교는 기록에 따라 다르나, 동경정칙예비교와 일본대학 문과전문부를 다니다가 병으로 퇴학하였다는 일본 경찰의 기록이 있다. 전문부를 다녔다는 것으로 보아 대학 진학을 준비하였음을 알 수 있다. 그러나 건강이 나빠져 귀국한 것으로 보인다. 일본에 있으면서 그는 아나키스트 모임인 흑우회(黑友會) 회원이었다는 증언이 있다. 흑우회는 1922년 도쿄에 있던 박열 등 한인들이 일제의 군국주의 정책에 대한 반대운동을 전개한 아나키스트 단체였다.

이육사 생가(안동시 포도길 8)

2. 청년문화 활동

1925년 일본에서 귀국한 그는 대구에서 뜻 있는 청년들과 문화활동을 펼쳤다. 문화활동을 전개하던 그는 1926년 이정기(李定基)와 함께 북경에 다녀왔다. 1934년 체포되어 작성된 「신문조서」에 의하면, 1925년 8월 무렵 중국으로 가서 북경의 중국대학(中國大學) 사회학과에 입학하여 2년 중퇴했다고 했다. 이로보아 그는 1927년 여름 귀국한 것으로 보인다. 그해 10월 18일 장진홍의 거가 터졌다. 의열단원 장진홍(張鎭弘, 1895-1930)이 조선은행 대구지점에 폭탄을 배달하여 폭발하게 한 사건이었다. 이 폭발로 경찰과 은행원 5명이 중상을 당했다. 장진홍는 일본 오사카로 탈출하였다. 일경은 주모자를 체포하기 위해 경북의 경찰, 헌병, 관공서 직원 등을 총동원하여 과거에 조금이라도 의심이 있던 사람들을 모두 수색 검거하였다. 일경은 폭탄상자 겉면에 적힌 글씨가 그의 동생인 이원일의 글씨체와 비슷하다는 이유로 그를 비롯한 4형제와 그와 같이 활동하던 이정기와 조재만도 체포하였다. 일경은 그의 형을 이 사건의 지휘자로, 그를 폭탄운반자로 그리고 동생은 폭탄상자에 글씨를 쓴 것으로 조작하기 위하여 온갖 고문을 가하였다. 이때 미결수 번호가 264번이었는데 이때 수감번호를 따서 호를 육사(陸史)라 하였다. 그러나 일본 오사카(大阪)에서 장진홍 의사가 붙잡히게 되자 체포된 후 1년 7개월 동안 미결수로 고초를 겪고 있던 그는 1929년 5월 석방되었다. 장진홍은 대구로 압송되어 사형선고를 받았다. 그는 일제에 의한 욕된 죽음을 당하기 싫다면서 1930년 7월 감옥에서 자결하였다.

이육사는 광주학생운동이 전국적으로 번졌던 1930년 1월 대구청년동맹 간부라는 이유로 끌려갔다가 증거불충분으로 풀려났다. 1930년 2월 윤세주가 경영하는《중외일보》의 기자로 입사하여 활동하면서 청년지도 등에 힘썼다. 그러나 1931년 1월 대구격문사건에 연루되어 다시 체포되었다. 대구에서는 광주학생운동 1주년을 기념하여 동맹휴교 등 학생운동을 전개하였다. 1930년 11월 대구 거리에 일본을 배척하는 격문이 전봇대에 붙여지고 거리에 뿌려졌다. 일제는 배후조종자가 육사라고 판단했던 것이다. 그는 동생 원일과 함께 붙들려 2개월 정도 고생하고 3월말 대구감옥에서 석방되었다. 그해 8월에는 조선일보사로 자리를 옮겼다. 그러나 오래 근무하지는 못했다. 다음 해인 1932년 4월 그는 신문사를 사직하고 북경으로 망명길을 떠났다.

3. 조선혁명간부학교 입학

1932년 9월 만주사변이 일어나자 그는 윤세주, 김시현 등과 함께 남경을 향했다. 남경에는 의열단 단장 김원봉(金元鳳)이 기다리고 있었다. 김원봉은 의열단 활동의 한계를 느끼고, 무관학교인 조선혁명군사정치간부학교(약칭: 조선혁명간부학교) 설립을 준비하고 있었다. 이미 중국 국민당 정부 군사위원회의 지원을 받기로 되어 있었다. 남경 교외의 탕산(湯山)이라는 곳에 학교 건물을 지었다. 그는 다른 학생들과 함께 그곳으로 가서 운동장 땅 고르기 작업 등을 하였다. 입교식은 1932년 10월 20일에 거행되었다. 제1기생은 그를 포함하여 모두 26명이었다. 교장 김원봉은 개교식에서 의열단의 항일투쟁 정신을 계승하여 학교를 설립하였으며, 군사학과 무기사용법 등 군사 지식을 체득하는 데 교육 목적이 있음을 밝혔다. 교육 기간은 전시(戰時)를 고려하여 6개월간으로 하였다. 실전에 응용할 수 있는 능력배양에 중점을 두고 총기사용법과 폭탄제조법 등 군사과목과 실습과목으로 실탄사격과 폭탄이용법, 기관총 다루는 법 등을 가르쳤다. 그리고 정치학, 경제학, 사회학, 철학 등 정신무장과 교양 함양을 위한 과목으로 편성하였다. 한일래(韓一來, 본명: 千炳林)는 정치학, 왕현지(王現之, 본명: 李英駿)는 경제학, 김정우(金政友, 본명: 朴健雄)는 사회학을 맡았으며, 철학은 교장인 김원봉이 맡았다. 군사과목 중에 폭탄제조법, 실탄사격, 독도법 등을 이동화(李洞華)가 맡아 가르쳤다. 학생 전원은 합숙하여 훈련을 받았으며, 교내에서 상관의 명령에 절대 복종해야 했다. 육사는 일본 유학 중 흑우회 활동을 할 정도로 공산주의 혁명이론인 유물론에 경도되어 있었던 것 같다. 무관학교에서도 혁명 이론을 수학하였을 것이다. 그는 김원봉이 중국

국민당 정부의 지원을 받는 점을 지적하면서 부르조아 계급과 야합하고 있다고 하였다. 심지어 김원봉에 대하여 "사상이 애매하여 비계급적이다"라고 까지 비판하였다. 1933년 4월에 발표한 「자연과학과 유물변증법」이란 글에 이러한 인식이 잘 나타난다. 그는 여기에서 역사적 유물론으로 사회와 역사를 파악해야 하며, 레닌처럼 자연사와 사회사를 통일적으로 파악하는 변증법적 유물론을 혁명가의 무기로 삼아야 한다고 하였다. 그는 제1기생 정치조에 소속되어 1933년 4월 6개월 과정을 수료하였다. 그는 수료한 후 2기생을 위한 교관요원으로 배치되었으나, 국내로 들어가 활동하겠다는 뜻을 전했다. 김원봉은 그에게 국내의 노동자 농민에 대해 혁명의식을 고취하고 입학생을 모집해 보내라는 임무를 주었다. 그는 1933년 5월 남경을 떠나 상해를 거쳐 7월경에 귀국하였다. 상해에서 중국의 문호 노신(魯迅)을 만나게 되어 동양의 정세를 논하였으며, 후일 노신이 사망하자 《조선일보》에 추도문을 게재하고 그의 작품 「고향」을 번역하여 국내에 소개하였다.

4. 민족문학 활동

1933년 무관학교를 수료하고 서울에 도착한 그는 언론계에 복직하여 문필활동을 하고자 하였다. 이듬해 3월 조선일보사 대구지국 특파원으로 채용되었다. 그런데 대구로 출발하기 직전인 3월 22일 서울에서 일경에 체포되어 3개월간 취조를 받았다. 이때 안동경찰서에서 경성 본청에 보낸 그에 대한 보고서에 의하면

> 배일사상, 민족자결, 항상 조선의 독립을 몽상하고 암암리에 주의의 선전을 할 염려가 있었음.. 또 그 무렵은 민족공산주의로 전환하고 있는 것으로 본인의 성질로 보아서 개전의 정을 인정하기 어려움.

이라고 그가 배일사상이 강하고 '민족공산주의자'라고 하였음을 볼 수 있다. 그는 6월 23일 기소유예 조건으로 석방되었다.

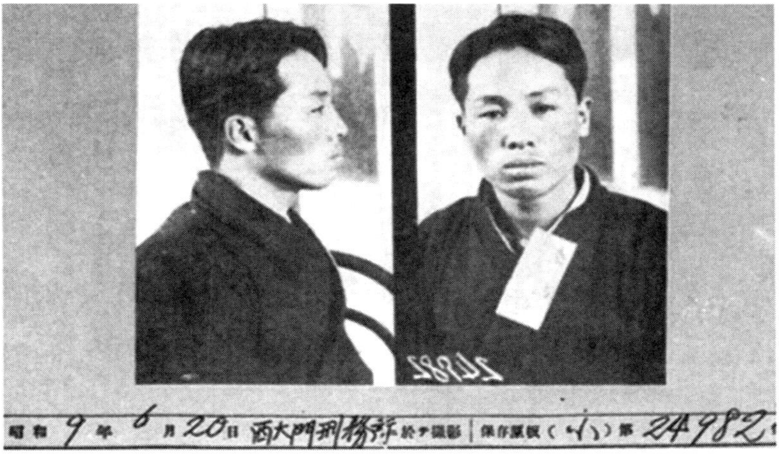

서대문형무소에서의 이육사(1934년 6월 20일)

서대문형무소에서 풀려난 이후 그의 문학활동은 본격적으로 시작되었다. 그는 시사평론을 비롯하여 수필과 시 등 많은 작품을 발표하였다. 1934년 9월 《신조선》에 중국의 정세를 분석하면서 장개석(蔣介石)을 비판한 평론을 발표하였다. 1935년에는 《개벽》지에 「위기에 임한 중국 정국의 전망」 등을 발표하였다. 그해 5월 건강이 매우 악화되어 병원에 입원하였는데, 병상에서 쓴 시 「황혼」을 1935년 12월 《신조선》에 발표하였다. 이 시에서 그는 "인간은 얼마나 외로운 것이냐"면서 인간의 외로움과 비애를 토로하였다. 이어서 "시멘트 장판 위 그 많은 수인(囚人)들에게도 의지할 가지 없는 그들의 심장이 얼마나 떨고 있을까"라고 하여 항일투쟁을 하다가 체포되어 수감당한 독립투사들의 심정을 그렸다. 그리고 "황혼아 네 부드러운 품안에 안기는 동안이라도 지구의 반쪽 만을 나의 타는 입술에 맡겨다오"라면서 그들을 구원해주고 자유롭게 해주고 싶은 심정을 애원조로 읊었다.

1936년에 또 다시 체포되어 서대문형무소에서 1주일간 갇혔다. 잠시 만주에 가서 조선일보 대구지국 기자였던 이선장을 여운형에게 소개하고 온 때문이었다. 이후에도 폭넓은 작품생활을 하였다. 1935년 시조 「춘추삼제(春秋三題)」와 시 「실제(失題)」를 썼으며, 1937년 신석초 · 윤곤강 · 김광균 등과 《자오선》을 발간하고, 여기에 「노정기(路程記)」, 「교목(喬木)」 등의 시를 발표하였다. 1939년 서울 종암동으로 이사하였다. 그해 8월에 "내 고장 칠월은 청포도가 익어가는 시절"로 시작하는 「청포도」를 《문장》지에 발표하였다. 여기에서 '내고장'은 곧 조선을, '청포도'는 우리 민족을 뜻한다. '익어간다'는 것은 우리 민족이 익어가고 일본이 망한다는 것을 의미한다. 그는 우리가 바라는 독립이 온다고 했으니, 식탁에 은쟁반을 놓고 그 위에 하얀 모시 수건을 마련하라고 하였다. 「청포도」는 독립에 대한 희망을 노래한 그의 대표적인 애국시라 할 수 있다. 이어 《문장》지 1940년 1월호에 「절정」을 발표하였다. 이어 「일식」, 「청난몽」 등 많은 작품을 발표하였다. 그는 잦은 투옥으로 건강이 매우 안 좋았다. 1941년에는 폐질환으로 성모병원에 입원하였다. 이듬 해 퇴원하였으나 그해 6월 모친상을 당하고, 7월에는 경주에 있는 옥룡암에 들어가 요양을 하였다. 그는 병중에서도 「파초」, 「독백」 등의 시를 지었으며, 중국인 호적(胡適)이 쓴 『중국 문학의 50년사』를 번역하기도 하였다. 1942년에는 사실상의 유고(遺稿)인 「광야(廣野)」를 발표하는 등 시를 비롯하여 수필, 평론, 번역 등 광범위한 문필활동을 계속하였다. "까마득한 날에 하늘이 처음 열리고 어데 닭 우는 소리 들렷으랴"로 시작하는 「광야」는 그가 죽은 뒤 아우가 수습한 그의 절명시(絶命詩)다. 그는 이 시에서 현재는 "눈 나리고 매화향기 홀로 아득"하지만, "다시 천고(千古)의 뒤에 백마 타고 오는 초인이 있어 이 광야에서 목 노아 부르게 하리라"라고 절망적 현실을 극복하면 새로운 광복의 날이 올 것이라면서 그때 목이 터지게 기쁨을 노래하자고 외쳤다.

이육사의 유고 「광야」 시비

일제는 태평양전쟁을 일으키고 조선에 대한 민족말살정책을 가속화하였다. 문인들은 총독부의 탄압과 회유를 이겨내지 못하고 많은 이들이 친일의 대열에 나섰다. 그는 이러한 세태를 비판하며 자신의 길을 걸어갔다. 1943년 초하루, 친구인 신석초(申石艸, 1909-1975) 집을 찾아갔다. 그는 신석초와 함께 눈을 밟으며 "가까운 날에 북경에 가려네"라고 하였다. 그리고 그해 봄에 그는 북경으로 갔다. 그는 북경에서 중경으로 가려고 했으며, 그곳에서 어느 중요한 인물과 함께 연안으로 가려고 했다 한다. 중경에는 임시정부가 있었고, 연안에는 조선독립동맹이 있었다. 이로보아 그는 임시정부와 조선독립동맹 사이의 전선 통일을 하고자 했던 것

1943년의 이육사

으로 추측된다. 그러나 1943년 7월 모친과 백형의 소상에 참여하기 위해 일시 귀국하였다. 그는 고향에 들렀다 상경한 뒤 그해 12월 동대문형사대에 의해 검거되었다. 그는 체포된 뒤 북경으로 이송되어 북경감옥에 갇혔다. 그리고 1943년 1월 16일 감옥에서 순국하였다.

해방 이듬해인 1946년 신석초를 비롯한 문우들에 의해 유고가 정리되어 『육사시집』이 서울출판사에서 나왔다. 1968년 고향인 경상북도 안동의 낙동강 곁에 그의 시비가 세워졌다. 시비에는 생전의 행적과 시 「광야」가 새겨져 있다. 그는 한줌의 재가 되어 고국에 돌아와 미아리공동묘지에 안장되었다가 1960년 고향 원촌으로 이장되어 낙동강을 바라보는 곳에서 고이 잠들고 있다.

안동 고향에 세워진 「절정」 시비

5. 육사의 저항정신

이육사는 시인으로서, 혁명투사로서 한평생을 살다 갔다. 그는 십여 차례의 옥고를 겪는 등 고난과 역경의 삶을 이어갔다. 그러나 퇴계 후손으로서 유학적 소양을 바탕으로 민족의 독립을 위해 헌신하였다. 그는 나라가 위기에 처해 있을 때 지식인이 어떻게 처신해야하는 지를 확실하게 보여준 행동하는 지식인이었다. 힘든 감옥 생활과 그로 인한 잦은 병환에도 오로지 독립을 위한 투쟁에 앞장섰으며, 민족 시인으로서 일제에 대한 저항정신을 표출하였다. 비록 체포되어 옥중 순국하여 뜻을 펼치지 못하였으나, 중국으로 망명하여 독립운동 전선을 통일하고자 한 그의 독립운동 방략은 남북이 분단된 현대 한국이 세워 나아가야 할 지침으로 남아 있다.

참고문헌

김희곤, 「이육사의 생애에 대한 재검토」, 《한국근현대사연구》 13, 2000.

김희곤, 『이육사평전』, 푸른역사, 2010.

김영범, 『혁명과 의열』, 경인문화사, 2010.

도진순, 『다시 읽는 이육사』, 창비, 2017.

제12장

저항 시인 윤동주

1. 출생과 수학과정

윤동주(尹東柱 1917- 1945.2.16.)는 1917년 12월 중국의 길림성 화룡현 명동촌에서 부친 윤영석(尹永錫)과 모친 김룡(金龍) 사이의 맏아들로 태어났다. 본적은 함경북도 청진의 浦項 76번지이다. 본관은 파평인데 족보에는 '관북파평윤씨'라고 되어 있으며, 회령윤씨라고도 불렸다 한다. 어려서는 해환(海煥)이라 불렀다. 윤동주란 이름은 은진중학교에 진학하면서부터 썼다. 조부 윤하현은 기독교 장로였고, 부친은 명동학교 교원이었다.

8세 때인 1925년 고종사촌 송몽규와 후일 민주화운동가로서 활동했던 문익환 목사와 함께 명동소학교에 입학하였다. 4학년 때부터 서울에서 발간하는 어린이 잡지를 읽다가 5학년이 되어서는 급우들과 함께 『새 명동』이라는 잡지를 만들었다. 1931년 명동소학교를 졸업하고, 화룡현 현청 소재지인 대납자(大拉子)에 있는 중국인 소학교 고등과에 편입하여 1년간 공부했다. 이듬해 기독교 학교인 용정 은진중학교(恩眞中學校)에 입학하였다. 이때 그의 취미는 다양했다. 축구 선수로 뛰기도 하고, 웅변 연습도 하고, 수학도 잘 했다. 재봉틀로 옷을 고쳐 만들기도 하였다. 이 학교에서 그에게 큰 영향을 준 인물을 만났다. 동경제대에서 동양사를 전공했다는 명희조(明羲朝) 선생이 바로 그 분으로 동양사와 국사, 한문을 가르쳤다. 송몽규는 명 선생을 특히 따랐는데, 중학교 3학년 때 명 선생의 지시로 중국에 갔다 온 일이 있었다. 이 일로 송몽규는 은진중학교를 못 마치고, 같은 용정에 있는 대성중학교를 마치고 연희전문학교에서 윤동주와 다시 만났다. 1934년 윤동주의 첫 작품이 나왔다. 「초 한대」, 「삶과 죽음」, 「내일은 없다」 등이 그것이다. 이 중에 "광명의 제단이 무너지기 전 나는 깨끗한 제물(祭物)을 보았다"라는 구절이 있는 '초 한대'는 이 시 구절처럼 그가 광복이 되기 전에 깨끗한 제물이 되고 말았다고 하여 후세 연구자들의 주목을 받고 있다.

1935년 9월 은진중학교 4학년 1학기를 마치고 평양 숭실중학교로 학교를 옮겼다. 그런데 4학년이 아닌 3학년으로 편입하였다. 감수성이 예민했던 나이에 낙방의 고배를 마신 그는 "이 지나친 시련....나는 성내서는 안된다" 라면서 적응해 갔다. 시 공부에서도 새로운 전기가 되었다. 숭실학교 YMCA문예부에서 내던 『숭실활천』의 편집에 참여하면서 제15호에 「공상」이란 시를 발표하였다. 이어서 「창공」, 「남쪽하늘」, 「식권」 등 많은 시를 썼다. 그런데 이런 관념적이고 현학적인 어려운 시들은 1935년 10월 이후에 자취를 감춘다. 그리고 그해 12월에 「조개껍질」이란 동시를 썼다. 이후에는 「비둘기」 같은 동시들을 쏟아냈

숭실중학 시절의 윤동주(뒷줄 오른쪽)

다. 이러한 변화는 그가 정지용 시의 영향을 받은 것으로 해석되기도 한다. 정지용은 그가 평생을 두고 가장 좋아했던 시인이었다. 숭실학교에서의 학업과 창작활동에 열중이던 1936년 그는 학교를 자퇴하였다. 이 때 총독부에서 신사참배를 강요하였는데, 그는 이러한 일제의 식민정책에 항의하여 자퇴하고 고향 용정으로 돌아왔다. 신사참배를 반대한 숭실학교도 강제로 폐교되었다. 용정에서 그는 광명학원(光明學院) 중학부에 편입하여 학업을 계속하였다. 광명중학에 다니던 2년 동안 그는 많은 작품을 썼다. 당시 연길에는 『카톨릭 소년』이란 잡지가 있었는데, 그는 동시 「병아리(11월호)」와 「빗자루(12월호)」 등을 발표하였다. 1936년 6월에 쓴 시 중에서 다음의 '양지(陽地)쪽」이 있다.

> 저쪽으로 황토 실은 이땅 봄바람이
> 호인(胡人)의 물레바퀴처럼 돌아 지나고
> 아롱진 4월 태양의 손길이
> 벽을 등진 설은 가슴마다 올올이 만진다
> 지도(地圖) 째기 놀음에 뉘 땅인 줄 모르는 애 둘이
> 한 뼘 손가락이 짧음을 한함이여
> 아서라 가뜩이나 엷은 평화가
> 깨어질까 근심스럽다.

그가 이 시에서 소재로 삼은 양지에서 땅뺏기 놀이를 하는 두 어린아이야말로 당시 중일전쟁이 일어나기 직전의 전운이 감도는 당시의 상황을 담고 있다고 평해진다. 1937년에도 동시 「오줌싸개 지도(1월호)」와 「무얼 먹고 사나(3월호)」를 발표하였다.

2. 연희전문학교 입학

1938년 광명중학 5학년을 졸업하고 대성중학을 졸업한 송몽규와 함께 연

희전문학교 문과에 입학하였다. 외솔 최현배 선생에게 조선어를, 손진태 선생에게 한국의 역사, 이양하 교수에게서 영시를 배웠다. 외솔 선생의 '우리 말본' 강의를 들으면서 감격했고 영광스러웠다 한다. 수업시간에 윤동주를 울린 선생이 있었는데, 그분이 바로 손진태 교수였다. 손 교수는 수업 시간에 폴란드가 제정 러시아 치하에 있을 때의 퀴리 부인의 이야기를 하였다. 손 교수는 "학교에서 몰래 폴란드 말을 공부를 하고 있을 때 마침 시학관이 와서 학교를 도는 바람에 모두 폴란드 말 책을 책상 속에 집어 넣었다."라고 하고는 복 받친 감정을 이기지 못하고 울기 시작했다. 그래서 학생들도 모두가 울다가 통곡을 했다 한다. 퀴리 부인의 이야기를 하면서 일제의 강압 통치를 비판한 것이다. 그는 학교에서 릴케, 발레리, 지드 같은 작가들의 작품을 탐독하며, 프랑스어를 독학했다. 입학 동기인 정병욱(1922-1982)과 함께 이화여전 구내 형성교회에 다니며 영어 성서반에도 참석하였다.

윤동주가 연희전문에 입학하고 처음으로 쓴 시는 '새로운 길'이다. 제목도 작품의 율조도 모두 새로운 곳에서 새로운 시작을 시작한 젊은이의 활기에 충만해 있는 내용이다. 「이적(異蹟)」이란 시에서는 그의 기독교 신앙을 잘 표현하였다. 1939년에는 『조선일보』 학생란에 산문 「달을 쏘다(1.23)」, 시 「유언(2.6)」, 「아우의 印象畵(10. 17)」를 발표했다. 동시 「산울림」도 『소년』 3월호에 발표하였다.

1941년 12월 태평양전쟁이 일어나자 학제가 단축되어 3개월 앞당겨 연희전문학교를 졸업하였다. 1941년에 모두 17편의 시를 썼다. 그 중 첫 작품이 「무서운 시간」이다. 자신이 살고 있는 시대가 무섭게 돌아가는 느낌을 강렬하게 나타낸 작품이다. 이어서 그는 "정거장 플랫폼에 내렸을 때 아무도 없어"로 시작하는 '간판 없는 거리'를 썼다. 그는 이 시에서

> 다들 손님들뿐
> 손님 같은 사람들 뿐

집집마다 간판이 없어
집 찾을 근심이 없어

라며 일본에 의해 멸망한 삼천리 강산에 진정한 주인이 없고 나라의 이름마저 없어진 것을 '간판 없는 거리'로 비유하였다. 그는 이 외에도 「태초의 아침」, 「새벽이 올 때까지」, 「십자가」, 「눈감고 간다」 등을 발표하였다. 이 시들에서는 삶에 능동적으로 대처하려는 강인한 신념과 자신감이 표출되고 있다. 1941년 11월 5일 「별 헤는 밤」을 발표하였다. 이 시는 그의 자전적 시로서 별을 하나 하나 헤며 온갖 아름다운 기억과 애틋한 그리움을 시로 읊고 있다. 여기에서 그의 맑고 청결한 기품과 결 고운 서정성이 유감없이 드러난다.

그는 졸업을 앞두고 기념으로 자신의 작품 18편을 뽑았다. 그리고 11월 20일 시집 첫 머리에 놓을 「서시」를 완성하였다.

죽는 날까지 하늘을 우러러
한 점 부끄럼이 없기를
잎새에 이는 바람에도
나는 괴로워 했다.
별을 노래하는 마음으로
모든 죽어가는 것을 사랑해야지
그리고 나한테 주어진 길을
걸어가야겠다.

이 시에서 그는 삶의 괴로움에 대처한 순수한 의지를 보여준다. 또한 지금까지의 삶을 되돌아보고 앞으로의 각오를 담는 내용이다. 그는 졸업 기념으로 「서시」와 선별한 18편의 시를 모은 시집에 『하늘과 바람과 별과 詩』라는 제목을 붙였다. 그리고 77부 한정판으로 출간하려 했지만 주변의 만류로 뜻을 이루지 못했다. 그래서 시집을 3부 작성하여 한 부는 자신이 가지고, 이양하 선생과 정병욱에게 1부씩 증정하였다.

유고 시집 '하늘과 바람과 별과 시'(1948년)

3. 일본 유학과 독립운동

연희전문을 졸업 후에 그는 일본으로 유학가기로 하였다. 그런데 일본 유학을 가려면 필수적으로 도항증명서 등 도일 수속을 해야 하는데, 이때 한국인 이름으로는 수속을 할 수가 없었다. 윤동주는 부득이 성을 '히라누마(平沼)'로 바꿨다. 그리고 창씨개명이란 절차에 굴복한 참담함을 참회하는 의미에서 「참회록」이란 시를 썼다. 그해 4월에 동경에 있는 릿쿄대학[立敎大學] 영문과에 입학하였다. 여름 방학 때 고향에 왔다가 동북제국대학에 편입하려고 급히 일본에 들어갔다가 뜻대로 되지 않고 교토에 있는 도시샤대학[同志社大學] 영문과에 전학하였다. 이 시기 그는 교토의 사쿄구(左京區) 다나카다카하라초(田中高原町) 27 다케다(武田) 아파트에서 하숙생활을 하였다. 교토대학 사학과에 다니는 송몽규 집과는 도보로 5분 거리의 가까운 곳이었다.

1943년 7월 그는 송몽규와 함께 교토 시모가모(下鴨) 경찰서에 독립운동 협의로 검거되었다. 당숙 윤영춘이 면회하러 갔는데, 윤동주가 일본 형사와 대좌하여 우리말 작품과 일기를 일어로 번역하고 있는 것을 목격하였다. 그해 12월에 그는 송몽규, 고희욱과 함께 검찰국에 보내졌다. 다음 해 1월 고희욱은 기고유예로 풀려났으나 윤동주와 송몽규는 2월에 기소되었다. 3월 31일 교토지방재판소는 그에게 송몽규와 마찬가지로 "조선인 유학생을 모아놓고 조선의 독립과 민족문화의 수호를 선동했다"는 죄목으로 징역2년형을 선고하였다.

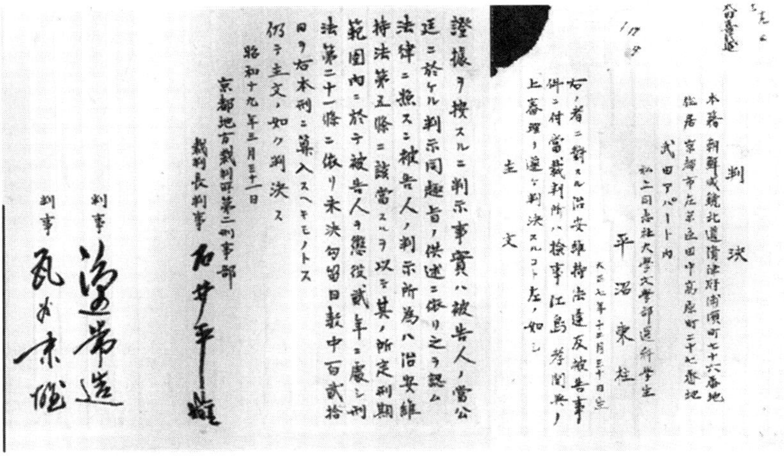

判決

本籍 朝鮮咸鏡北道清津府浦項町七十六番地
住居 京都市左京区田中高原町二十七番地
武田アパート内
私立同志社大學文學部選科學生
平沼東柱
大正六年十二月三十日生

右ノ者ニ對スル治安維持法違反被告事件ニ付當裁判所ハ檢事江島孝關與ノ上審理ヲ遂ケ判決スルコト左ノ如シ

主文

證據ヲ按スルニ判示事實ハ被告人ノ當公廷ニ於ケル判示同趣旨ノ供述ニ依リ之ヲ認ム
法律ニ照スニ被告人ノ判示所為ハ治安維持法第五條ニ該當スルヲ以テ其ノ所定刑期範囲内ニ於テ被告人ヲ懲役貳年ニ處シ刑法第二十一條ニ依リ未決勾留日數中百貳拾日ヲ右本刑ニ算入スヘキモノトス
仍テ主文ノ如ク判決ス

昭和十九年三月三十一日
京都地方裁判所第二刑事部
裁判長判事
判事
判事

윤동주 판결문(교토지방재판소)

이들은 판결이 확정되어 후쿠오카(福岡) 형무소에 이송되어 수감되었다. 그러나 윤동주는 광복을 앞둔 1945년 2월 16일 오전 3시 36분, 외마디 소리를 지르고 28세의 젊은 나이로 운명했다. 부친과 당숙 윤영춘이 그의 사망통지를 받고 형무소에 도착하여 먼저 송몽규를 면회하였다. 송몽규는 자신들이 이름 모를 주사를 강제로 맞고 있으며, 윤동주가 그래서 죽었다고 증언하였다. 그리고 송몽규도 그해 3월 10일 눈을 뜬 채 운명하였다. 유해는 고향 용정에 묻혔고, 1968년 연세대학교 교정에 윤동주 시비가 세워졌다.

윤동주 시비(연세대학교 교정)

윤동주 시비(도시샤대학 교정)

4. 윤동주의 시 세계

윤동주의 시는 청년기의 고독감과 정신적 방황, 조국을 잃음으로써 삶의 현장을 박탈당한 동일성의 상실이 그 원천을 이룬다. 초기 시에서는 암울한 분위기와 더불어 동시(童詩)에 깃들인 유년적 평화를 지향하고자 하는 태도를 볼 수 있다. 이러한 경향의 작품으로는 「겨울」, 「조개껍질」, 「버선본」, 「햇빛 · 바람」 등이 있다. 후기 시로 볼 수 있는 연희전문학교 재학 시절에 쓰여진 시들은 일제 말기의 암흑기를 살아간 역사 감각을 지닌 독특한 자아성찰의 시세계를 보여준다. 「서시」, 「자화상」, 「또 다른 고향」, 「별 헤는 밤」, 「쉽게 쓰여진 시」 등이 이러한 경향을 보이고 있는 대표적 작품들이다. 윤동주의 시는 한마디로 어두운 시대를 살면서도 자신의 명령하는 바에 따라 순수하게 살아가고자 하는 내면의 의지를 노래하였다.

그는 자신의 개인적 체험을 역사적 국면의 경험으로 확장함으로써 한 시대의 삶과 의식을 노래하였다. 동시에 특정한 사회 · 문화적 상황 속에서 체험한 것을 인간의 항구적 문제들에 관련지음으로써 보편적인 공감대에 도달하였다.

참고문헌

판결문(1944. 3. 31 교토지방재판소).

송우혜, 『윤동주평전』, 열음사, 1998.

권영민 편, 『윤동주 연구』, 문학과 사상사, 1995.

김열규, 「윤동주론」, 『국어국문학』 27, 1964.

윤일주, 「선백의 생애」, 『하늘과 바람과 별과 시』, 정음사, 1974.

김흥규, 「윤동주론」, 『창작과 비평』 33, 1974. 가을.

김용직, 「윤동주 시의 문학사적 의의」, 『나라사랑』 23, 1976.

제13장

광복군 총사령 지청천

1. 무관학교 입학

지청천(1888-1957)은 1888년 1월 서울 삼청동에서 부친 지재선과 경주이씨 사이에서 태어났다. 본관은 충주이다. 본래 이름은 석규(錫奎)였는데, 뒤에 대형(大亨)으로 개명했다. 만주로 망명하면서 이청천(李靑天)으로 활동하였다. 말년에 백산(白山)이란 호를 사용했다. 그가 5살 되던 해에 부친이 병으로 일찍 세상을 떠남에 홀어머니 밑에서 성장하였다. 그는 어려서부터 성품이 강했다. 8살 때 명성황후가 일본인들의 칼에 죽었다는 소문을 듣고 일본인이 타고 가던 인력거에 돌을 던져 소동을 일으켰다 한다. 서당을 다니다가 재당숙인 지운영과 지석영의 권고로 신식학교인 교동학교 4학년으로 편입하였다. 1904년에는 배재학당으로 학교를 옮겨 신학문과 기독교 교리도 배웠다. 황성기독교청년회에도 참가하였다. 1905년 9월경 나라의 암울한 상황에 배재학당을 자퇴하였다. 을사늑약으로 국권을 잃고 의병의 대일항전이 전개되는 것을 알게 된 그는 "우리 청년에게 총을 달라"고 외쳤다 한다. 그는 1908년 배재학당을 그만 두고 군인이 되기 위하여 대한제국 육군무관학교에 입학하였다. 1909년 통감부의 압력으로 무관학교가 폐교되었다. 대한제국과 일본 정부의 합의에 의해 재학생들은 국비유학생 자격으로 일본의 무관학교에 입학하게 되었다. 지청천은 1909년 일본으로 건너가 도쿄에 있는 육군유년학교 예과 2년생으로 편입되었다.

2. 일본 육사 자퇴와 망명

1910년 나라가 망했다는 소식에 유학생들은 충격에 빠졌다. 지청천은 군사훈련을 끝까지 배운 다음 중위가 되는 날 군복을 벗고 조국 광복을 위해 궐기하자고 설득했다 한다. 1912년 육군유년학교를 졸업하고 일본육군사관학교 제26기로 입교하였다. 1914년 5월 육군사관학교를 졸업한 그는 육군 소위로 임관되어 효고현 히메지(姬路)에 있는 제10사단의 제39연대에 배속되었다. 마침 세계 제1차대전이 일어났다. 그는 부대를 따라 중국의 청도 공략전에 참가하여 독일군과의 전투를 수행하였다. 1918년 7월 중위로 진급하였다. 그로부터 몇 달 뒤 1차 세계대전이 끝났다. 이 무렵 그는 민족자결주의 원칙에 대한 이야기를 듣고 일본 군적을 벗어나야겠다고 마음을 먹었다. 마침 아내가 일본으로 와서 손병희가 그와 연락을 취하고 싶어 한다는 전갈을 전해줬다. 그는 식사를 걸러 목에서 피가 나오게 하여 폐렴에 걸렸고, 진단서를 부대에 제출하였다. 연대장은 그에게 3개월간의 휴양을 허가하였다. 그가 휴양에 들어간 지 1주일 만에 국내에서 3·1운동이 일어났다. 그는 다시 일부러 설사약을 먹거나 술을 먹든지 하여 급성 폐렴에 걸린 것으로 가장하여 1년간의 임시 귀국을 허가받아 그해 5월 하순 가족을 데리고 귀국하였다. 서울에는 일본육사 3년 선배인 김광서가 역시 병가를 얻어 먼저 와 있었다. 김광서는 도쿄에서 일어난 2.8독립운동을 보고 국외로 망명하여 독립운동에 투신하기로 결심하고 2월 하순 귀국해 있었다. 지청천은 형사대의 감시가 느슨해지자 1919년 5월 하순 김광서와 함께 야간열차를 타고 압록강 철교를 건넜다. 그는 만주에 들어가면서 모친의 성을 따라 이씨로 바꾸고 이름도 청천(靑天)으로 바꾸었다.

3. 청산리 전투 참전

그가 찾아간 곳은 통화현 합니하(哈泥河)에 있는 신흥강습소였다. 이 학교는 이회영 형제와 이상룡 등 민족 지사들이 설립한 독립군 무관학교였다. 1920년 신흥강습소는 무관학교로 개편되었다. 그는 고등군사반 교관 겸 교성대장이 되어 독립군 간부 양성에 힘을 기우렸다. 이즈음 서울에서 아내가 아들과 갓 태어난 딸을 데리고 찾아왔다. 그가 망명한 뒤 일본 헌병대의 시달림을 받다가 그를 찾아온 것이다. 딸 복영(1920-2007)은 후일 그가 광복군 총사령관으로 있을 때 광복군에 입대하여 활동하였다.

1920년 훈춘사건 이후 일본군이 '간도출병'을 선언하고 만주 지역에 군대를 보냄에 따라 독립군 부대들은 일본군의 탄압을 피해 백두산 삼림지대로 이동하게 되었다. 지청천은 서로군정서 사령관으로서 독판 이상룡 등과 협의하여 신흥무관학교를 안도현 지역으로 옮겼다. 북간도 지역의 다른 독립군 단체들도 이동해 들어왔다. 안무의 대한국민회군 등은 화룡현 어랑촌 일대에 주둔하고 있는 홍범도가 이끄는 대한독립군과 합류하였다. 김좌진이 이끄는 북로군정서군도 화룡현 청산리 일대로 들어왔다. 독립군부대는 1920년 10월 21일부터 추격해 온 일본군과의 전투를 청산리 일대에서 수행하여 대승리를 거두었다. 지청천이 이끄는 서로군정서군도 일본군 수백 명을 사살하였다. 그 뒤 지청천 부대와 홍범도부대는 중·소 국경지대인 밀산에서 통합하여 대한독립군단(大韓獨立軍團)을 조직하고 홍범도를 총사령에 추대하였다. 그는 부사령이 되어 대부대를 이끌고 소련령인 이만(Imab)시로 이동하였다.

1921년 이르쿠츠크(Irkutsk)시에 집결한 독립군은 노령 빨치산부대와 통합하여 대한의용군 총사령부를 편성하였다. 지청천은 총사령부의 연대장 겸 총교관으로 군사교육과 훈련의 책임을 졌다. 그런데 노령 무장부대인 박일리야 중심의 사할린부대와 노령 자유대대 오하묵 등의 군정의회 사이에 주도권을 두고 갈등이 일어나면서 문제가 발생하였다. 군정의회 측은 이르쿠츠크 공산당을 배경으로 하고 있었던데 비해 사할린군대는 상해파에 해당하였다. 처음에 양 세력은 무장 단체의 통합에 합의하고 고려혁명군을 편성하였다. 그러나 사할린 부대원들은 군정의회가 주도한 고려혁명군에 가담하기를 거부하였다. 그러자 6월 하순 치타정부와 군정의회 측은 사할린 부대의 무장 해제를 시도했다. 사할린부대원들은 이에 저항하다가 수백 명이 희생되었다. 1920년 6월 28일에 있었던 이 사건은 자유시참변이라 불린다. 고려혁명군은 1921년 8월말 1개 여단으로 재편성해 적군 제5군에 편제되었다. 지청천은 여단 내에 설치한 고려혁명군사학교 교장에 취임하여 무장 세력의 강화를 위해 노력하였다. 그러나 군관학교의 교육 방침이 소련 당국과 대립되어 지청천은 체포되어 재판에 회부되어 사형선고를 받았다. 그는 사형을 앞두고 2천만 한민족에게 주는 유서를 쓰되,

> “의인이 없는 조선은 사멸에서 헤매게 되니, 단군의 혈맥으로 태어난 성손은 형제요, 자매요, 동포이니, 자자손손 조국의 강산을 지킬 의인이 되어 달라”

라 하였다. 이어서 독립군들에게는 “모진 광풍이 심한 북극의 한설 지대에서 조국을 위하여 수고들 하니 감사하다. 최후까지 조국을 위한 열사가 되어 달라”고 하였다. 그는 조국을 위해 한 목숨 바치게 된 것을 오히려 다행으로 생각하며 편안한 마음으로 사형될 날을 기다렸다. 그러다 임시정부의 적극적인 구명운동으로 극적으로 석방되었다.

4. 중국에서의 독립운동

그는 만주로 돌아와 독립군의 전열을 재정비하는데 주력하였다. 그러던 중에 임시정부에서 국민대표회의를 개최함에 고려혁명군 대표로 1923년 1월 상해로 가서 회의에 참가하였다. 그는 군사위원에 선임되어 통일된 정부에서는 고립, 분산된 무장부대들을 통일해야 한다며 '군사안 보고'를 제출하는 등 구체적인 군사계획을 개진하였다. 그러나 창조론과 개조론 등으로 이견이 제기되었다. 그는 창조론에 기울었으나, 의견의 통일이 안되자 1920년 6월 회의를 마지막으로 회의에서 탈퇴하였다. 그리고 본래의 근거지인 유하현 삼원포로 돌아왔다. 1924년에 김규식 등과 함께 국민위원회(國民委員會)를 구성하고 군사위원으로 활동하였다. 이때 통의부(統義府)를 비롯하여 의성단(義成團), 광정단(匡正團) 등 독립운동 단체가 통합하여 정의부(正義府)가 조직되었는데, 그는 1925년 3월 군사위원장 겸 사령관에 취임하였다. 1928년 정의부는 참의부와 신민부와 회의를 개최하고 3부통합을 시도하였다. 이에 따라 혁신의회와 국민부가 성립되었다. 그는 혁신의회에 참여하여 중앙집행위원으로 활동하였다. 그러나 3부 통합운동이 단체본위와 개인본위 통합론으로 분리되어 실패하게 되자 그는 전민족유일당조직협의회에 참가하였다.

1930년 7월 한족자치연합회를 모체로 한국독립당을 창당하고 한국독립군을 조직하여 총사령에 취임한 그는 한·중연합군을 조직하여 무장항일 투쟁을 전개하였다. 1932년에는 아성현(阿城縣)전투, 쌍성현(雙城縣)전투, 1933년에는 대전자(大甸子) 전투, 경박호전투 등에서 큰 승리를 거두었다. 1933년 2월 길림구국군 제14부대와 연합하여 치른 대전자령 전투는 일본군과 만주군 1개 대대를 거의 전멸시킨 대첩으로 기록된다. 그러나 일제가 만주를 완전히 석권하게 되자 만주에서의 무장투쟁이 어렵게 되었다. 1933년 만주를 뒤로하고 산해관을 넘어 중국 본토로 들어갔다.

1933년 10월 임시정부에서는 하남성에 있는 중국군관학교 낙양분교(洛陽分

校)에 한인특별반을 창설하고 그를 교관으로 초빙하였다. 그는 특별단의 책임자로 취임하여 교성대장에 이범석(李範奭), 교관에 오광선(吳光善), 조경한(趙擎韓) 등을 임명하고 애국청년들을 모집하여 군사훈련을 시켰다. 그러나 김구와의 이견으로 교관을 사직하였다. 1934년에는 남경(南京)에서 "대일전선통일동맹"을 결성하였으며, 다음해에는 김원봉 등과 민족혁명당 창당에 참여하여 군사부장에 취임하였다. 그러나 김원봉의 독점적 운영에 민족혁명당을 나와 1937년 조선혁명당을 창당하였다. 1937년 7월 중일전쟁이 일어나자 중국군과의 연합 항전이 절실해졌다. 그해 8월에는 김구가 주도한 한국광복운동단체연합회에 참여하였다.

광복군 창립식 기념사진

4. 광복군 창설

1939년 10월 사천성(四川省) 기강에서 열린 임시정부 의정원 정기의회에서 의정원의원 및 국무위원으로 선출되었다. 11월 국무회의에서 군무장으로 선임되어 입법 · 행정 · 군사에 대한 제반사항을 처리하는 중책을 맡았다. 이때부터 광복군 창설을 주도하였다. 임시정부에서는 중국 국민당 정부와 협정을 체결하고 1940년 9월 17일 한국광복군총사령부 성립전례식을 중경(重慶) 가릉빈관(嘉陵賓館)에서 거행하였다. 그는 총사령으로 임명되어 총사령부 직속으로 참모장으로 이범석(李範奭), 부관에는 황학수(黃學秀) 등을 임명하였다. 총사령부 산하에 3개 지대를 편성하였다. 같은 해 11월에는 이범석과 같이 중국 당국과의 협정 문제를 해결하기로 하고 총사령부를 서안(西安)으로 이전하였다. 그는 총사령관대리에 황학수, 참모처장대리에 김학규 등을 임명하고 간부 200여명과 함께 서안으로 가서 공작을 준비하고 진행하게 하였다. 1941년에는 지대를 편성하고 부대원을 각지에 파견하여 사병모집 및 훈련, 선전과 정보 수집, 적정 정찰, 유격전 전개 등의 임무를 수행하게 하였다. 미국의 전략첩보기구인 OSS(Office of Strategic Service)부대와도 공동 작전을 추진했다. 이에 따라 1945년 5월부터 서안의 제2지대와 부양의 제3지대원 중에서 선발된 부대원들이 그해 8월 4일까지 3개월간의 훈련을 마칠 수 있었다. 제1기생의 훈련이 마치자, 그는 김구와 함께 서안의 제2지대 본부에서 OSS부대 책임자인 도노반 소장과 대원들을 국내에 침투시키는 작전을 협의하였다. 그러나 합의된 국내진입 작전은 일본의 항복으로 실행되지 못하고 말았다.

광복군 총사령 지청천

5. 해방 후 정치활동

1945년 8월 15일 해방을 쟁취하였다. 지청천은 개인 자격으로 귀국하라는 미군정의 요구를 거부하였다. 그는 광복군을 공식적으로 귀국시킬 '확군' 활동의 책임을 맡았다. 확군이란 중국 각지에 있는 한인 청년들을 광복군으로 편입하여 광복군의 세력을 확대하는 것을 말한다. 이에 따라 중국 각지에 있는 한인 청년들로 광복군 잠편지대를 편성하였다. 1945년 11월 김구 등 임시정부 요인들이 개인 자격으로 귀국한 뒤에도 그는 확군작업을 진행하였다. 그러나 미군정의 반대로 결국 광복군을 해산하고, 1947년 4월 귀국 길에 중국 남경에 들렀던 이승만과 함께 귀국하였다. 그는 청년단체의 통합운동을 활발히 진행하였다. 1947년 8월에는 대동청년단주비위원회를 구성하고 위원장으로 활동하였다. 그는 이를 바탕으로 미군정에 '건군계획서'를 제출하였다. 그리고 1947년 9월 청년단체들을 대동청년단으로 통합하였다. 1948년 5.10선거에서 그는 대동청년단 대표로서 서울 성동구에 출마하여 전국 최고의 득표로 당선되었다. 제헌국회에서 그는 헌법 및 정부조직법 기초위원으로 활동하였다. 1948년 8월 정부가 수립된 후 청년단원들은 국군이나 경찰로 전환되었다. 그해 10월초 그는 한민당에 합류하였다. 그는 초대 내각에 무임소장관에 임명되었으나, 곧바로 사임하였다. 이후 그는 국회에서 국방력 강화를 위해 노력하였다. 1949년 7월에는 국회 외교국방위원장으로서 외국의 병역제도를 참고하고 한국의 실정에 맞는 병역법을 제안하였다. 국민개병 정신에 따라

해방후 무임소 장관 시절의 지청천

의무병제도를 채택한 이 병역법은 국회에서 가결되어 국방력 강화의 기초가 되었다.

1950년 6월 25일 북한군의 기습적인 남침으로 한국전쟁이 발발하였다. 그는 부산으로 이동하여 민주국민당의 대표최고위원으로 의정활동을 펼쳤다. 1950년 5월 30일 제2대 국회의원 선거에서 그는 성동구에 다시 출마하여 당선되었다. 그러나 그가 대표로 있던 민주국민당은 참패했다. 민주국민당은 국회에서 반이승만 활동을 하면서 내각제 개헌을 실현시키기 위한 활동을 전개하였다. 그러나 1952년 6.25 기념식장에서 민주국민당 소속 의원이 관련된 이승만 저격 사건이 일어나자 탈당을 결행하였다. 곧이어 대동청년단과 한독당 출신 인물들의 요청을 받아들여 자유당에 입당하였다. 정부 여당에 들어가 내부에서 정부의 잘못을 비판하고 바로잡기 위함이었으나, 그는 이 일로 인하여 비판을 받기도 하였다. 1954년 제3대 국회의원 선거에는 건강이 좋지 않아 출마하지 않았다. 1957년 1월 결국 그가 소망하던 남북통일을 보지 못하고 세상을 떴다.

참고문헌

지헌모, 『청천장군의 혁명투쟁사』, 삼성출판사, 1949.

지복영, 『역사의 수레를 끌고 밀며』, 문학과 지성사, 1995.

이현주, 『한국광복군 총사령 지청천』, 독립기념관 한국독립운동사연구소, 2010.

제14장

임시정부의 주석 김구

"네 소원이 무엇이냐 하고 하나님이 물으시면 나는 서슴지 않고 '내 소원은 대한독립이요' 하고 대답할 것이다. 그 다음 소원이 무엇이냐 하면 나는 또 '우리나라의 독립이요' 할 것이요, 또 그 다음 소원이 무엇이냐 하는 셋째 번 물음에도 나는 더욱 소리 높여서 '나의 소원은 우리나라 대한의 완전한 자주독립이요'하고 대답할 것이다"(『백범일지』).

위 글은 백범 김구가 암살당하기 얼마 전에 작성한 '나의 소원' 첫 구절이다. 그는 임정에 참여하면서 오로지 대한의 독립에 삶의 목표를 두었다. 1919년 망명한 김구는 1945년 해방 때까지 해외를 유랑하며 오로지 민족의 독립을 위한 투쟁만을 위해 살았던 대표적인 한국인이다.

1. 청년 김구

백범 김구(1876~1949)는 황해도 해주의 백운방이라는 시골에서 태어났다. 아버지는 김순영이고 어머니는 현풍곽씨이다. 본관은 안동이지만 그의 집안은 세도가와는 거리가 멀었다. 그의 선조인 김자점이 효종 때 역모에 연루되어 멸문의 화를 당했는데, 이때 해주의 텃골로 피해 와서 대대로 상놈 노릇을 하면서 살았다 한다. 상민으로 태어난 그는 어려서부터 집안 어른들이 양반들로부터 천대받는 것을 보면서 자랐다. 어렸을 때 집안의 할아버지 한 분이 관(冠)을 썼다가 양반들에게 얻어맞은 일을 듣고 한참을 울었다. 가정 형편도 가난해서 14살 때까지 바지를 입지 못한 채 할아버지 저고리를 바지처럼 입고 다녔다 한다. 거기에다가 4살 때 천연두를 앓았다. 겨우 목숨을 건지기는 했는데, 얼굴에 마마 자국이 남았다.

부친은 외아들인 김구에게 많은 기대를 하였다. 갑자기 중풍에 걸려 몸도 불편하고 집안 형편도 안 좋아졌지만, 아들을 계속 서당에 다니게 하였다. 소년 김구는 통감을 떼고 4서를 공부하면서 과거 공부를 하였다. 상놈을 벗어나는 길은 열심히 공부해서 과거에 합격하는 길이라고 생각하였다. 1892년 해주에서 과거시험이 열리자 김구는 상놈의 한을 풀어보고자 응시하였다. 그러나 과거시험은 이미 세도가들의 잔치로 변모한 때였다. 김구는 더욱 절망감에 빠진 채 고향으로 돌아왔다. 과거에 낙방한 뒤 두문불출 병서를 읽으며 울분을 달랬다. 이름도 김창암에서 김창수로 바꿨다.

1893년 김구는 오응선을 통해서 동학에 입교하였다. 동학의 신분 차별을 반대하는 인내천 사상에 마음이 끌렸던 것이다. 그는 열심히 교리를 배우고 포교에도 열성을 다했다. 그 결과 18살이 되던 1893년 말에는 충북 보은에서 대도주인 해월 최시형을 만나 접주 첩지를 받았다. 1894년 동학농민전쟁이 일어나자 김구는 해주에서 군사를 일으켜 척양척왜(斥洋斥倭)의 깃발 아래 해주성을 공격하였다. 그러나 일본군의 개입으로 실패로 끝나고 말았다.

동학군에 대한 추격이 심해지자 김구는 유회군(儒會軍)을 조직하여 동학을 탄압했던 안태훈(安泰勳)을 찾아 청계동으로 들어갔다. 안태훈은 피신하고 있던 김구에게 언제든지 자신에게 와서 의탁하라고 언질을 준 바가 있었기 때문이다. 안태훈은 김구는 물론 김구의 부모까지 청계동에서 살게 하였다. 김구는 안태훈 집에서 손님으로 있던 화서학파 유학자인 고능선(高能善)을 만났다. 고능선은 그에게 "비록 뛰어난 재능이 있더라도 의리에 벗어나면 그 재능이 도리어 화근이 된다"라며 춘추대의(春秋大義)에 입각한 의리사상을 심어주었다. "절벽에 매달려 잡은 손을 놓는 것이 가히 장부로다(懸崖撤手丈夫兒)"라는 고능선의 가르침은 그가 훗날 중대한 결정을 내려야 할 때마다 지침이 되었다.

고능선의 가르침은 동학의 꿈이 깨진 김구에게 큰 변화를 주었다. 즉, 양반이 되어 집안을 일으키겠다는 데에서 이제는 나라를 위하여 '일사보국(一死報國)'하겠다는 '국가의식'을 갖게 된 것이다. 김구는 고능선이 "이 나라가 필경 왜놈에게 망하게 되었네"라는 말을 했을 때 너무 놀라 울었다고 『백범일지』에 쓰여 있다. 김구는 "망할 것으로 하여금 망하지 않게 할 방책은 없습니까?"하고 대책을 물었다. 고능선은 그에게 청국과의 연합론을 말하면서 청국행을 권유하였다.

중국으로 건너간 김구는 1895년 김이언(金利彦)이 청국의 도움으로 일본군과 싸울 의병을 모집한다는 소문을 듣고 김이언 의병대에 참여하였다. 그러나 김이언의병의 강계성 공격이 실패로 끝나고 말았다. 김구는 을미사변이 일어나 명성황후가 시해되자 충격을 받고 1896년 2월 두만강을 건너 귀국하였다. 김구는 안악(安岳)으로 오는 도중 치하포에서 일본 상인 겸 정보원인 쓰치다 조스케(土田壤亮)를 맨손으로 죽였다. 김구는 일본인이 옷 속에 칼을 차고 있는 것을 보고 그를 국모의 살해범 중 한명이라고 생각하고 왜놈 한명이라도 죽여서라도 나라의 치욕을 갚고자 했던 것이다.[1]

'치하포사건'으로 체포된 김구는 사형 선고를 받았다. 그는 감옥 생활을 하면서 『태서신사』 같은 신서적을 접하고 근대적 문물에 눈 뜨게 되었다. 1898년 탈옥 이후 이름을 김구(金龜)로 바꾸고 공주의 마곡사에 들어가 스님이 되

---

1 도진순, 「1896-98 김구의 연중(聯中) 의병과 치하포 사건」, 『한국사론』 38, 서울대 국사학과, 1997, 150-152쪽.

어 숨어 지냈다. 1899년 환속한 그는 다음 해 강화도로 건너가 개화 인사들과 교유하고 계몽운동에 힘을 기울였다. 1903년에는 기독교에 입교하였으며, 이후 근대적인 계몽운동에 매진하였다.

2. 애국계몽운동 참여

1905년 을사조약이 강제로 체결되자 진남포 예수교회 에버트청년회 총무 자격으로 서울 상동교회(尙洞敎會)에서 열린 을사늑약반대 전국대회에 참석했다. 이동녕(李東寧), 이준(李儁), 전덕기(全德基) 등을 만나 을사늑약 철회를 주장하는 상소를 결의한 뒤, 대한문 앞에서 읍소를 하고 종로에서 가두연설을 했다.

1907년에는 신민회에 가입하였다. 안악 양산학교(楊山學校)의 교원과 재령 보강학교(保强學校) 교장 등 교육 활동에도 매진했다. 1908년에는 해서교육회를 조직하였으며, 학무총감에 추대되어 도내 각지의 강습소를 다니며 교육의 필요성을 역설하고 애국심을 고취시켰다. 강연 주제는 "한인이 배일(排日)하는 이유는 무엇인가?" 라는 것 등이었다. 이때 안중근 의사가 이토 히로부미(伊藤博文)을 처단한 사건이 있자, 일본헌병대에 체포되어 해주감옥에 투옥되었다가 불기소로 풀려났다.

1910년에는 '안악사건'에 연루되어 15년 징역형을 선고받았다. 안악사건은 안명근 등이 서간도에 무관학교를 설립하기 위하여 자금을 모집하다가 황해도 신천 지방에서 관련자 160여 명과 함께 체포된 사건이다. 김구는 신민회의 비밀회의에 참석하여 만주에서의 독립전쟁을 준비하기 위한 자금을 모금하던 중 안악에서 체포되었다. 수감 중에 '105인사건'이 일어나자 2년형이 더해져 17년형을 선고받고 서대문 감옥에서 옥고를 치렀다. 그는 옥중에서 일제에 맞서는 의병의 의리관과 사생관을 보면서 애국계몽운동의 허점을 보완하게 된다. 그는 의병들의 낡은 세계관에 대하여 비판하면서도 서대문감옥에서 옥사한 이강년(李康季)과 허위(許蔿)의 의병 정신에 감명 받았던 것이다.

1914년에는 인천감옥으로 옮겨져 항만 축조공사에 강제로 노역을 당했다. 그는 옥고를 치르는 동안에 김구(金龜)를 김구(金九)로 바꾸고, 호 연하(蓮下)를 백정(白丁)과 범부(凡夫)를 뜻하는 백범(白凡)으로 바꿨다. 이름을 바꾼 것은 일제의 호적에 들어가지 않겠다는 것이고, 호를 바꾼 것은 "백정 범부들이라도 애국심이 지금의 나의 정도는 되고야 완전한 독립 국민이 되겠다는 소원을 가지자"는 뜻에서였다. 1914년 7월 가출옥한 그는 양산학교장인 김홍량의 동산평농장(東山坪農場)의 농감(農監)이 되어 학교를 세우고 소작인을 교육하는 등 농촌계몽운동을 했다.

3. 상하이 망명과 한인애국단의 의열투쟁

1919년 3·1운동이 일어나자 김구는 망명길에 올라 그해 4월 상하이에 도착하였다. 상하이에는 임시정부가 조직되어 있었다. 김구는 임시정부의 내무총장 안창호를 찾아가 "임정의 문파수"가 되기를 청했다. 안창호는 김구의 청원을 국무회의에 상정하여 1919년 8월 12일 그에게 경무국장의 사령장을 주었다. 1922년 10월에는 한국노병회(勞兵會)를 창설하고 이사장이 되었다. 노병이란 노동력을 겸비한 병사를 의미한다. 향후 10년 안에 노병 1만 명을 양성하여 독립전쟁을 개시하는 것이 노병회의 목표였다. 1923년에는 노백린 내각의 내무총장이 되어 국민대표회의에서 임시정부를 해체하고 새 정부를 세우자는 창조파에 대한 해산령을 내렸다. 이후 임시정부는 김구의 표현대로 "이름만 있고 찾아오는 동포가 없는 해지는 외딴성에 슬픈 깃발 날리듯 암담한 시기"였다. 1925년 3월 대통령 이승만 탄핵안이 가결되고 박은식이 대통령에 취임하였으나, 그해 11월 박은식이 사망하고 말았다. 이처럼 임시정부가 결국 무정부 상태에 처하자 1926년 임시의정원 의장 이동녕은 김구에게 임시정부의 국무령에 취임할 것을 권유하였다.

김구는 1927년 개헌을 통하여 주석으로 취임하여 임시정부의 활로를 모색하였다. 그는 '편지정책'을 통하여 미주 한인사회의 임시정부에 대한 지지를 획득하고 활동자금을 지원받았다. 또한 김구는 한인애국단을 결성하여 과감한 특무공작을 폈다. 이봉창과 윤봉길의거는 그 대표적인 거사였다.

경무국장 시절의 김구

이봉창은 일본 오사카에서 상점의 고용원으로 일하면서 일본인의 횡포를 체험하게 되면서 상하이로 건너와 임시정부를 찾아갔다. 그는 김구를 찾아가 "인생의 목적이 쾌락이라면 31년 동안 대강 맛보았습니다. 그러니 이제는 영원한 즐거움을 얻기 위해 독립운동에 몸을 던지고 싶습니다"라고 말하였다. 김구는 이봉창을 신뢰하고 거금의 자금을 마련해주었다. 이봉창 의거는 비록 실패하였으나 일본의 '천왕'을 향해 폭탄을 던졌다는 것으로 엄청난 반향을 일으켰다. 중국인들도 이를 대대적으로 환영하였다. 윤봉길은 이 소식을 듣고 김구를 찾아갔다. 그는 죽을 자리를 구하러 왔다면서 목숨을 건 결심을 말했다. 김구는 윤봉길에게 4월 29일 홍구공원 의거의 책임을 맡겼다. 윤봉길의 의거는 대성공이었다. 사열대 위에 도열해 있던 상하이파견 일본군 사령관 시라카와(白川義則) 대장은 중상을 입고 입원해 있다가 사망했으며, 거류민단장 가와바타는 다음 날 사망했다. 시게미쓰 공사는 왼쪽 발 중상, 해군 중장 노무라는 실명, 육군중장 우에다는 다리를 절단했다.[2]

---

2 김상기, 「윤봉길의 금택에서의 순국과 순국지」, 『한국독립운동사연구』 42, 2012, 367-371쪽.

김구는 항저우로 피신하였다가 상하이 프랑스 조계로 잠입하여 미국인 피치 목사의 집으로 들어가 사건의 뒷수습을 하였다. 5월 9일 사건의 전모를 밝힌 '홍구공원의 진상'이란 글을 영문으로 번역하여 로이터 통신과 중국 신문사에 발송하였다. 이 글에서 김구는 이봉창의거와 윤봉길의거는 자신의 계획에 따라 추진된 것이며 이를 정의와 인도의 이름으로 밝힌다고 하였다. 김구는 진상을 밝히면서 특히 민간인에 대한 피해가 없도록 당부한 사실을 밝혔다. 이는 의열투쟁의 의의를 밝힌 것으로 중요한 의미를 갖는다.

4. 임시정부 활동

김구는 윤봉길의거 이후 강소성장을 지낸 자싱(嘉興)의 추푸청(楮補成) 집에 장진구(張震球)라는 이름으로 은신하였다. 김구는 주아이바오(朱愛寶)라는 뱃사공에 몸을 의탁하여 배안에서 피신하기도 하였다. 1933년 8월 김구는 국민당 주석인 장제스와 회담을 가졌다. 김구는 특무공작을 위한 지원을 요청하였다. 이에 대하여 장제스는 "장래의 독립전쟁을 위하여 무관을 양성함이 어떻습니까?"라고 제안하였다. 이에 따라 낙양군관학교에 한인특별반을 설치하게 되었다. 그러나 일본의 강력한 항의로 한인특별반은 1935년 4월 제1기 입교생의 졸업식을 끝으로 이어지지 못했다. 그러나 장제스 정부의 임시정부에 대한 지원은 해방 후까지 이어졌으니 이는 윤봉길의거의 결과라 할 수 있다.

임시정부는 윤봉길의거 이후 항저우(杭州), 자싱, 난징 등지로 피난하면서 이른바 유랑의 시대가 시작되었다. 1935년에는 대동단결체인 민족혁명당이 결성되고, 김두봉 등 신당조직의 대표자들이 "5당이 통일된 이날에 이름만 남은 임시정부는 취소해버리자"고 주장하였다. 김구는 이러한 반임정 노선에 대응하여 임정을 옹호하는 단체가 필요하다고 생각하여 이동녕, 조완구, 차리석, 이시영, 엄항섭 등과 한국국민당을 조직하고 임정을 유지시켜 나가는데 주도적 역할을 하였다.

임시정부 이동경로

1937년에 이르러 민족주의 진영은 김구 등의 한국국민당과 지청천 등의 조선혁명당, 홍진 등의 재건한국독립당의 3당으로 자리잡았다. 이에 대응하여 김원봉의 민족혁명당 등 좌파 진영은 1937년 12월에 조선민족전선연맹을 창립하여 중국 관내에서의 독립운동계는 양대 진영으로 나뉘게 되었다. 민족주의 계열 3당은 중일전쟁이 일어나자 효과적인 대일 항전을 위하여 연합을 모색하였다. 1937년 7월 초순에 3당 대표들은 난징에서 모임을 가졌다. 이들은 임시정부를 옹호, 강화할 것을 결의하였다. 그런데 1938년 5월 조선혁명당의 본부가 있는 창사(長沙)의 남목청에서 3당 통합에 대한 구체적인 협의를 하는 도중에 김구를 비롯한 3당 대표들이 조선혁명당 당원 이운하의 총격을 받고 쓰러졌다. 김구와 지청천은 부상을 입는데 그쳤으나, 현익철은 사망하고 말았다.

1940년 5월 김구는 민족주의 계열 조선혁명당 · 한국독립당 · 한국국민당을 통합하여 한국독립당을 결성하여 임시정부의 기반으로 삼았다. 또한 임시정부가 충칭에 정착한 이후 김구는 광복군 창설에 주력하였다. 김구는 중국측으로부터 광복군 조직과 재정 지원에 대한 약속을 받고 9월 17일 충칭의 가릉빈관에서 광복군 총사령부 성립식을 거행하였다. 총사령관에 지청천(池青天), 참모장에 이범석(李範奭)을 임명하고 제1 · 2 · 5지대를 조직하였다. 1942년에는 김원봉의 조선의용대가 광복군에 편입되어 광복군의 전력을 강화하였으며 동시에 지위를 높이는 전기를 이루게 되었다. 또한 일본군에 강제로 끌려나온 학도병을 광복군에 편입시켰으며, 미 육군전략정보국(OSS)와 제휴하여 특수부대를 편성하여 국내 진입을 위한 '독수리작전'을 세우고 훈련을 실시하였다. 그러나 광복군의 계획은 일제가 무조건 항복을 선언함으로써 아쉽게도 실현되지 못했다.

김구는 좌우합작을 추진하였다. 좌익진영의 조선의용대 일부가 광복군에 편제되었다. 1944년에는 김원봉과 김규식을 비롯한 인사들이 부주석과 국무위원 등에 선출됨으로써 임시정부는 좌우연합정부의 형태를 띠었다. 또한 김구는 옌안에서 활동하고 있던 조선독립동맹 위원장 김두봉에게 편지를 보내 합작을 모색하였지만 성사되지는 못했다.[3]

김구는 1945년 8월 10일 섬서성 시안(西安)에서 일제가 항복한다는 소식을 들었다. 저녁 식사를 마치고 쉬고 있을 때 일본이 항복한다는 말을 전해 들었다. 이때 김구는 다음과 같은 기록을 남겼다.

> 이 소식은 내게 희소식이라기보다는 하늘이 무너지고 땅이 꺼지는 일

3 한시준, 「백범 김구와 중경 임시정부」, 『백범과 민족운동연구』 1, 2003, 149-152쪽.

이었다. 수년 동안 애를 써서 참전을 준비한 것도 모두 허사로 돌아가고 말았다. 서안훈련소와 부양훈련소에서 훈련을 받은 우리 청년들을 조직적, 계획적으로 각종 비밀 무기와 전기를 휴대시켜 산동 반도에서 미국 잠수함에 태워 본국으로 침입하게 하여 국내 요소에서 각종 공작을 개시하여 인심을 선동하고 전신으로 통지하여 무기를 비행기로 운반하여 사용할 것을 미국 육군성과 긴밀한 합작하였다. 그런데 그러한 계획을 한 번 실시해보지도 못하고 왜적이 항복하였으니, 지금까지 들인 정성이 아깝고 다가올 일이 걱정이다.[4]

그에게는 일제의 항복 소식이 안타깝기 그지없었다. 광복군을 훈련시켜 국내진입작전을 수행하려는 순간 일제가 항복하였기 때문이었다. 그리고 앞으로 한국의 국제적인 발언권이 매우 미약할 것을 걱정하였던 것이다.

5. 해방 후 통일정부 수립운동

김구는 1945년 9월 3일 '국내외 동포에게 고함'이라는 성명과 임시정부는 빠른 시일 내에 곧 입국할 것 등 14개항의 '임시정부의 당면정책'을 발표하고 임시정부의 대표 자격으로 귀국을 서둘렀다. 그러나 미군정은 임시정부를 인정하지 않았기 때문에 11월 23일 개인자격으로 김규식 등 임정 국무위원들과 귀국했다. 그 뒤 전국을 순회하며 자유 · 평등 · 행복의 신한국을 역설하며 국가건설에 발을 내디뎠다. 그러나 12월 27일 모스크바 3상회의에서 한국에 대한 신탁통치안이 결의되자 반탁투쟁을 주도했다. 미소공동위원회가 결렬되자 한국 문제는 유엔으로 넘어갔다. 이 와중에 이승만은 남한만의 단독정부 수립을 주장하였다.

김구는 이승만의 단독정부 수립안을 반대하며 남북한의 통일정부 수립을

4 김구, 『백범일지』(도진순 주해), 돌베개, 1997, 399쪽.

주장하였다. 그는 1948년 2월 13일 '삼천만 동포에게 읍고(泣告)함'에서 "마음 속의 38선이 무너지고야 땅위의 38선도 철폐될 수 있다"고 호소하고

> 이 육신을 조국이 수요한다면 당장에라도 제단에 바치겠다. 나는 통일된 조국을 건설하려다가 38선을 베고 쓰러질지언정 일신의 구차한 안일을 취하여 단독정부를 세우는 데는 협력하지 않겠다.[5]

라고 천명하였다.

유엔에서는 1948년 2월 한국임시위원단을 파견하여 총선거를 감시하고자 하였다. 그러나 북한이 이들의 입국을 거부함으로써 남한만의 총선거를 실시하자는 미국 제의가 유엔소총회에서 결정되었다.

남북연석회의에 가는 도중 38선 앞에서의 김구

5 김구, 「3천만 동포에게 읍고한다」, 『백범김구전집』 8, 백범김구선생전집편집위원회, 1999, 571쪽.

김구는 이승만과 한민당 계열이 선거를 주장하고 준비를 서두르자, 이들과 결별하고 민족자주와 조국통일을 위한 시도를 추진했다. 그는 "우리의 문제는 우리 스스로가 해결을 모색하는 도리밖에 없다"고 하여 남북 지도자가 직접 만나 통일 문제의 활로를 개척해야 한다고 주장하였다. 이에 따라 그는 1948년 4월 19일 38선을 넘어 평양에서 열린 전조선 정당사회단체대표자 연석회의와 남북 요인회담, 김구 · 김규식 · 김일성 · 김두봉의 '4김 회담'에 참석하고 5월 5일 돌아왔다. 김구는 도착 성명에서 자주적이고 민주적인 통일 조국을 재건하기 위하여 남조선 단정을 반대하며 미소 양군의 철퇴를 요구하는 데 의견이 일치하였음을 밝혔다. 그러나 5월 10일 남한 단정을 위한 총선거가 실시되고, 9월 9일 북한도 정부수립을 선포함에 따라 그가 주장한 남북 통일정부 수립은 이루어지지 못하고 말았다.[6]

1949년 새해를 맞이하여 김구는 통일의 염원을 재확인하면서 자주적 민족정신에 입각한 국가 건설의 필요성을 주장하였고, 한편으로는 분단이 점차 고착화 되어가는 조국의 앞날을 걱정하고 있었다. 운명의 날인 1949년 6월 26일 집무실인 경교장에서 안두희의 흉탄을 맞고 운명을 달리하였다.

6. 맺음말

김구는 동학군으로, 의병(義兵)으로, 일본 정보원을 때려눕힌 사형수로서, 양산학교의 계몽운동가로서, 3 · 1운동 후에는 대한민국임시정부의 경무국장과 주석으로 임시정부를 지켜냈다. 해방 후에는 남북 간의 평화 통일과 단독정부 수립을 주장하고 이를 실천했다.

김구가 건설하고자 한 이상 국가는 '문화국가'였다. 그가 원한 것은 부강한

6 김희곤, 「대한민국 정부수립과 백범 김구」, 『백범과 민족운동연구』 3, 2005, 188-194쪽.

나라도 아니고 강력한 나라도 아니었다. 그가 바랐던 국가는 높은 문화의 힘을 가진 나라였다. 문화의 힘은 우리 자신을 행복하게 하고 남에게도 행복을 줄 수 있다고 생각하였다. 그가 문화국가를 건설하고자 한 궁극적인 목표는 세계평화에 있었다. 그는 이를 위하여 우리 민족이 먼저 모범을 보여 세계평화가 실현되기를 원했고 그것이 가능하다고 믿었다.

김구는 평생을 민족에 대한 애정과 헌신에 몸을 바쳤다. 그는 우익에 섰으면서도 좌우통합운동을 펼쳤다. 그의 남북 평화통일론과 문화국가론은 한국의 앞날을 위한 지표가 되어 우리의 과제로 남아 있다.

참고문헌

김구, 『백범일지』(도진순 주해), 돌베개, 1997.

조범래, 『김구의 생애와 독립운동』, 독립기념관 한국독립운동사연구소, 1992.

한시준, 『김구』, 역사공간, 2015.

도진순, 「1896-98 김구의 연중(聯中) 의병과 치하포 사건」, 『한국사론』 38, 서울대 국사학과, 1997.

한시준, 「백범 김구와 중경 임시정부」, 『백범과 민족운동연구』 1, 2003.

김희곤, 「대한민국 정부수립과 백범 김구」, 『백범과 민족운동연구』 3, 2005.

도진순, 「김구」, 『한국사시민강좌』 47, 일조각, 2010.

김상기, 「윤봉길의 금택에서의 순국과 순국지」, 『한국독립운동사연구』 42, 2012.

제15장

좌우합작운동의 김규식

1. 수학과정

김규식(金奎植, 1881~1950)은 1881년 1월 부산 동래에서 동래부의 관료로 일하던 김지성(金智性)과 경주이씨 사이에 차남으로 태어났다. 본관은 청풍이다. 호는 우사(尤史) 또는 죽적(竹笛)이다. 이명은 김성(金城), 여일민(余一民), 왕개석(王介石), 김중문(金仲文) 등이 있다. 부친은 선전관을 지냈고, 개항 직후 외교 관리로 발탁되어 일본과 러시아 등지를 다녀오기도 하였다. 그러나 개항 이후 일본에 의한 불평등한 무역을 시정해야한다는 상소를 올렸다가 오히려 귀양을 가게 되었다. 더욱이 어머니마저 병으로 세상을 뜨게 되자 그는 어려서 고아가 되었다. 다행히 선교사 언더우드(H.G. Underwood)에게 입양되어 그가 세운 구세학당에서 1887년부터 1896년까지 서양식 근대교육을 받았다. 이때 기독교에 입문하여 요한(Johann)이라는 세례명을 받았다. 학교를 졸업한 김규식은 독립신문사에 근무하면서 독립협회의 회원으로 활동하였다. 그는 독립신문을 통하여 국내는 물론 국제 정세에 대한 안목을 키웠다. 신문사에 근무한

미국 유학시절의 김규식

그는 서재필의 영향을 많이 받게 되었는데, 서재필은 그에게 미국 유학을 권하였다. 1897년 미국으로 유학한 그는 버지니아주의 로녹(Roanoke)대학 예과에 들어갔다. 다음해 6월에 예과를 마치고 그해 가을에 학부 1학년에 입학하였다. 그는 외국어와 역사를 주로 수학하였다. 재학시절 학내 웅변클럽에 가입하여 웅변술을 익힌 그는 1900년 6월에 개최된 웅변대회에서 1등을 하였다. 대학잡지에도 글을 기고하였는데, 1903년 5월호에 발표한 「러시아와 한국문제」는 정치평론적인 재능을 보여준 글로 평가된다. 이 글은 러시아와 일본의 갈등을 분석한 것이다. 한국 정부를 비판한 후, 러일전쟁이 얼마안가 일어날 것이며, 한국은 이 전쟁에서 승리한 나라에게 망할 것이라고 하였다. 그는 일본의 승리를 예측하면서, 그렇게 되면 한국은 섬나라 일본의 신민이 되도록 강요당할 것이라고 하였다. 1903년 6월 우수한 성적으로 대학을 졸업하고, 1년여 간 뉴욕에 머물다가 1904년 귀국하였다.

2. 중국 망명과 임시정부 활동

귀국 후 1912년까지 언더우드를 도와 선교사업을 펼쳤다. 특히 새문안교회 건축 위원으로 교회건축에 헌신하였다. 1910년에는 새문안교회 장로에 추대되었다. 또한 경신학교, YMCA, 배재학교, 연희전문학교 등에서 교육과 계몽운동에 전력을 다하였다.

그러나 독립운동에 대한 일제의 탄압이 심해지자 1913년 중국 상하이로 망명하였다. 이곳에서 김성(金成)이란 가명으로 활동하였다. 박은식(朴殷植)·신채호(申采浩)·조소앙(趙素昻) 등이 조직한 동제사(同濟社)에 가입하였으며, 동제사에서 설립한 박달학원(博達學院)에서 영어를 가르치면서 민족교육에 앞장섰다. 이때 신채호도 영어를 배웠는데, "발음은 쓸데없다고 뜻만 가르쳐 달라고 해도 꽤 까다롭게 그러는군"이라고 이광수한테 투덜거렸다는 일화가 있다. 1914년 북경에 가서 잠시 머물다가 이태준과 함께 군관학교 설립을 위해 몽고로 갔다.

1917년 신규식·조소앙·박은식 등과 함께 "대동단결선언"을 발표하여 국내외 독립운동 세력의 통합, 임시정부의 수립을 주장하였다. 1918년 8월 여운형·서병호·김철·조소앙 등과 신한청년당(新韓青年黨)을 조직하고, 모스크바에서 개최된 약소민족대회에 한국대표로 참석하였다. 1919년 3월에는 신한청년당의 대표로 파리강화회의에 파견되어 한국대표관을 개설하고 독립외교활동을 전개하였다. 그즈음 국내에서 3·1운동이 일어나고 상하이에서 대한민국임시정부가 수립되자 그는 대한민국임시정부의 외무총장 겸 강화회의 대표위원으로 임명되어 대한민국의 전권대사로서 활동하였다. 한국대표관을 대한민국 임시정부 파리위원부로 개칭하고 부위원장에 이관용(李灌鎔)·서기장에 황기환(黃玘煥)을 임명하여 활동하였다. 이어 대한민국임시정부의 명의로 "일본으로부터 해방 및 독립국가로서 한국의 재편성을 위한 한국 국민과 민족의 주장"이라는 탄원서를 제출하여 국제관계 및 국제법 등을 통해 일제의 한국 침략의 불법성을 역설하고 한국독립의 당위성을 강력히 제기하였다. 그러나 전승국인 연합국 측의 비협조로 대한민국임시정부의 청원이 받아들여지지 않아 소기의 목적을 달성하지 못하였다.

그는 파리강화회의가 끝난 후에도 파리 현지에서 『한국의 독립과 평화』라는 책을 발간, 각국 대표들을 방문하여 한국 독립의 당위성과 중요성을 피력하였다. 그는 1919년 8월 미국으로 들어가 대한민국임시정부의 구미위원부

(歐美委員部) 위원장으로 선임되어 미국무성 관계자들과 접촉하면서 한국 독립운동에 대한 후원 요청 등의 외교 활동을 벌였다.

구미위원부 시절의 김규식

1921년 상하이로 돌아와 여운형·신익희·윤기섭 등과 함께 한중호조사(韓中互助社)를 만들어 한중합작 항일운동의 기반을 마련하였다. 1922년 러시아에서 열린 극동피압박민족대회에 한국인 대표 52명 중 여운형과 함께 의장단으로 선임되어 활동하면서 레닌을 만나 한국 독립운동에 대한 적극적인 지원을 호소하였다. 그러나 대한민국임시정부가 독립운동 방략의 차이로 새로운 임시정부를 창조하자는 '창조파'와 임시정부를 개조하자는 '개조파'로 분열되었다. '창조파'의 입장에 섰던 그는 결국 양파의 타협이 결렬되자 연해주 블라디보스토크로 건너갔다.

3. 독립운동 진영의 통합운동

그는 1924년 레닌이 사망한 후 다시 상하이로 돌아와 이후 교육운동에만 주력하였다. 이 기간 그는 푸탄(復旦) 대학, 동방대학 등지에서 영문학을 가르치고, 1927~1929년 북양(北洋)대학 교수로 활동하였으며 민족교육을 위해 중등 과정의 고등보습학원을 세워 운영하기도 하였다. 그는 1927년 난징(南京)에서 유자명(柳子明)·이광제(李光濟)·안재환(安載煥), 중국의 목광록(睦光錄)·왕조후(王條垕), 인도의 간타싱·비신싱 등과 회합하여 동방피압박민족연합회를 조직하여 회장으로 활동, 독립운동을 지속하였다. 또한 기관지『동방민족(東方民族)』을 한국어, 중국어, 영어 3개 국어로 발간하여 각국에 발송, 아시아 피압박민족의 독립을 전 세계에 호소하였다.

1932년 난징에서 한국광복동지회의 대표로서 상해한국독립당 · 조선혁명당 · 의열단 · 한국혁명당 등과 한국대일전선통일동맹을 결성하여 신익희 · 최동오(崔東旿) · 김두봉(金枓奉) 등과 함께 활동하였다. 1933년 동맹의 대표로 미국에 파견되어 군자금 모집활동을 전개하였으며, 1935년 7월 난징 진릉(金陵) 대학에서 대한독립당 · 의열단 · 조선혁명당 · 한국독립당 · 신한독립당 등 5당을 통합하여 민족혁명당을 창당하였다. 임시정부 주축 세력인 한국국민당이 참여하지 않음으로 민족운동 세력의 완전한 통합이 되지는 못했다. 그러나 민족혁명당은 일제의 통치를 전복하고 조선의 민주공화국을 건립하는 것을 목표로 삼았다. 그리고 이 목표를 달성하기 위하여 "전민족 역량을 총단결하며, 중한 양민족의 연합항일전선의 건립"을 중요한 방략으로 삼았다. 이는 국외의 독립당촉성회와 국내 신간회의 전통을 계승한 민족통일전선의 성과로 그의 노력의 결실이었다. 여기에서 그는 중앙집행위원회 위원으로 선임되었고, 조소앙, 김원봉과 함께 규칙 제정위원으로 활동하였다. 또한 국민부 부장으로 선임되어 활동하였으나 건강의 악화로 1936년 이후 실질적으로 활동하지 못하였다. 이후 그는 사천성의 쓰촨(四川)대학에서 교수로서 후학양성에 주력하였다.

1942년 1월 중경으로 온 김규식은 임시정부를 중심으로 민족전선을 통일할 것을 선언하였다. 그해 10월에 임시정부의 국무위원으로 선임되고 동시에 선전부장에 피선됨으로 임시정부에 합류하였다. 민족혁명당 활동도 계속한 그는 1943년에는 민족혁명당 제7차 전당대회에서 중앙집행위원회 주석으로 선출되었다. 1944년 4월 주석 · 부주석제를 택한 임시정부의 개헌에 따라 김규식은 부주석에 선임되었다. 당시 임시정부는 한국독립당 세력과 민족혁명당 세력이 연대를 이루고 있어 한국독립당을 대표하는 주석 김구와 민족혁명당을 대표하는 부주석 김규식 체제로 구성되었다. 한편 임시정부에 참여하지 않고 화북지역으로 이동한 조선혁명당 계열은 조선독립동맹을 조직하고 활동하였다. 임시정부와 독립동맹은 전민족의 통일전선을 이루기 위하여 접촉을 시도하였으나 대단결의 통일체를 결성하기 전에 일제의 항복으로 해방을 맞이하였다.

4. 해방 後 민족통일국가 수립운동

1945년 8월 15일 광복 후, 그는 김구 등 임시정부 요인들과 함께 11월 23일 제1진으로 귀국하였다. 해방 직후 국내의 정치 상황은 매우 혼란하였다. 국내의 정치세력으로는 여운형이 중심이 된 건국준비위원회가 있었다. 건준에서는 1945년 9월 6일 전국인민대표자대회를 개최하고 조선인민공화국 정부 수립을 결정하였다. 인민위원으로 김규식을 비롯한 이승만, 김구, 신익희 등을 선정하고 김규식을 외교부장에 임명하였다. 그러나 11월 환국한 김규식은 인민공화국 입각을 부인하였다. 그해 12월 모스크바3상회의 신탁통치안이 발표되자 그는 즉시 독립을 요구하며 반탁 범국민운동에 참여하였다. 삼상회의 결정문을 세밀히 검토한 그는 이 결정이 결코 우리 민족을 위한 최선의 길이라고 할 수 없으나, 한국이 자주 독립할 수 있는 길의 하나라고 판단하였다. 한반도의 분단보다는 통일정부 수립을 가능하게 해주는 주장을 발견했기 때문이었다. 그는 미국과 소련의 타협을 유도하여 통일 임시정부 수립을 실현하고자 했던 것이다. 그는 국내정세가 찬탁과 반탁, 좌익과 우익 세력의 갈등이 심해지자 좌우합작운동에 주력하였다. 여운형과 함께 민족주의 중도 세력을 결집하였다. 이들의 정치 이념은 해방 전 독립운동계가 취했던 민주사회주의였다. 미 군정에서도 1946년 5월 좌우합작을 지지하고 좌우합작위원회를 설치하였다. 미군정은 좌우합작에 나설 인물로 김규식을 지목하였다. 그는 이승만 등의 반대로 '되지도 않을 일'이라고 하면서도 좌우합작의 필요성을 절실히 느끼고 있었으므로 미군정의 요구를 받아들였다. 좌우합작위원회는 1946년 5월 25일부터 시작되었다. 회의에는 김규식 외에 여운형, 원세훈, 황진남, 그리고 미군정의 버어치와 아펜젤러가 참여하였다. 합작이 추진되고 있는 상황에서 1946년 6월 이승만은 정읍에서 남한만의 단독정부 수립을 주장하였다. 그럼에도 위원회에서는 10월 7일 좌우합작 7원칙을 발표하였다. 7원칙은 좌우의 극한적인 이견을 좁히고자 하였으나, 좌우 양측 모두 불만을 표시하였다. 박헌영 등 조선노동당은 이를 맹렬히 반대하였고, 이러한 와중에 여운형은 테러를 당하여 정계 은퇴를 선언하였다. 결국 최선의 선택으로 보였던 좌우합작위원회는 좌초되고 말았다.

그는 1946년 12월 미군정에서 설립한 민주의원 의장에 선출되었다. 1947년 10월에는 민족자주연맹준비위원회 의장으로 활동하였다. 천도교 강당에서 거행된 결성식에서 그는 "금일의 조선 내에서는 독점자본주의 사회도 무산계급 독재사회도 건립될 수 없다"고 선언하고 극우, 극좌의 노선 모두를 배제하였다. 그리고 미국이 한국 문제를 국제연합에 맡기려는 것을 반대하였다. 그는 통일정부 수립은 한민족의 자주적인 운동에 의해 해결해야한다고 주장하였다. 그러나 남한 단독정부 수립이 확실시 되자 이를 막고 통일정부를 세우기 위해 1948년 김구와 함께 남북협상에 나섰다. 그는 우리 민족의 운명이 막다른 길목에 몰려 있다고 판단하고 절박한 심정으로 남북회담에 임했다. 그러나 성과를 거두지 못하고, 1948년 5 · 30남한단독총선거에 불참하면서 정계

해방 후의 김규식

에서 은퇴하였다. 1950년 한국전쟁 당시 납북되어 같은 해 12월경 평북 만포진 부근에서 사망한 것으로 전해진다. 저서로는 『엘리자베드시대의 연극입문』(1940)과 시집 『양자강의 유혹』(1945) 등이 있다.

참고문헌

우사연구회, 『김규식전집-우사 김규식의 생애와 사상』 1~5, 한울, 2000.

이정식, 『김규식의 생애』, 신구문화사, 1974.

이명화, 『김규식의 생애와 민족운동』, 독립기념관 한국독립운동사연구소, 1992.

송남헌, 「우사 김규식」, 『한국현대인물론』 2, 을유문화사, 1987.

제16장

건국준비위원장 여운형

1. 수학과정

여운형(呂運亨, 1886~1947)은 1886년 4월 경기도 양평군 양서면 신원리 묘골에서 태어났다. 본관은 함양이다. 그의 집안은 소론이었다 한다. 호는 몽양(夢陽)인데, 모친이 그를 임신 중에 해를 안은 꿈을 꾸었다 하여 그의 조부가 지어준 것이다. 조부 여규신은 한학과 수리에 밝았다. 조부는 중국에 대해서도 해박하여 한문을 가르치면서 중국의 역사와 지리에 대해서도 교육했다. 부친 여정현은 성격이 불같이 급하고 매사에 엄격했다 한다. 15살이던 1900년 숙부인 여병현이 영어교사로 있는 배재학당에 입학하여 신학문을 접하기 시작하였다. 얼마안가 홍화학교로 옮겼다가 직업을 갖기 위해 관립 우무학교(郵務學校)로 전학했다. 1903년 첫 부인과 사별했으며, 1904년에는 모친마저 여의었다. 1905년 을사늑약 이후 통감부 산하의 학교로 바뀌게 되자 졸업을 한달 앞두고 학교를 나왔다. 1906년에는 부친마저 유행성 열병으로 별세했다. 가장이 된 그는 1907년부터 승동 예배당에 나갔으며, 미국인 선교사의 일을 도와 주면서 받은 월급으로 동생의 학비를 댔다. 그는 사랑방에 인근 청소년들을 모아놓고 신학문을 가르쳤으며, 사립학교인 광동학교(光東學校)를 설립하고 양평에 국채보상운동 지회를 설립하였다. 1908년 부친의 대상을 치르고 나서 그는 상투를 자르고 선대의 신주를 땅 속에 묻었다. 그는 종들을 모이게 하고 종문서를 불태우고 나서 "그대들을 다 해방시키겠다. 지금부터 각기 자유롭게 행동하라. 이제부터 상전도 없고 종도 없다. 오직 인간은 날 때부터 평등이니, 주종지의(主從之義)는 어제까지의 풍습이요, 오늘부터는 그런 낡은 껍데기를 벗어던지고 제각기 알맞은 직업을 찾아 가라"라고 종들을 모두 해방시켰다. 1910년 초당의숙에서 교편을 잡고 있던 그는 1910년 경술국치로 학교마저 폐교되자 1911년 평양 장로교연합신학교에 입학하였다. 전도사의 길을 걷고자 했던 그는 1911년 105인 사건을 접하고 중국으로 망명의 길을 떠나게 되었다.

2. 중국 망명과 독립운동

1914년 중국 난징(南京)으로 건너가 진룽대학(金陵大學) 영문과에 입학하여 1917년 졸업하였다. 상해로 들어간 그는 협화서국에 취직을 했다. 협화서국에서 일하면서 그는 동포 자제들의 구미 유학을 알선해주는 일을 했다. 1918년 상해고려인친목회를 조직하여 총무로 활동하면서, 기관지 『우리들 소식』을 발행하였다. 그해 8월 장덕수(張德秀)·김철(金澈)·선우혁(鮮于爀)·한진교(韓鎭敎)·조동호(趙東祜) 등과 함께 비밀결사 신한청년당을 조직하여 교제부 이사와 총무로 활동하였다. 1919년 초 파리강화회의에 김규식(金奎植)을 대표로 파견하여 일제 침략의 부당성과 한국의 독립을 전 세계에 알렸다. 또한 장덕수를 일본에 파견하여 2·8독립선언을 촉발케 하고, 김철·선우혁 등을 국내에 파견하여 국내 인사들과 접촉 거족적인 민족운동 계획을 추진하여 3·1

운동이 펼쳐지는데 공헌하였다. 이 무렵 그는 독립운동의 통일적 조직형태를 강조했지만, 임시정부와 같은 거대의 조직형태보다는 당(黨)에 의한 결합을 주장했다. 1919년 3 · 1운동 이후 대한민국임시정부가 조직되자 외무부 차장과 임시의정원 의원직을 역임하기도 하였다.

일본에서는 여운형을 귀순시키고자 하였다. 일본 수상 하라 다카시(原敬)는 여운형을 일본으로 초청하였고 이에 여운형은 장덕수, 최근우, 신상완 등과 함께 적의 심장부인 동경을 방문하였다. 이때 많은 인사들은 여운형이 친일 주구라하며 비난하였다. 하지만 일본 고위관리들과 수차례 회담하여 조선 자치제 안을 공박하고 즉시 독립을 주창하였는데, 특히 제국 호텔에서의 연설은 연회장에 있던 사람들로부터 갈채를 받았다.

> 주린 자는 먹을 것을 찾고 목마른 자는 마실 것을 찾는 것은 자기의 생존권을 위한 인간 자연의 원리이다. 이것을 막을 자가 있겠는가! 일본인이 생존권이 있는데 우리 한민족만이 홀로 생존권이 없을 수 있는가? 일본인이 생존권이 있다는 것을 한국인이 긍정하는 바이요, 한국인이 민족적 자각으로 자유와 평등을 요구하는 것은 신이 허락하는 바이다. 일본 정부는 이것을 방해할 무슨 권리가 있는가! 세계는 약소민족해방, 부인해방, 노동자해방 등 세계 개조를 부르짖고 있다. 이것은 일본을 포함한 세계적 운동이다. 한국의 독립운동은 세계의 대세요, 신의 뜻이요, 한민족의 각성이다.
>
> - 1919년11월 28일 일본 마이니치 신문에 실린 여운형의 연설내용-

그는 상해로 돌아와 선우혁 등과 함께 상하이 거주 한인들의 결집과 생활 개선을 위하여 상해대한인거류민단(上海大韓人居留民團)을 조직하고 초대 단장으로 활동하였으며, 교포자제들의 민족교육에도 힘써 상하이에 인성학교(仁成學校)를 설립하여 교장을 역임하였다. 1920년 8월 미국 의원단이 상해에 왔을 때 민단장의 자격으로 안창호와 함께 환영회에 참석하였다. 이 자리에서 그는 교민들의 독립운동에 대해 설명했다.

1920년 한형권(韓馨權)을 러시아 사절로 파견하여 수호조약을 체결하고 독립자금의 지원을 요구하기도 하였다. 1920년 고려공산당(高麗共産黨)에 가입하여 독립달성을 위한 수단으로 공산당의 원조를 이끌어 내고자 하였다. 1922년 모스크바에서 열린 '극동피압박민족대회'에 참가하여 일본, 중국, 러시아, 몽골 등지의 사회운동단체 대표들을 만나 한국독립의 협조를 요구하고 적극적인 찬동을 얻어냈다. 또한 레닌을 만나 조선의 해방을 위해 원조해줄 것을 요청했다. 그런데 1921년 김립(金立)의 자금횡령사건이 일어나자 그는 이동휘(李東輝)와 결별하고, 김만겸(金萬謙)이 주도한 이르쿠츠크파와 고려공산당 상해지부에 참가했다. 1921년에는 중한호조사(中韓互助社) 결성에 참가하여 한·중 양민족의 공동 투쟁과 연합을 모색하였다. 한·중연대를 통한 독립운동의 방도를 강조했던 그는 국제정세의 흐름에서 한국독립운동의 나아갈 방향을 찾고자 했던 것이다.

상해로 돌아와서는 1922년 10월 독립운동의 장기적 구도 아래 김구(金九), 나창헌(羅昌憲), 조동호 등과 함께 한국노병회(韓國勞兵會)를 조직하여 군사적 투쟁도 준비해 갔다. 동회는 '10년 동안 1만명의 노병 양성과 백만원 이상의 전비 확보'를 목표로 하여 조직한 단체였다. 그는 간사로 피선되었고 교육부장직을 겸임하였다. 그러는 가운데 독립운동계에서 임시정부의 재편 문제가 크게 부상하자, 안창호(安昌浩)와 함께 국민대표회의 개최를 주도했다. 1923년 초부터 국민대표회의가 열릴 때 그는 안창호 등과 함께 '임시정부 개조'를 주장하였다. 개조파에 섰던 그는 당초 기대와 달리 국민대표회의가 결렬되자, 이후 중국의 국공합작(國共合作)에 깊은 관심을 쏟았다. 그는 중국 공산당원 구추백(瞿秋白)과 손문(孫文), 그리고 요페·카라한·보로딘 등 소련 고문단 등의 인사들과 접촉하면서 중국 국공합작 성립에 노력하였다. 그리고 기회가 있을 때마다 그들에게 한국 독립운동의 역할과 중요성을 역설하였다. 이 무렵 그의 중국혁명론은 '국민당(國民黨)과 군벌 풍옥상(馮玉祥)의 협상, 국민당의 중국공산당 지원과 상호 연대, 소련의 중국공산당에 대한 지원' 등의 구도로 설정되고 있었다. 이러한 그의 견해는 곧 국공합작의 방향을 제시하는 것으로 당시 중·소 인사들에 의해 크게 환영받았고, 이로써 그는 중국국민당·중국공산당과 소련 사이에서 연락 책무의 중요한 역할을 맡기도 했다. 그의 이러한 활동은 한국독립운동의 연장선에서 이뤄진 것이었다.

그러던 중 1925년 12월에 조선공산당이 발각되면서 김찬(金燦)·김단야(金丹冶) 등이 상해로 망명해 오자, 이들과 함께 1926년 1월에 조선공산당 임시상해부를 조직하였다. 이 무렵 그는 광둥[廣東]과 상해를 왕래하며 활발한 활동을 벌였다. 1926년 1월 광둥에서 열린 중국국민당 제2차 전국대표대회에 참석하여 '중국혁명에 대한 국민당의 사명'이라는 제하의 축사에서 중국의 국민혁명이 약소민족의 해방과 직결된다는 연설을 하였다. 또한 그는 황포군관학교 교관 손두환의 주선으로 장개석(蔣介石)을 만나 한국독립운동의 자금 지원 및 한인 청년들의 황포군관학교 입교문제 등을 교섭하여 일정한 성과를 거두기도 했다. 그는 동년 2월에 임시의정원 부의장직을 사임하고, 상해파 사회주의 세력과 연합하여 1926년 2월에는 주의자동맹을 조직하고 '무산운동과 민족운동과의 연합'을 표방하면서 사회주의운동을 진작시켜 나갔다. 또한 광둥에서는 이르쿠츠크파와 상해파를 결합한 비밀결사 공청사(共青社)를 조직하였다. 그리고 동년 5월 상해에서 안공근(安恭根)·조상섭(趙尙燮)·최창식(崔昌植)·이유필(李裕弼)·오영선(吳永善) 등과 한국독립운동촉진회를 결성하였다. 또한 국내의 6·10독립만세운동 시 사용할 격문을 최창식(崔昌植)이 경영하는 삼일인쇄소에서 인쇄하게끔 알선하는 한편 6·10만세운동에 때맞추어 병인의용대(丙寅義勇隊)가 국내 의거를 추진하는 데에도 영향을 미쳤다.

1928년 상해 푸탄대학(復旦大學)에 취직하여 체육담당으로 축구부와 함께 필리핀 등지로 원정여행을 가서 마닐라에서 아시아민족의 단결을 주장하다 현지 경찰에 체포되기도 하였다. 이렇듯 상하이를 주 무대로 활발한 항일투쟁을 벌이던 중 1929년 영국의 식민정책을 비난한 일로 상해 야구장에서 영국 경찰에 피체되었다. 일본 영사관에 인도된 그는 일본 나가사키를 거쳐 서울로 압송되었다. 1930년 4월 경성지방법원에서 재판이 시작되어 징역 3년형이 선고되어 서대문형무소에서 옥고를 치렀다. 도중에 대전형무소로 이감되어 옥고를 치루고 1932년 7월 풀려났다.

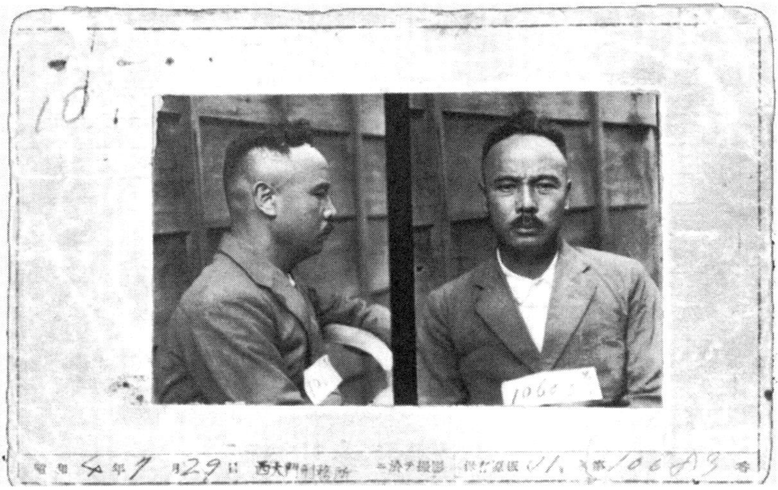

1929년의 여운형 (서대문형무소 수형자명부, 1929년 7월 29일)

3. 국내에서의 건국준비운동

1933년 3월 조선중앙일보사 사장에 취임하였다. 사장이 된 여운형의 과제는 우선 민족자주의식과 주체의식을 선전하는 일이었다. 젊었을 적부터 체육을 좋아하며 진흥했던 여운형은 조선체육회의 회장이 되어 활동하기도 하였다. 1935년 그는 충무공 이순신 장군의 묘소재건을 추진했다. 이는 민족정신과 애국심을 고취하는 한편 민족내부의 통일과 단결을 모색하는 방안이기도 하였다. 연락과 연대 사업에도 적극적이었던 여운형은 조동하, 양하석을 해외로 탈출시키다 신의주사건에 연루되어 경찰 취조를 받았다. 또한 황해도 안악에 살던 김구의 모친인 곽낙원 여사와 아들 김인, 김신 형제의 탈출을 도와주었다. 여운형의 조선중앙일보 사장 생활은 길게 가지 않았다. 점점 확대되는 전시동원체제가 신문사를 압박해오면서 갈수록 검열이 심해졌다. 결정적으로 신문사가 폐간된 것은 1936년 손기정(孫基禎) 선수의 '일장기 말소 사건'인데 이때 총독부의 회유에도 올곧게 신념을 바로 세우고 신문사를 자진 폐간하였다.

1937년 중일전쟁이 일어나자, 그는 "이 사건은 일본이 스스로 무덤을 파는 것이다"라며 일본의 패망을 예견하였다. 그 이유는 자본주의 3대 요소인 1)원료시장, 2)소비시장, 3)투자시장이 중국에 구비되어 있는데, 이 시장을 일본이 독점하도록 영국과 미국이 절대로 불허할 것이라는 것이었다. 영미는 반드시 중국을 지원할 것이라고 하면서 "일본은 자멸하고 조선은 해방될 것이다. 우리는 자신을 가지고 기다리고 준비하여야 한다"(『여운형투쟁사』)고 하였다. 중일전쟁을 일으킨 일제는 조선을 전쟁기지로 만들고 동시에 황민화 정책을 강하게 펼쳤다. 이광수, 최린, 윤치호 등 저명 인사들을 끌어들여 전시행정의 협력을 강요하였다. 그에게도 계속된 강연 요구가 있었고, 총독부의 고위직 또는 시국대책 위원 등 무수한 회유와 협박이 있었으나 그는 모두 거부하였다. 그는 창씨개명은 물론 신사참배나 국방 헌금 등에도 일체 응하지 않아 보호관찰자로 감시의 대상이 되었다. 급기야 1942년 12월에는 유언비어를 퍼뜨렸다는 죄명으로 체포되었다. 1년 징역형에 3년 집행유예를 선고 받고 1943년 6월 출옥했다. 그해 11월 경기도 양주의 봉안으로 내려갔다. 그는 새끼 꼬며 두엄을 내며 농사일을 하면서, 비밀리에 청년들을 결집시키면서 반일통일전선 운동을 펼쳤다.

1944년 8월초 조동호, 현우현, 김진우, 황운, 이석구 등과 함께 서울의 경운정의 삼광한의원에서 조선건국동맹을 설립하였다. 위원장으로 추대된 그는 강령을 정하고 각도별 책임위원을 선정했다. 그해 10월 8일에는 양평의 용문산에서 김용기, 여운혁, 이장호 등과 함께 비밀결사인 농민동맹을 조직하였다. 이 단체에서는 징용과 징병의 회피, 기본 서류인 호적부를 없애기 위하여 재판소와 지방 행정관서에 방화하고, 전쟁용 물자 수송을 방해하기 위하여 철도를 파괴하고, 또 징병, 징용 기피자 또는 운동자들을 도피, 은닉시키는 활동을 맡았다. 1945년 6월 그는 일본 패망의 시기가 다가왔다고 판단하고 김용기, 여운혁 등에게 징용, 징병을 회피한 이들을 피신시키는 일을 당부하였다. 이정구에게는 식량 대책을 세우도록 하였다. 또 장권에게는 치안대를 조직하게 하는 등 해방 후의 대책을 미리 세우도록 하였다. 일제의 패망을 예견하였던 여운형의 생각대로 1945년 8월 15일 여운형은 엔도오 류우사쿠(遠藤柳作) 정무총감을 만나 다섯 가지 요구조건을 내걸고 치안권을 위임 받게 되었다. 이와 동시에 조선건국준비위원회(이하 건준으로 약칭)를 결성하고, 위원장에 취임하였다.

4. 해방 後 좌우합작운동

여운형

정무총감에게 치안권을 위임받은 여운형은 건국치안대를 조직하였다. 행정부를 꾸리기 위해 건준 조직을 완료하였다. 그해 9월 건준은 '전국인민대표자회의'를 열면서 발전적 해체를 하게 되고 조선인민공화국(朝鮮人民共和國)을 선포하여 부주석(副主席)이 되었다. 1946년 좌우합작운동에 매진하면서 좌 · 우의 중간노선을 모색하였다. 미 국무성의 지령으로 미군정이 주도한 좌우합작 운동에 김규식 박사와 함께 참여하고, 좌우합작위원회 회담

1945년 8월 16일 휘문중학교 교정에서 연설하는 여운형

순국 당시 입었던 의복

에 참석하였다. 좌우합작을 위해 이승만 주도의 독립촉성중앙협의회에 참가하였다. 하지만 1947년 제2차 미소공위의 성공 가능성이 높아지자, 조선인민당을 결성하고 이승만, 김구와의 합작도 모색하였다. 미소공동위원회 협의에 따라 개최된 서울 합동회의에 참가하고, 통일 임시정부의 필요성을 역설하며 통일전선 운동을 전개하였다. 그러나 단일민족국가의 설립이라는 꿈을 남겨준 채 1947년 7월 서울 혜화동에서 한지근(韓智根)에 의해 총격을 받고 사망하였다.

여운형 장례식 장면

5. 여운형의 삶

여운형은 한말, 일제하 중국, 러시아, 일본, 그리고 한국에서 민족 독립을 위해 투쟁했다. 여운형은 자유를 위해 살다 간 자유인이었다. 양반 집안에서 태어났으나 부모가 돌아가신 뒤 노비문서를 불태우고 종들을 해방시켰다. 그는 종들에게 인간은 날 때부터 평등하다며 자유롭게 살라고 하였다. 신학교에 들어가 종교인으로 살고자 하였으나, 1910년 나라가 망함에 민족의 자유와 독립이 그의 삶의 목표가 되었다. 중국으로 망명한 그는 신한청년당을 조직하고 임시정부에 참여하기도 하였다. 조선공산당 임시상해부를 조직하였으나, 민족운동과의 연합을 표방하였다.

항일운동기 그는 독립운동 전선이 하나 되기를 바라며 반일통일전선 운동을 펼쳤다. 중일전쟁이 일어나자 일본의 패망을 예견하고 총독부의 회유와 탄압을 강력히 거부하며 올곧게 항일의 길을 걸었다. 해방 직전 조선건국동맹을 조직하고 해방 후의 대책을 수립하였다. 해방 후에는 민족 통일을 위한 좌우합작, 남북연합의 길을 추구하였다. 그는 민족을 위해 평생 헌신한 그에게 자신보다는 민족이 먼저였다.

참고문헌

이기형, 『몽양 여운형』, 실천문학사, 1984.

몽양 여운형선생 추모사업회 편, 『여운형 노트』, 학민사, 1994.

정병준, 『몽양 여운형 평전』, 한울, 1995.

강덕상 저(김광열 역), 『여운형평전』, 역사비평사, 2007.

제17장

좌우합작을 위해 분투한 김원봉

약산 김원봉(1898-1958?)은 의열단 단장, 민족혁명당 총서기, 조선의용대 대장, 대한민국임시정부 군무부장 등의 책임을 맡아 민족독립을 위해 헌신한 애국지사이다. 해방 후 임시정부 요인의 자격으로 귀국한 그는 미군정 아래 민족주의민족전선의 공동의장 등으로 활동하였다. 그러나 좌파로 분류되어 체포령이 내려지자 결국 1948년 월북하여 북한 정권에 협조하다가 숙청된 비운의 인물이다.

1. 소년시절

김원봉(金元鳳)은 1898년 밀양의 한 농가에서 9남2녀의 장남으로 태어났다. 호는 약산(若山)이고, 최림, 진국빈, 이충, 김세량, 왕세덕, 김국빈, 암산 등 여러 이명을 사용하였다. 어린 시절 남달리 의협심이 강했다. 1911년 4월 일본 천왕의 생일을 축하하는 천장절을 맞아 후일 동지가 된 윤세주와 함께 일장기를 화장실에 처넣기도 하였다. 그는 일제를 몰아내기 위해서는 무력이 있어야 한다고 생각하였다. 그래서 15살 때 표충사에 들어가 『손자』와 『오자』 등의 병서를 읽었다. 1913년 중앙중학 2학년에 편입하였다. 그는 학교에 들어간 지 얼마 안 되어 교내 웅변대회에 나가 열변을 토하여 학생들에게 감명을 주었다.

18살 되던 1916년 친구의 도움으로 여비를 마련하여 중국 톈진에 있는 독일인이 경영하는 덕화학당(德華學堂)에 입학하였다. 강력한 무력만이 독립을 이룰 수 있다고 생각한 그는 강한 무력을 가진 독일 유학을 꿈꾸던 중 덕화학당이란 중학이 있는 것을 알았던 것이다. 그러나 이듬 해 여름 방학을 이용하여 고향에 있을 때 제1차 세계대전의 여파로 중국에 있던 독일인들이 추방당하고 덕화학당도 폐쇄되었다. 김원봉은 국내에 있으면서 일찍이 중앙학교 재학할 때 가까이 지냈던 김두전(金枓全, 호: 若水)과 이명건(李命鍵, 호: 如星)과 의형제를 맺었다. 그리고 세 사람은 산, 물, 별 등 자연의 이름에다가 같을 약(若)자 혹은 같을 여(如)자를 앞에 붙여 호를 약산(若山), 약수(若水), 여성(如星)으로 정하였다. 이들은 1918년 9월 중국 난징에 있는 금릉대학에 입학하여 영어를 배웠다.

김원봉은 중국에서 이명건, 김두전과 함께 군대 조직을 위한 농토를 구하던 중에 국내에서 3 · 1운동이 일어난 것을 알았다. 그러나 독립선언서의 내용에 비폭력이란 말이 나오자 크게 실망하였다. 김원봉은 오직 민중의 힘이 뒷받침되는 폭력 투쟁만이 독립을 쟁취할 수 있다고 믿었기 때문이었다. 이명건과 김두전은 대중을 기초로 한 활동을 한다면서 국내로 들어갔다. 그러나 김원봉은 오직 무력으로만 독립을 이룰 수 있다면서 그들을 따라가지 않았다. 그리고 길림으로 갔다. 그곳에서 여러 달을 지낸 뒤 동지들과 함께 류허현 산위안푸로 갔다. 그리고 신흥무관학교에서 군사교육을 받으면서 중국인 주황(周況)한테 폭탄제조 기술을 배웠다.[1]

1 박태원, 『약산과 의열단』, 백양당, 1947.

2. 의열단 활동

1919년 11월 9일 밤, 김원봉은 길림시 교외의 중국인 집에 동지들과 모였다. 회의는 밤새 계속되었다. 다음 날 11월 10일 새벽, 정의를 실천하기로 맹세하고 의열단을 조직하는데 합의하였다. 결성 단원은 단장 김원봉을 비롯하여 윤세주, 이성우, 이종암, 곽재기, 강세우, 한봉근, 한봉인, 김상윤, 신철휴, 배동선, 서상락, 권준 등 13명이었다. 그리고 "천하의 정의의 일을 맹렬하게 실행한다", "조선의 독립과 세계의 평등을 위하여 몸과 목숨을 희생한다" 등의 공약10조를 정했다. 활동 목표는 일제 침략 원흉과 침략 기관 파괴에 두었다. 암살 대상으로는 조선총독 이하 고관, 군부 수뇌, 대만총독, 매국노, 친일파 거두, 적 염탐꾼, 반민족적 양반 지주 등 이른바 '의열단 7가살(七可殺)'을 정했다. 파괴 대상으로는 조선총독부, 동양척식회사, 매일신보사, 각 경찰서, 기타 왜적의 중요 기관으로 정했다.

김원봉은 의열단 결성 이후 베이징, 텐진, 난징 등지를 왕래하며 단원 모집과 폭탄 입수에 주력하였다. 1923년 말 중국국민당 제1차 전국대회 개최 전까지는 주로 상하이에서 활동했고, 이후 주로 광저우(廣州)를 의열단 본거지로 하여 활동하였다. 의열단원들은 죽음을 두려워하지 않는 정예 용사들로서 오직 모험적인 행동만이 일제의 식민통치를 뒤엎을 수 있다고 믿었다. 의열단의 활동은 1920년 3월부터 본격적으로 개시되었다. 3월에 곽재기와 이성우 등 16명이 밀양경찰서에 투탄을 준비하다가 체포되었다. 9월에는 박재혁이 부산경찰서에 투탄했으며, 그해 11월에는 최수봉의 밀양경찰서 투탄이 있었다. 1921년 9월에는 김익상이 조선총독부에 투탄했으며, 1922년 3월에는 상하이 황포탄에서 김익상, 오성륜, 이종암 등이 일본대장 다나카 기이치(田中義一)를 처단하기로 했다. 1923년 1월에는 김상옥이 종로경찰서에 투탄한 뒤 일본 경찰대와 교전하다가 순국하였다. 1924년 김지섭은 일본으로 들어가 일왕을 저격하려고 황궁에 진입하다가 니주바시(二重橋)에서 투탄하였다. 1926년 나석주는 동양척식회사와 조선식산은행에 투탄하고 자결하였다. 의열단 단원들의 의거는 일제 당국을 전율시켰으며, 국내외에 큰 반향을 일으켰다.[2]

김원봉은 의열단의 이념 정립을 위하여 1922년 겨울 베이징으로 신채호를 방문하여 의열단의 투쟁 목표에 대한 글을 작성해 줄 것을 요청했다. 신채호는 그의 요청에 따라 "민중은 우리 혁명의 대본영이다. 폭력은 우리 혁명의 유일한 무기이다"로 시작되는 유명한 '조선혁명선언'을 작성하였다. 조선혁명선언은 '민중직접혁명론'을 구체화한 것으로, 의열단의 향후 진로를 제시한 것이다. 여기에서 민중혁명론은 민중을 각성시켜 혁명투쟁에 나서게 해야 하며, 혁명은 제도의 변혁을 통해 가능함을 제시한 것이다.

김원봉은 기존의 분산적이고 개인적인 암살, 파괴 투쟁의 한계를 느끼게 되었다. 그는 동지들과 숙의를 거쳐 '조선혁명선언'에서 제시한 민중직접혁명론에 입각한 조직적인 투쟁으로 노선을 전환할 것을 결정하였다. 이에 따라 김원봉과 20여명의 동지들은 1925년 가을 광저우에 있는 황포군관학교에 제4기생으로 입학하였다. 황포군관학교는 1924년 6월 쑨원(孫文)이 세운 학교로 군사 및 정치의 인재 양성을 목표로 하였다. 장제스(蔣介石)가 교장을, 저우언라이(周恩來)가 정치부 주임을 맡았다. 김원봉과 동지들은 1926년 10월 군관학교를 졸업하였다. 김원봉은 국민혁명군 소위가 되어 정치부 소속 교관이 되었다. 그러나 1927년 1월 중국 공산당원들이 광저우(廣州)봉기를 일으키고, 이어서 4월에는 국민당이 반혁명청당운동을 벌여 공산당원 소탕전을 벌이는 것을 보고 5월 광저우를 떠나 상하이로 들어갔다. 공산주의자들은 그해 8월 1일 난창(南昌) 봉기를 일으켜 중국내 내전이 본격화되었다. 김원봉은 이때 난창봉기에 참가한 것으로 알려지기도 한다.

김원봉은 1928년 국공간의 내전의 현장에서 벗어나 상하이로 들어갔다. 이

---

2 김영범, 「1920년대 전반기 의열단의 민족운동과 노선추이」, 『사회와 역사』 34, 1992, 100-109쪽.

곳에서 그는 의열단을 재정비하여 혁명정당으로 전환할 준비를 하였다. 다음 해는 베이징으로 옮겼다. 그는 베이징에서 조선공산당 책임비서였던 안광천(安光泉)을 만나면서 좌편향적 태도를 보였다. '레닌주의정치학교'를 만들어 국내에서 들어 온 청년들을 교육시키기도 하였다. 또한 그는 의열단의 새로운 방향으로 협동전선운동을 천명했다. 의열단의 협동전선운동의 요강은 1928년 11월 발표한 '창립9주년을 기념하면서'에 포함되었다. 여기에서 그는 노동농민운동의 고양을 중시하는 한편 협동전선의 형태로 통일적 독립당을 조직할 것을 제안했다. 이러한 의열단의 노선 변경은 안광천 등 좌파의 영향과 중국에서 전개되고 있던 독립운동 세력의 유일당 운동의 영향을 받은 것이다.

3. 만주사변과 민족혁명당 창당

1931년 9월 만주사변이 일어났다. 김원봉은 이를 일제를 반대하는 세력과 제휴하여 항일투쟁을 전개할 기회로 여겼다. 그는 다음 해 3월 난징으로 갔다. 황포군관학교 동창생들을 찾아가 지원을 요청하기 위해서였다. 김원봉은 국민당 정부 측이 제공한 교사를 이용하여 1932년 10월 한인 청년의 군사훈련학교인 조선혁명군사정치간부학교(약칭: 간부학교)를 열었다. 국민당 정부 장제스는 비밀결사인 삼민주의역행사로 하여금 간부학교의 훈련과 재정을 지원하게 하였다. 비록 그는 좌파적 노선에 있었지만, 반공 노선이 강화된 국민당일지라도 일제 타도를 위해서는 지원을 받고자 한 것이다. 간부학교의 설립 목표는 한국의 절대 독립과 만주국의 탈환에 두었다. 김원봉은 교장을 맡았으며, 윤세주, 조빈, 이복원, 김상덕, 김두봉, 이춘암 등이 교관으로 참여하였다. 1932년 10월 말부터 1935년 9월 말까지 3년여 각기 6개월간의 교육 훈련을 통하여 126명의 청년간부를 배출하였다.

간부학교 졸업생들은 김원봉의 지시에 따라 3-4명이 한조가 되어 국내와 만주로 파견되었다. 1933년 말에는 1 · 2기 졸업생 20여 명이 국내의 연고지로 들어가 활동하였다. 이들은 유능한 청년을 난징의 간부학교에 보내는 한편, 지역에 항일투쟁 단체를 조직하였다. 평안도에 들어간 졸업생들은 공산당재건운동 조직에 들어가 조직원으로 일하면서 대중사업을 전개하기도 하였다. 중국 관내에 남은 이들은 후일 김원봉의 민족혁명당과 조선의용대에 적극 참여하였다.

김원봉은 분열되어 있던 중국 관내지역의 독립운동 단체의 통합을 위한 협동전선운동에 적극 참여하였다. 그 결과 1932년 11월 한국독립당, 조선혁명당, 한국혁명당, 의열단, 한국광복동지회 등이 연합한 한국대일전선통일동맹이 상하이에서 결성되었다. 이 통일동맹은 "혁명 역량을 집중하고 지도의 통일로써 대일전선의 확대 강화를 꾀한다"고 하여 민족전선의 협동을 강조하였다. 그러나 통일동맹은 연맹체의 성격을 가지고 있어 통일된 활동을 보여주지 못했다. 김원봉은 통일동맹을 통합하여 단일 정당의 수립을 희망했으나 1935년 2월 제7차대회에서 김구 주도의 한국독립당이 통일동맹 해체 불가와 신당 불참여를 당론으로 정함에 따라 김원봉의 의도는 무산되었다. 이후 1930년대 중국 내의 독립운동 진영은 김구계와 김원봉계의 양대 계열로 재편되기에 이른다.

한국독립당을 제외한 통일동맹 각 단체들은 1935년 7월 5일 난징의 중앙대학에서 민족혁명당을 창당하였다. 이에 따라 통일동맹 소속 각 정당은 해체하고 구성원들은 민족혁명당의 당원이 되었다. 김원봉은 당수 격인 서기장을 맡아 당을 운영하였다. 창당시 임원은 김두봉(조직부장), 최동오(선전부장), 지청천(군사부장), 김규식(국민부장), 윤기섭(훈련부장), 이영준(조사부장) 등이었다. 김원봉은 '조선혁명선언'에서 의열단의 기본 이념으로 삼았던 대중투쟁 노선에 역점을 두었다.

김원봉은 국민당 정부의 재정지원과 간부학교 출신 청년 당원을 기반으로 당 운영을 주도해 나갔다. 그러나 그의 독점적 당 운영에 불만을 품고 조소앙,

박창세 등은 1935년 9월 25일 한국독립당의 재건을 선언하며 탈당하였다. 당권을 다투던 지청천 계열도 1937년 1월 제2차 전당대회에서 김원봉이 총서기로 선임되자 당을 떠났다. 김원봉은 지청천 계열의 이탈 후 투쟁 역량에 큰 타격을 받게 되었다.

4. 중일전쟁과 조선의용대 창건

1937년 7월 7일 노구교사건을 계기로 중일전쟁이 시작되었다. 김원봉은 "중국의 항일전쟁은 단지 중국 땅을 찾는데 국한되지 않고, 대륙의 일제 침략 세력을 없애고, 조국의 독립을 보장하는 것"이라고 평가하였다. 김원봉은 민족혁명당 당원들에게 중일전쟁에 적극 참여하도록 명령하였다.

한편 김원봉은 지청천계열이 탈당한 후 김구 중심의 한국광복운동단체연

조선의용대 대장 김원봉

합회(약칭, 광복진선)에 가담하지 않은 중간파와 좌파 세력을 결집하여 1937년 12월초 한커우(漢口)에서 조선민족전선연맹(전선연맹이라 약칭)을 창립했다. 전선연맹은 창립 선언문에서 조선혁명은 계급 전선이나 인민 전선이 아닌 민족 전선임을 천명하였다. 또한 기본 강령에서 "조선민족해방운동에 대해 동정 혹은 원조하는 민족 및 국민과 동맹 혹은 우호적 관계를 맺는다"고 하여 국제적 연대와 공동 투쟁을 표방했다. 이리하여 중국 국민당정부, 대만의용대, 재중일본인 반전운동집단 등과의 국제적 연대를 추구하였다.

1938년 10월에는 조선의용대를 창건하였다. 김원봉은 국민당정부 유력 인사를 만나 군사조직체의 설립을 설득하여 국민당 수뇌부의 동의를 받아냈다. 조선의용대는 국민당정부 정치위원회 정치부 제2청 소속으로 편제됨에 따라 한인무장단체로서 동시에 중국항일전쟁을 지원하는 국제 부대의 성격을 띠었다. 조선의용대 초기 총대장은 김원봉이 맡았으며, 2구대로 편성되었는데, 제1구대(구대장, 박효삼)는 민족혁명당 당원 중심의 42명, 제2구대(구대장, 이익성)는 전위동맹을 주축으로 한 74명으로 구성되었다. 조선의용대의 부대 마크는 'KOREAN VOLUNTEERS'를 줄여서 'KV'로 했다. 조선의용대 본부는 우한(武漢)에서 궤이린(桂林)을 거쳐 1940년 3월에는 충칭(重慶)으로 이동하였다.

김원봉과 조선의용대원

조선의용대는 전투에 참가하기보다는 일본군 방송 청취, 일본문 번역, 일본군 포로 심문 등 일본군 상대의 선전활동을 했다. 이와 함께 최전선에서 활동하고 있는 진지 선전대, 일본군 배후를 공격하는 유격 선전대를 운영했고, 중국군과 민간인을 상대로 한 전선 위문단을 편성하여 활동했다. 또한 조선의용대는 대만의용대와 일본반전운동 집단과 연락을 취하면서 국제적 연대 활동을 하였다.[3]

그러나 최창익 등 좌파계열의 조선의용대 청년 당원들은 한정된 선전활동에 불만을 나타내기 시작하였다. 1939년 1월 국민당정부가 반공노선을 강화하고 대일항전을 소극적 노선으로 선회한 반면, 중국 공산당군은 북상하여 항일노선을 강화하자 조선의용대 내부에서 향후 진로에 대한 논의가 본격화하였다. 한편 임시정부에서는 1940년 9월 광복군을 조직하여 조선의용대와 경쟁관계가 되었다.

결국 조선의용대에서는 1940년 11월 4일 확대간부회의를 개최하고 '적 후방 공작 방침'을 결정하였다. 이에 따라 전위동맹원으로 구성된 제2구대는 중국 공산당군과 인접한 시안(西安)과 뤄양(洛陽) 전구에 배치된 후 1941년 봄부터 국민당정부 구역을 벗어나 팔로군 총사령부가 있는 타이항산(太行山)에 도착하였다.

대장 김원봉은 충칭에 남았으나, 절친한 친구인 윤세주와 박효삼은 화북행을 택했다. 화북에 도착한 대원들은 현지의 한인 청년들과 합세하여 1941년 7월 조선의용대 화북지대를 편성했다. 조선의용대 화북지대는 1941년 가을 3개 대를 편성하여 일본군 점령 지역을 넘나들면서 무장선전 활동을 펼쳤다. 그중 제2대 대원 20명은 12월 12일 호가장(胡家庄)에서 일본군의 습격을 받고 교전 중 대장 김세광은 팔에 총상을 입고 대원 4명이 전사하였다. 1942년 봄에는 팔로군 측의 일본군에 대한 반소탕전에 선발대로 나섰던 윤세주 등 대

3 김영범, 「조선의용대 연구」, 『한국독립운동사연구』 2, 1988, 19-30쪽.

원들이 전사하였다. 반소탕전이 끝난 후인 1942년 7월에는 조선의용대 화북지대는 조선의용군으로 개칭하고 화북조선독립동맹을 조직하여 체제를 정비하였다.[4]

조선의용대 주력이 화북으로 이동하여 활동함에 따라 김원봉의 조선의용군에 대한 영향력은 미미해지게 되었다. 결국 민족혁명당은 1941년 5월 당 중앙회의에서 임시정부에 참여하기로 선언했다. 1942년 4월 임시정부는 조선의용대와 광복군의 통합을 결의했다. 중국 국민당 군사위원회도 그해 5월 15일 조선의용대와 광복군의 합류를 결정하고 김원봉을 광복군 부사령에 임명하였다. 이로써 조선의용대는 광복군 제1지대로 개편되었다. 김원봉은 국민당 정부 측의 합류 요청에 동의하지 않고 오히려 조선혁명군을 확대하고자 하였으나 국민당 정부의 의지에 좌절하면서 고뇌에 찬 합류를 할 수밖에 없었다. 김원봉은 12월 5일 김구 등이 참석한 가운데 광복군 부사령에 취임했다.

민족혁명당은 임정 참여 하에서도 독자 노선을 걷고자 하였지만 한국독립당은 김원봉계를 배제한 채 전권을 행사하였다. 이러한 상황은 그가 1944년 4월 임시정부의 국무위원 겸 군무부장에 선임되어 임정의 군사 방면의 최고 책임자가 된 이후에도 마찬가지였다. 게다가 15년 동안 항일역경을 헤쳐 온 아내 박차정의 죽음을 맞이했다. 그는 태항산에 있는 조선의용대 대원들과 연대를 시도하기도 하였으나 조선의용군과 임정 양측 모두로부터 거부되었다.

임정내 김구를 중심으로 한 보수주의자들과의 정치적 동거에 고뇌에 찬 생활을 하던 그는 1945년 1월 민족혁명당의 산하단체인 3·1소년단 단장인 최동옥과 재혼했다. 박차정이 죽기 직전에 최동옥에게 김원봉과의 결혼을 권유했다고 전한다. 김원봉과 최동옥 사이에 아들 형제가 있었는데, 1948년 4월 초순 월북할 때 동행한 것으로 전해진다.

---

4 염인호, 「조선의용대의 화북지대의 팔로군과의 연대투쟁」, 『한국독립운동사연구』 10, 1996, 166-171쪽.

5. 해방과 월북

1945년 12월 2일 임정 요인 제2진의 일원으로 귀국한 김원봉은 협동전선론에 기초한 통일정부 수립을 추진하고자 노력하였다. 이에 따라 그는 임시정부에서 준비한 특별정치회의에 위원으로 참여하였다. 특별정치회의에는 한국독립당과 민족혁명당을 비롯하여 김성숙의 민족해방동맹, 유림의 혁명자연맹, 최동오의 신한민주당 등 국내 좌우 양진영이 참여한 통일전선을 결성하는데 목적이 있었다. 그러나 5당이 합류한 특위는 1945년 12월 26일 발표된 모스크바 3상회의의 신탁통치 결정에 대한 각 정파의 입장 차이가 나타나면서 해체되었다. 5당회의가 결렬되자 한독당은 한민당을 포함한 우익 세력으로 1946년 2월 1일 비상정치회의를 발족시켰다. 이에 대하여 조선공산당 등 좌익세력은 1946년 2월 15일 민주주의민족전선(이하, 민전)을 출범시켰다. 김원봉은 여운형, 허헌, 박헌영, 백남운 등과 함께 공동 의장으로 추대되었다. 그는 민전에 참가하면서도 좌우합작을 통한 통일정부 수립을 주장하였다. 1946년 7월에는 김규식 주도 하의 좌우합작위원회에 여운형과 함께 참가했다. 그는 박헌영 등 공산주의 계열로부터의 좌우합작위원회의 사퇴와 좌파 정당의 합당 요구를 거부하며 민족협동전선론을 견지하였다. 그러나 미군정은 민전을 비롯한 좌파 단체에 대한 폐쇄령과 좌파 인물에 대한 일제 검거를 단행했다.

김원봉은 자신에 대한 체포령이 내려지자, 결국 1948년 4월 가족과 함께 월북했다. 그는 4월 19일 평양에서 개최된 전조선 제정당사회단체 대표자 연석회의에 모습을 드러냈다. 김일성, 김두봉, 박헌영, 최용건, 백남운 등과 28인 주석단의 일원으로 선출되었다. 이후 그는 북한에서 초대 내각의 국가검열상을 맡았으며, 1957년 9월에는 최고인민위원회 상임위원회 부위원장에 올랐다. 1958년 3월에는 노동훈장을 받기도 하였으나 그해 말 모든 정치무대에서 사라졌다. 북한정권에 의해 반혁명 종파분자로 몰려서 숙청당한 것이다.

6. 맺음말

김원봉은 투쟁적인 삶으로 일관했다. 외교나 교육이 아닌 암살과 파괴를 수단으로 한 의열단을 조직하여 활동했다. 그는 신채호의 민중직접혁명론을 받아들여 동지들과 함께 황포군관학교에서 군사학을 수학하여 뒷날 민족혁명당과 조선의용대의 기반이 되게 하였다. 김원봉은 공산주의 사상을 수용하고 중국의 난창봉기에 참가할 정도로 좌파 계열의 운동가였다. 그러나 그는 청년 간부를 양성하기 위한 조선혁명간부학교를 개설하면서 반공적인 중국국민당정부의 지원을 수용하였다. 또한 그는 조선의용대의 화북지대 편성 이후에는 임시정부의 광복군에 편제되어 활동하였다. 이처럼 그는 공산주의와 민족주의 노선의 치열한 대립 속에서 어느 한쪽에 치우치지 않는 사상적으로 유연함을 보여주었다.

그는 민족혁명당을 창당한 이후 민족협동전선운동에 매진했다. 해방 후에도 남한에서의 좌우합작을 시도했지만, 보수 우익세력에 밀려 뜻을 펼 수 없었다. 결국 월북한 그는 김일성 정권에 이용당한 후 연안파와 함께 숙청되고 말았다. 그는 남한과 북한, 민족주의자와 공산주의자 양측으로부터 '공산주의자' 혹은 '기회주의자'로 비판받고 버림받았다. 그러나 그의 민족협동전선론은 남북 통일을 위한 이념으로서 여전히 유효한 대안이라고 할 수 있다.

참고문헌

박태원, 『약산과 의열단』, 백양당, 1947.
염인호, 『김원봉연구』, 창작과 비평사, 1993.
김영범, 『한국근대민족운동과 의열단』, 창작과 비평사, 1997.
염인호, 『조선의용대의 독립운동』, 나남, 2001.
이원규, 『약산 김원봉』, 실천문학사, 2005.

한상도, 『김원봉』, 역사공간, 2006.
김영범, 「조선의용대 연구」, 『한국독립운동사연구』 2, 1988.
염인호, 「항일의 영웅 약산 김원봉의 생애」, 『사회와 사상』 1989년 4월호.
한상도, 「김원봉의 생애와 항일역정」, 『국사관논총』 18, 1990.

맺음말

독립운동의 특징과 의의

맺음말

독립운동의 특징과 의의

한국독립운동의 특징은 여러 가지가 있지만, 그 중에서도 지속성과 투쟁성, 세계성 그리고 다양성을 꼽을 수 있다.

첫째, 지속성과 투쟁성이다. 한국 독립운동은 1894,5년 일제의 침략에 항거하여 처음 의병이 일어난 이후 1945년 해방에 이르기까지 단절됨 없이 지속적으로, 또한 투쟁적으로 전개되었다. 한말에는 의병전쟁과 애국계몽운동이 전개되었고. 1910년대는 독립운동의 공간을 해외로 확장하는 한편, 독립운동의 전열을 정비하고 역량을 축적하여 거족적인 3 · 1운동을 일으킴으로써 전 세계에 한민족의 자주독립을 선언하였다. 1920년대 이후에는 정치 · 경제 · 문화 등 모든 영역에 걸쳐 독립운동이 전개되었다. 특히 1930년대 이후 만주지역과 중국 관내지역에서 중국 국민당정부 또는 공산당 정부와 연대하면서까지 일본군과의 항전을 벌였으며, 그 과정에서 많은 혁명 열사들의 희생이 있었다.

둘째, 세계성이다. 독립운동은 국내는 물론 한국인이 거주하고 있던 세계 각 지역에서 전개되었다. 독립운동은 초기부터 국내에 한정되지 않았다. 중국과 러시아는 물론, 미주와 유럽, 그리고 일본 등 세계가 곧 독립운동의 무대였다. 이들 나라는 우리에게 독립운동의 터전을 제공했으며, 중국과 같이 직접적인 지원을 아끼지 않은 나라도 있었다.

그러나 그런 가운데 우리의 독립운동가들은 중국과 러시아혁명의 와중에서 희생되는 등 큰 수난을 당하였다. 일제의 지배를 피해 중국과 소련, 일본 등 국외로 이주한 한인들의 피해도 컸다. 1920년 청산리전투에서 패배한 일본이 보복으로 일으킨 경신참변(庚申慘變)과 1923년 관동대지진, 이 두 사건 당시만도 수많은 무고한 한인들이 일제에 의해 대거 학살되었다. 1937년 연해주 지역의 한인들은 스탈린에 의해 우즈베키스탄과 카자흐스탄 등의 중앙아시아로 강제 이주되었다. 더욱이 사할린 지역 한인은 일제에 의해 강제 동원되어 그곳에서 학살당한 것도 모자라 해방 후에는 무국적자가 되어 고통을 받는 등 일제의 식민지배로 인한 상처가 아직도 치유되지 못하고 있다.

셋째, 다양성이다. 독립운동은 다양한 이념과 조직을 갖는 특징이 있다. 독립운동의 이념은 시기에 따라 복벽주의와 공화주의, 민족주의와 사회주의, 무정부주의와 사회민주주의 등으로 다양하게 나타났다. 독립운동의 이념이 다원적이었기에 독립운동의 조직 역시 다양하게 나타났다. 그리고 다양한 이념과 세력의 통합을 시도하여 성공적으로 협동전선을 이루어가기도 하였다. 그 예로서 1920년대 국내에서 좌우연합체인 신간회가 탄생하였으며, 국외에서 민족유일당운동이 전개되었고, 서로 다른 이념과 노선을 가진 집단들이 대한민국임시정부로 통합되었던 것을 꼽을 수 있을 것이다.

그러나 이러한 다양성은 한편으로는 운동의 역량을 결집하지 못하고 분산시키는 역기능도 있었다. 독립운동의 지도자들이 대립하여 서로를 부정적 존재로 인식한 좋지 않은 사례도 있었다. 한말 의병과 애국계몽운동 세력 간의 이념과 지향의 차이로 인하여 상호간 대립, 심지어는 살상하는 사태가 일어나기도 하였다. 일제강점기에도 1910년대 공화주의와 복벽주의, 1920년대 민족주의와 사회주의, 아나키즘 등의 이념의 차이로 인하여 당사자들간에 상호

비방하거나 심지어는 암살을 하기까지 하였다. 사회주의자들 내부에서도 이르크츠크파와 상하이파 등의 대립이 나타나기도 하였다. 1930년대 중국 관내에서 민족혁명당 내에서 조선의용대와 조선의용군이 분열되었으며, 조선혁명당과 한국독립당 등 여러 세력 간의 통합도 제대로 이루지 못한 채 해방을 맞이하였다. 또한 중국공산군에 소속되어 활동하거나 또는 소련 정부의 지원을 받던 한인 독립군들과의 연대는 더욱 이루어지지 못하고 그들 세력이 북한 정권을 성립하게 됨에 해방 후 한국의 분열이 가속화된 측면이 있다.

이러한 한계점이 있지만, 한국독립운동은 자유와 평화, 그리고 평등주의를 기본 이념으로 한 점에서 의의를 갖는다. 항일의병에서 출발한 독립운동은 기본적으로 한민족의 자주권 회복운동이었다. 3 · 1운동에서는 정의와 인도를 주장하면서 비폭력 평화주의를 전면에 내세웠다. 또 대공주의와 삼균주의는 민중이 평등하게 살고자 하는 평등주의 이념이라고 할 수 있다. 이렇게 볼 때 한국의 독립운동은 자주독립국가의 건설을 목표로 하면서 자기중심주의를 넘어서 민족과 국가 간의 평화와 아울러 자유롭고 평등한 사회를 추구했다고 할 수 있다.

한국독립운동은 세계사적으로도 의의가 크다. 한국인은 독립운동 과정에서 국제적 연대를 강조하였다. 반파시즘이라는 공동의 이념 아래 미국과 영국은 물론, 중국공산당 또는 소비에트정부와도 연대하여 공동 투쟁하였다. 이와 같은 한국독립운동의 국제적 연대와 민족과 국가 간의 균등에 기초한 평화주의, 그리고 평등주의 이념은 인류가 지향해야 할 보편적 가치와 이념으로서 세계사적 의의를 갖는다.

일제에게 나라를 빼앗겼을 때 우리 민족은 이를 극복할 수 있다고 믿었다. 반만 년 역사 속에서 숱한 시련을 이겨낸 민족이 이처럼 허무하게 무너질 리 없다는 신념이 있었기 때문이다. 일부 친일파들이 일제에 협력한 경우도 있었지만, 민족 구성원 대부분은 일제의 식민지 지배를 용납하지 않았다. 나아가 민족의 자주권과 생존권을 확보하고, 일제에게 빼앗긴 국토와 주권을 완전히 되찾아 국민국가를 건설해야 한다는 것을 당연하게 여겼다. 이를 해결하기 위한 민족적 노력이 바로 독립운동이었다.

최근 한국을 둘러 싼 동아시아 정세가 '미 · 일' 대 '중 · 러'라는 양대 세력으로 재편되어 가고 있다. 이는 마치 조선조 말기인 19세기 말, 20세기 초 한국을 둘러 싼 동북아 정세를 보는 듯하다. 독립운동의 역사에 대한 깊은 성찰로 지난 세기의 오욕의 역사를 되풀이해서는 안된다. 이를 위한 방안으로 우선 도산 안창호의 주장대로 힘을 길러야 한다. 그리고 독립운동 과정에서 나타났던 분열상을 극복하여 민족 역량의 통합을 기해야 한다. 이를 위하여 우선적으로 남한 내에서의 이념과 지역 간의 대립을 불식하는 노력이 필요하다. 나아가 남북한의 적대적인 대립 관계를 극복하여 통일의 길을 모색해 나가야 한다. 남북한의 평화적 통일은 이 위기를 극복할 수 있는 훌륭한 대안이 될 것이다. 생존한 독립운동가들이 '진정한 독립'은 남북한이 하나 되는 '통일'을 이룰 때 비로소 완성된다고 함은 의미하는 바가 크다.

해방된 지 70여년이 지났으나, 해방의 기쁨을 누리기도 전에 분단된 남북한의 대립의 골은 깊어지고 있다. 일제에게 나라를 빼앗겼을 때 해방을 쟁취할 수 있다고 믿었듯이, 우리는 분단시대를 극복하고 통일을 이루어낼 수 있다는 신념과 희망을 가져야 한다. 한반도의 평화가 동아시아는 물론 세계 평화와 직결되어 있음을 염두에 둔다면, 이제는 '독립운동'의 역사적 경험을 교훈으로 삼아 '통일운동'을 전개해 나가야 할 때이다.

참고 문헌

강덕상 저(김광열 역),『여운형평전』, 역사비평사, 2007.

강동진,『일제의 한국침략정책사』, 한길사, 1980.

강만길,『20세기 우리 역사』, 창작과비평사, 1999.

구완회,『한말의 제천의병』, 집문당, 1995.

권영민 편,『윤동주 연구』, 문학과 사상사, 1995.

김명섭,『자유를 위해 투쟁한 아나키스트 이회영』, 역사공간, 2008.

김상기(외),『한국독립운동의 역사』, 독립기념관 한국독립운동사연구소, 2013.

김상기,『윤봉길』, 역사공간, 2013.

김상기,『한말의병연구』, 일조각, 1995.

김상기,『호서유림의 사상과 민족운동』, 지식산업사, 2016.

김상기,『의병전쟁과 의병장』, 경인문화사, 2019.

김영범,『한국근대민족운동과 의열단』, 창작과비평사, 1997.

김영범,『혁명과 의열』, 경인문화사, 2010.

김정인,『천도교 근대민족운동 연구』, 한울, 2009.

김희곤,『대한민국임시정부 연구』, 지식산업사, 2005.

김희곤,『이육사평전』, 푸른역사, 2010.

도진순 주해,『백범일지』, 돌베개, 1997.

도진순,『다시 읽는 이육사』, 창비, 2017.

박민영,『최익현』, 역사공간, 2012.

박찬승,『한국독립운동사』, 역사비평사, 2014.

박태원,『약산과 의열단』, 백양당, 1947.

박환,『김좌진평전』, 선인, 2010.

성주현,『손병희』, 독립기념관 한국독립운동사연구소, 2012.

송우혜,『윤동주평전』, 열음사, 1998.

신용하,「신채호의 사회사상연구」, 한길사, 1984.

신용하,『의병과 독립군의 무장투쟁』, 지식산업사, 2003.

염인호,『김원봉연구』, 창작과 비평사, 1993.

염인호,『조선의용대의 독립운동』, 나남, 2001.

오영섭,『유림의병의 선도자 유인석』, 역사공간, 2008.

유한철,『유인석의 사상과 의병활동』, 독립기념관 한국독립운동사연구소, 1992.

윤병석 외,『중국동북지역 한국독립운동사』, 집문당, 1997.

윤병석,『국외한인사회와 민족운동』, 일조각, 1990.

윤병석,『독립군사, 봉오동 청산리의 독립전쟁』, 지식산업사, 1990.
이균영,『신간회연구』, 역사비평사, 1993.
이기형,『몽양 여운형』, 실천문학사, 1984.
이만열,「단재 신채호의 역사학 연구」, 문학과 지성사, 1990
이만열,『한국독립운동의 연표』, 독립기념관 한국독립운동사연구소, 2009.
이명화,『도산 안창호의 독립운동과 통일노선』, 경인문화사, 2002.
이명화,『김규식의 생애와 민족운동』, 독립기념관 한국독립운동사연구소, 1992.
이성우,『김좌진』, 역사공간, 2011.
이은숙,『민족운동가 아내의 수기-서간도시종기-』, 정음사, 1975.
이정규 · 이관직,『우당이회영 약전』, 을유문화사, 1985.
이정식,『김규식의 생애』, 신구문화사, 1974.
이정은,『유관순』, 독립기념관 한국독립운동사연구소, 2004.
이현주,『한국 사회주의 세력의 형성』, 일조각, 2003.
이현주,『한국광복군 총사령 지청천』, 독립기념관 한국독립운동사연구소, 2010.
임종국,『일제침략과 친일파』, 청사, 1982.
장규식,『일제하 한국 기독교민주주의 연구』, 혜안, 2001.
장석흥,『안중근의 생애와 구국운동』, 독립기념관 한국독립운동사연구소, 1992.
정병준,『몽양 여운형 평전』, 한울, 1995.
조규태,『천도교의 민족운동 연구』, 선인, 2006.
조동걸,『한국독립운동사 총설』, 역사공간, 2010.
조동걸,『한국민족주의 성립과 독립운동사연구』, 지식산업사, 1989.
조범래,『김구의 생애와 독립운동』, 독립기념관 한국독립운동사연구소, 1992.
조선사회연구회,『조선인물 이렇게 본다』, 경인문화사, 2016.
지복영,『역사의 수레를 끌고 밀며』, 문학과 지성사, 1995.
최기영,『한국근대계몽운동연구』, 일조각, 1997.
최유리,『일제 말기 식민지 지배정책 연구』, 국학자료원, 1997.
한국근현대사학회,『한국근현대사강의』, 한울, 2013.
한국근현대사학회,『한국독립운동사강의』, 한울, 2007.
한상도,『김원봉』, 역사공간, 2006.
한시준,『김구』, 역사공간, 2015.
허수열,『일제초기 조선의 농업』, 한길사, 2011.
홍영기,『대한제국기 호남의병 연구』, 일조각, 2004.

색인

ㄱ

ㅂ

ㅅ

ㅇ

ㅈ